# 〈化《け》外《がい》〉のフェミニズム

## 岩手・麗ら舎読書会の〈おなご〉たち

柳原 恵

ドメス出版

# はじめに

本書は博士論文「〈化外《けがい》〉の〈おなご〉のフェミニズム――岩手・麗《うら》ら舎《しゃ》読書会の思想と活動の軌跡を読む」（二〇一五年三月　お茶の水女子大学大学院人間文化創成科学研究科へ提出）に加筆・修正したものである。

本書が目指すのは戦後東北・岩手におけるフェミニズムの思想と活動の内実を明らかにするとともに、それらを日本女性運動史・フェミニズム思想史のなかに位置づけることである。これまで日本のフェミニズムは東京を中心とする都市部の運動と見なされ、〝封建的〟で旧弊が支配する〝後進地〟とされてきた東北におけるフェミニズムの動きはほとんど明らかになってこなかった。日本のフェミニズムの全体像を明らかにするためにも、東北で展開したフェミニズムの動きに迫る必要がある。具体的には、岩手においてフェミニズム的視点から活動してきた小原麗子《おばられいこ》（一九三五―）と石川純子《じゅんこ》（一九四二―二〇〇八）、そして小原が主宰する麗ら舎読書会（岩手県北上市）の女性会員たちに着目する。筆者が足かけ八年近くにわたり実施した麗ら舎読書会会員たちへのインタビューと、麗ら舎読書会に会員として参加するなかで行ってきた参与観察、そして会員たち自身が記した詩や生活記録の分析から、岩手のフェミニズムのありように迫ってみたい。

序章で詳述するが、本書の研究は、東北におけるウーマンリブ（以下、リブと略記）の存在を調査したいというモチベーションを背景として始まった。リブの代表的雑誌の一つである『女・エロス』に掲載された石川純子のエッセイとの出合いから始まったこの研究においては、当初、小原麗子、石川純子らの活動を既知のリブという運動体のなかに位置づくものとして捉えていた。それは本書のもとになった論文のタイトル（「初出一覧」参照）からもわかるとおりである。しかし調査と考察を重ねるうえで、岩手のフェミニズムはリブの一支流ではなく、別個の水脈をもつフェミニズムとして捉えるほうが適切なのではないかと考えるようになった。

岩手のフェミニズムのなかでは、女性、婦人、女でもなく、「おなご」という呼称が用いられる。二〇〇七（平成一九）年に大学院修士課程にて岩手のフェミニズムを研究し始めた当初より、私はこの言葉にこだわってきた。この「おなご」という言葉が本書のキーワードの一つとなる。フェミニズムの運動にとって、自らをどのように呼称するかはその運動のもつジェンダー観を表明する政治的行為となる。岩手のフェミニズムにおいてこの言葉のもつ意味については本書第五章で考察したい。

そしてもう一つのキーワードが、インタビュー調査のなかで出合った「化外」という言葉である。かつて東北に対する蔑称であったこの言葉だが、岩手においては「化外」を自称として引き受け、「中央」に対峙《たいじ》する立脚点とする言説が存在していた。この「化外」という視座がいかに岩手のフェミニズム思想と関わってくるのかという点も本書の課題の一つである。

岩手のフェミニズムに関する研究は都内の大学院で行ってきた。当初、東北地方におけるリブを研究したいという私の試みを話すと、リブを肯定的に捉えている研究者たちからの、「東北にリブやフェミニズムがあった／あるの？」という反応にたびたび出くわした。批判的なニュアンスではなく、素朴な疑問といったふうであった。フェミニズムやリブという〝進歩的〟あるいは〝急進的〟女性運動と、〝後進的〟で〝保守的〟な東北／東北人のイメージがマッチしないからだろうか。しかし、本書で詳述するように、リブやフェミニズムという言葉がない頃から、新しい女の生き方を求め、行動を起こした女性は東北地方にも確実に存在した。彼女たちは地域に立脚し、自らの思想をつくり上げてきたのである。

昭和末期生まれの私は、多くの麗ら舎読書会会員たちにとって孫の世代にあたる。〈化外〉の風土において、祖母にあたる〈おなご〉たちはどのように生きてきたのだろうか。東北の農村の女性というステレオタイプを覆すような、その生きざまを記述したい。本書は東北・〈化外〉の〈おなご〉たちのライフストーリーを通じて、新しい日本女性運動史を描く試みでもある。

本書は七章構成を採っている。

序章では、本書の背景をフェミニズム研究史的側面から述べたうえで、本書を貫く視座および方法論について概説する。

第一章から第四章においては、本書の主要な研究対象である小原麗子と石川純子、そして麗ら舎読書会の思想と活動において、彼女らが力点を置いて取り組んできた「生活記録」、「女性の経験の言語化」、「女性のための場の構築」、そして「戦争」というテーマを取り上げている。

第一章では、一九五〇〜六〇年代にかけて小原麗子が参画した青年団活動および生活記録運動を取り上げ、それらの運動が岩手のフェミニズムに果たした役割について考察する。

第二章では、一九七〇年代より小原麗子と活動をともにし、思想的に影響を与え合ってきた石川純子を取り上げる。石川純子のエッセイとライフストーリー・インタビューから、妊娠・出産・授乳といった女性特有の身体経験を通じて「母性」を問い直し、女性の経験を語る言葉を探る「孕《はら》みの思想」について検討する。

第三章では、ジェンダーの抑圧を内包する「家」へのオルタナティブとして、小原が一九八四（昭和五九）年に設立した麗ら舎（岩手県北上市）に集う女性たちのライフストーリーをエンパワーメントの視点から考察し、麗ら舎および麗ら舎読書会という場が現在まで当地において果たしている役割を明らかにする。

第四章では、麗ら舎読書会の主たる活動の一つである戦没農民兵士・高橋千三《せんぞう》とその母セキを弔《とむら》う行事・千三《せんぞう》忌《き》を取り上げる。千三忌を通じて小原たちがどのように戦争と向き合い、戦争と女性の関係を問い直してきたのかを検討する。

第五章においては、四章までの議論をふまえ、思想と活動の連関から岩手のフェミニズムの内実を明らかにし、〈おなご〉たちが担う〈化外〉のフェミニズムとして日本のフェミニズム史のなかに定位したい。

終章においては、本書の結論と今後の展望について述べる。

結論の一部を先んじていえば、〈化外〉のフェミニズムは当地の社会文化的背景を土壌に内発したものであり、「中央」から「輸入」されたものではない。しかし、同時に地域のなかに閉鎖されたものでもなく、「中央」の女たちのフェミニズムからも知見を吸収してきた。今度は〈おなご〉たちの〈化外〉のフェミニズムが「中央」のフェミニズムを大いに触発してほしい。本書がそのきっかけとなることを願う。

# 凡例

一．インタビューに関して

本書で使用するインタビューは、対象者たちに研究の趣旨を説明したうえ、録音と書き起こし、引用の許可を取得したものである。氏名、地名等の表記については、語り手たちは実名で執筆活動を行っており、その著作物も分析の対象とするため、許可を取得したうえで実名で表記する。また、語りのなかに登場する人物・地名に関しては、適当と判断した場合のみ、実名で表記する。敬称は省略させていただいた。

二．書き起こしについて

インタビューの書き起こし部分は二字下げとした。

発話者：語り手の発話は「姓：」もしくは同姓の発話者がいる場合は「氏名：」、聞き手の発話は「＊：」で示す。

句読点：句点（。）は文の切れ目を表し、読点（、）は語句の断続を明らかにする箇所を示す。

音の引き延ばし：長音（ー）記号を、長さに応じて連続して挿入する。

省略：語りや引用の一部を省略する場合は〔略〕で示す。

笑い：笑い声はカタカナ表記し、（笑）で示す。

語句の説明：方言や特殊な語彙《ごい》の解説を〔 〕で挿入する。

補足：発話では省略される助詞など、補うことで文脈が明確になる場合には（ ）で挿入する。

なお、書き起こし記号の使用方法については桜井厚『インタビューの社会学』（せりか書房、二〇〇二）で提唱される方法を参考とした。

三．引用と用語の表記について

インタビューや史資料等から当事者の言葉を引用する場合には「　」で、著者がある言葉を分析概念として用いる場合には〈　〉で表記する。また、ある語句を強調したい場合には〝　〟を用いる。

引用文中の強調・補足・ルビは、断りがない限り原著者による。

インタビューや引用文中における差別語は、語りや原著を尊重し、そのまま掲載する方針とする。今日の人権意識に照らして不適切な表現（当時の性差別のありようを、部落差別や障害者差別等、別種の差別に関する差別的表現を用いて説明する箇所や、職業の差別的呼称等）があるが、当時の人権意識の限界を反映した歴史的用語として、「　」を付して引用する。これらの差別の容認・助長を意図するものではないことを明記する。

四．写真の掲載について

本文中の写真については、掲載の許可を得ている。

# 〈化外〉のフェミニズム
## ——岩手・麗ら舎読書会の〈おなご〉たち

＊目次

## 第三章　麗ら舎の〈おなご〉たち
### ――エンパワーメントの視点から

第五章　〈化外〉のフェミニズムを拓く

カバー版画原画　児玉智江
装幀　市川美野里

# 序章

# 東北・〈おなご〉たちのフェミニズムを求めて

## 一．本書の背景と目指すもの

### 「谷間までとどがねェ鐘」――フェミニズムの地域偏差

一九六〇～七〇年代にかけての世界的な第二波フェミニズム[1]の盛り上がりを背景とする女性運動は、国連を舞台に女性問題の解決策を追求し、女性の地位向上のために一九七五（昭和五〇）年を国際婦人年とすることが決定され、同年六月一九日から七月二日までメキシコシティにて国際婦人年世界会議が行われた。日本においては、国連の女性施策の方向を確立したこの会議での決定事項を国内施策に取り入れるため、総理府に婦人問題企画推進本部と婦人問題担当室を置き、有識者による婦人問題企画推進会議の開催が決定された。

岩手県においても一九七七年四月に県企画調整部青少年対策課に婦人対策の総括窓口を設置、一九七八年八月には「すべての婦人が健康で充実した人生をおくる」ことを施策の目標とした「岩手の婦人対策の方向」が策定され、各種施策を推進するなどの動きが始まった（岩手県 一九八一）。

こうした女性運動の盛り上がりに対し、岩手県一戸《いちのへ》町で文集『むぎ』を発行する作家・一条ふみ（一九二五―二〇一二）[2]は、国際婦人年は「遠くで鳴っている鐘のようにしか聞こえません」と発言した（一条・黒田編 二〇〇九）。国際婦人年の制定に代表されるフェミニズムのうねりは、「われわれみだいにきょう一日食って生ぎでいぐがどいう人間だちには関係のねぇ」、「谷間までとどがねェ鐘」（「岩手ウーマン第六回『婦人年を振り返って㊤』」『岩手日報』一九七五年一二月二八日、一条他前掲所収）と認識されていた。一九七五年の国際婦人年世界会議においては、女性差別の問題を中心に論じようとする西側先進諸国の女性たちと、新国際経済秩序に基づく発展を求める発展途上国の女性たちとの対立が表面化したが（あごら編集部　一九七五）、類似する状況が国内的にも発生していたのである。

同時期、第二波フェミニズムを理論的支柱として男性中心主義的な知を批判し、女性の経験の言語化、理論化と性差別の構造解明を目的とする女性学が日本においても創成された。女性学は、「女性の、女性による、女性のための学問」（井上輝子）であると定義される。この「女性」というカテゴリーをめぐっては、一九八〇年代以降、欧米白人中産階級の異性愛女性たちの経験を女性の経験として一般化し、それ以外の多数の女性たちの経験を無視し、その声を圧殺してきたのではないかという批判が、第三世界の女性たちや、レズビアン、エスニックマイノリティの女性たちから向けられてきた（金井　二〇〇八：二五等）。ここで日本のフェミニズムおよび女性学における「女性」のカテゴリーに目を向けたとき、それは、「日本人」、「異性愛者」、「中産階級」、そして「都市部」「中央」の「女性」だったのではないだろうか。金井淑子は、従来のフェミニズムや女性学は、都市部の女性たちが抱える「専業主婦的状況を生きる女の生きがたさ」を背景として始まったものであり、都市部とは異なる「近代化」過程を経て、女性の自立や解放といった「近代の達成」と、近代化・産業化・都市化のもたらす矛盾が表出する「地方」部に生きる女性たちが抱える問題には対応しきれない、とその限界を指摘する（金井　二〇〇八）。「女性」カテゴリーの構築性と多様性を指摘する構築主義の議論を経てもなお、国内の地政学的多様性を背景とした理論構築は行われていないのではないだろうか。

日本における女性をめぐる研究は、人口的に大多数を占める都市女性、農業に従事しない女性を中心に進められてきたとの指摘がある（中道　一九九五ｂ）。これはフェミニズムに関する研究についても同様で、これまでの研究は東京を中心とする都市部の運動を主な対象としてきたという問題がある。以下では、その問題点を日本におけるる第二波フェミニズムの端緒とされるウーマンリブ（以下、リブと略記）に関する記述に限定して見てみたい(3)。

一九四五年の敗戦後、GHQは戦後五大改革の一つを「婦人解放」とし、婦人参政権の実現を含む男女の法的平等が実現した。しかし性別役割分担に基づく社会は高度経済成長期に強化されるなど、変革されないままであった。このような状況のなか、一九六〇年代の新左翼運動などの社会運動の潮流を背景として、リブが誕生した。リブとは女であるがゆえに親や社会から期待され、要求されるあらゆる文化的事象に疑いの目を向け、ステレオタイプ化した女性像にとらわれない行動様式、人生コースを選択する「女としての意識改革」（井上 一九七五）であると同時に、母や主婦・女子労働者といった社会的に承認された役割イメージに依拠するのを拒否し、同時に女性の社会進出・社会的成功という意味での男女平等ではなく、女の論理による社会全体の変革を目指し、男性中心主義社会で疑われてこなかった既成の知の枠組みを問い直した思想運動である。それに加え、近代国家の建設と総力戦遂行のために再編成された「母」「妻」という近代の女性規範を問い直し、「母」「妻」としての役割を保持したまま展開される女性運動（「婦人運動」）の限界を指摘した運動でもあった（江原 一九八五、牟田 二〇〇六b等）。

リブに関しては、東京で行われたデモ行進を始まりとする、大都市を中心とした運動であったとの見方が構築されている。例えば『岩波女性学事典』（二〇〇二）「日本のウーマン・リブ」の項には、江原由美子による以下のような記述がある。

日本でのウーマン・リブの誕生は、七〇年一〇月二一日の国際反戦デーに〝ぐるーぷ・闘うおんな〟など複数の女性グループが共同して、女性だけのデモを初めて行なった時に求めるのが通説である。〔略〕リブ新宿センターは、〔略〕七五年に閉められた。ウーマン・リブに、七五年以降八〇年頃までの女性解放運動を含める用例もあるが、このリブ新宿センターの解散をもって日本のウーマン・リブの終焉と見なすことが多い（江原 二〇〇二b：三九―四〇）。

このように、日本のリブを田中美津（一九四三―）が中心メンバーとなった東京の「ぐるーぷ・闘うおんな」とリブ新宿センターを中心としてリブの始まりと終焉を記述する史観は通説となっているが、東京での運動を基準に、いわば東京中心主義的にリブを記述することには、リブの全国性・同時多発性を覆い隠してしまうという問題がある。例えば一九七〇年以前からリブと呼べる問題意識をもった個人やグループは東京以外にも存在しており、国際反戦デーでは他の地域でも女性だけのデモ隊が組まれていた(4)。

さらに、現在リブを振り返るとき、必ずといっていいほど中心に語られるのが田中美津であるという問題もある。江原は「リブを作り上げたのは全国各地に散らばった無名の多くの女性たちや女性グループであったことも忘れるべきではない」（同前同頁）という記述も忘れないのであるが、「最も大きな影響を与えた」（同前同頁）という評価とは埋められない溝がある。東京の田中美津と彼女の所属したグループをもってリブを代表させるという主流のフェミニズム／女性学の問題点を指摘してきた斉藤正美は、主流フェミニズムが「地方の運動」を周縁化する一方で、「カリスマ」づくりや、「カノン（正典・模範）」づくりをしているのではないかと問題提起する。斉藤は、フェミニズムの歴史にウーマンリブが登場するのは、主に東京の田中美津中心の運動としてであり、さらに、「主婦／娼婦の分断」が田中独自の主張かのように取り上げられ、この主張を地方のリブグループが受容したと誤認したうえで、地方のリブを田中の思想の「ツマ」扱いにするリブ研究の現状を批判する（斉

藤 二〇〇七）。

田中美津をリブの主役と見なすことは、「ぐるーぷ・闘うおんな」と、彼女が設立に尽力した「リブ新宿センター」をリブの「中心地」であるかのように捉える見方とも関連する。リブは、統一的な全国組織をもたず、個人や小規模なグループによって全国各地で繰り広げられた運動であり、各グループも、ヒエラルキー的な構造を排した水平的な組織で、拘束力もゆるい運動体だった。(5) 日本におけるフェミニズム運動の担い手の多くは、無名の女性たちであり、日常的な実践こそ運動の場であった。例えば『女・エロス』には通算一六人の編集者に加え、六〇〇人の書き手の女性たちが関わっている（舟木他 一九九九：一二）。

従来、東北や農村は女性学や女性史においても封建的で旧弊が支配する「後進地」とされ、フェミニズム運動、とくにリブのような〝急進的〟、〝進歩的〟な女性運動を扱う女性運動史においてはほとんど描かれてこなかった。これまでの研究や論考が描いてきた近代以降の農村女性は、過酷な重労働と家や地域社会からの差別を耐え忍んで生き抜くけなげさが強調されるか、あるいは「民主化」や女性解放の動きに対して相対的に「遅れた」存在として位置づけられてきた（辻 一九九八）。

だが、東北においても婦人参政権運動といった第一波フェミニズムの存在は実証されているし（フルーグフェルダー 一九八六参照）、残された資料からも東北地方にも第二波フェミニズムの運動が存在したことがわかる。例えば、リブに関する資料の集大成である『資料日本ウーマン・リブ史Ⅲ』(6) の「年代順地域別グループ索引」を見ると、リブのグループは北海道から九州まで各地にあったことがわかる。『資料日本ウーマン・リブ史』Ⅱおよび Ⅲ巻には、東北大学内のトイレに生理用品の無料設置を要求し、機関誌『おんな通信』を発行していた「東北大学生理用品無料設置要求実行委員会」（宮城県仙台市、一九七三年結成）、秋田大学にて同様の活動を行っていた「母性の社会的保障をめざし生理用品無料設置を要求する実行委員会」（秋田県秋田市、一九七四年結成）、個人誌『美々のてがみ』を発行し、女性たちの語り場「めらはんど」を主催していた美々という女性（青森県弘前市）の文章が収録されている。リブ新宿センターが発行していたニュースレターである「リブニュースこの道ひとすじ」第一二号（一九七四）には、「修羅舍」（宮城県仙台市）というグループが企画した「東北リブ合宿（みちのくおんな合宿）」が鳴子温泉「星の湯」にて開催されるとの予告が掲載され（リブ新宿センター資料保存会編 二〇〇八a：一四九）、『思想の科学』（一一〇）掲載の「七〇年代女性解放運動史年表（一九六八～一九七八）」には一九七四年一〇月一〇～一三日に東北リブ合宿が開催されたとの記載がある。また、『女・エロス』第五号（一九七五）には、本書で取り上げる石川純子の個人誌『垂乳根《たらちね》の里便り』（岩手県水沢市 現 奥州市）所収のエッセイ「垂乳根の里へ」が掲載されている。『女・エロス』の読者投稿欄には東北地方からの投書も散見される。また、詳細は定かではないが一九七九（昭和五四）年には「おんなたちの映画会実行委員会」が結成されている（溝口他 一九九五：三二六）。加えて、『リブニュースこの道ひとすじ』購読者へのアンケートの回答を集計・編集した『リブ白書』（一九七四年一二月）の、地域別回答者数を見ると、二〇一名中一〇九名が東京都、七七名がその他の地方であり（無記名および不明一三名）、東北からは二名の回答者がいる（リブ新宿センター資料保存会編 二〇〇八b：三四五）。

『リブニュースこの道ひとすじ』第一四号（一九七四年一一月二三日）には「東京ばかりがリブじゃない――花の地方のリブ情報」という記事が掲載され、北海道、仙台、大阪、名古屋のグループが紹介されている（リブ新宿センター資料保存会編 二〇〇八a：一六六）。「東北大学生理用品無料設置要求実行委員会」メンバーもこのセンターを訪れている。[7] これらの資料から東北地方のリブの存在と活動の実態が垣間見えよう。

## 日本女性運動の断絶史観

一九八〇年代以降、とくに二〇〇〇年代に入ってから、日本における第二波フェミニズムであり「現代のフェミニズムの始まり」(牟田 二〇〇六b：二九三)とされるリブを軸として戦後女性運動史を再考しようという試みがなされてきたが、一連の論考を通じて、一九七〇年代前半のリブとその前後の女性運動が断絶していることを強調する、いわば日本女性運動の断絶史観が形成されている。それは、まず一九五〇～六〇年代の女性運動が「母」「妻」「嫁」としての「権利拡張」を意図し、性役割やジェンダーの問題化を行わなかった点において、一九七〇年代以降の第二波フェミニズムと断絶していることを強調する見方(上野 二〇〇六等)であり、また一九七五年の国際婦人年までのリブ運動の「ラディカル」さがその後の運動に引き継がれず、リブからフェミニズムへ、そして女性学へと主体が交代していったことを強調する見方(江原 一九九〇、牟田 二〇〇六b)である。

このうち前者に対し、生活記録運動の研究者からは、一九五〇～六〇年代の女性たちの運動も女であることの生きがたさ、それが由来する社会的要因への視点を内包している点でリブとの接続性を指摘する意見が出されている(天野 二〇〇五、辻 二〇一〇)。後者に対しても、一九七五年以降の運動もリブという運動をまったく無視して登場したのではないとの見方がある(山口 二〇一二、樋熊 二〇一二)。戦後女性運動史の再考を目的とした先行する研究の重要な問題は、七〇年代前半のリブの動きのみを重視し、リブを代表する論者と見なされている田中美津と彼女の所属した「ぐるーぷ・闘うおんな」や、東京の資料が大半を占める『資料日本ウーマン・リブ史Ⅰ、Ⅱ、Ⅲ』(一九九二、一九九四、一九九五)を主な考察対象としているものが多く、「地方」の動きを視野に入れた、リブ前後の運動の実像がほとんど解明されていないという点である。リブ運動はデモなどに象徴される狭義の政治運動としてだけあったのではなく、日常生活、つまり「生き方」そのものを運動化しようとする視点をもっている。各「地方」の運動へ着目し、リブ前後の、複雑で多様性のある動きを含めて、全国的な運動のありように目を向ける必要がある。

## 本書の対象と視座――麗ら舎読書会と〈化外〉のフェミニズムの可能性

本書においては、リブを含めたフェミニズム運動を、デモなどに代表される狭義の政治運動ではなく、女である私としての「生き方」を日々問い直していくような、「生き方」そのものを運動とするものとして捉えていく。東北を覆うさまざまな関係の網の目のなかで、女性たちはいかに生きてきたのだろうか。

本書で着目するのは、岩手県北上市を拠点としてフェミニズムの視点から活動する小原麗子（一九三五―）と石川純子（一九四二―二〇〇八）、および小原が主宰する「麗《うら》ら舎《しゃ》読書会」（北上市）の女性会員一二名である。

最初に、麗ら舎読書会の女性たちと筆者の関係について簡単に記しておきたい。私が麗ら舎読書会と出合ったのは二〇〇六年秋、リブをテーマとする卒業論文執筆のために文献を調査していたときであった。

女性史家もろさわようこの『ドキュメント女の百年　4　女のからだ』（一九七九）のなかに、東北の方言が使われた一編のエッセイを発見したのである。それが石川純子の「垂乳根の里へ」（一九七五）であった。近代的な職場＝「男の性の質で統括された」世界で教師として働く自己と、「産むことで知った女の内界」＝〈垂乳根の里〉への焦《こが》れる思いとの揺れ動きが見事に描かれたそのエッセイに私は強く惹きつけられた。

エッセイの初出はリブの代表的雑誌『女・エロス』五号（一九七五）であった。すぐに当該号を確認すると、

「女かわら版」というコーナーの著者の連絡欄に住所が掲載されており、やはり石川は東北、それも岩手にゆかりのある女性であることがわかった。

もともと、卒論を書くにあたっては私の出身地である東北地方のリブをテーマにしたかったのだが、残されたリブの資料や情報は東京など都市部のものがほとんどであるため、断念した経緯があった。東北のフェミニズムに関する研究がほとんどないという研究の現状に問題意識を感じ始めてもいた。ゆえに岩手の地にてリブに関わる活動をしていた女性の存在に心が躍った。すぐに連絡を取りたいと思ったが、なに簡単に連絡が取れるとは思えないため、ひとまず既存の資料

写真1 小原麗子（左）と石川純子
（児玉智江撮影）

しろ三〇年以上前の雑誌に掲載された情報である。資料をもとにした卒業論文の執筆に専念することにした。

同時期、全国の女性グループを紹介した『新版　女のネットワーキング』（一九九一）のなかで、小原麗子の主宰する「麗ら舎読書会」を知った。女性が外泊することが咎《とが》められる風潮が当地にあるが、読書会に参加した日は麗ら舎に宿泊する会員がいるということを述べたうえで、「でも『麗子さんの家に泊まる』と夫にいえば、仕方がないという風に納得するらしいわ。本当は、それでは問題の解決にはならないのね。農家が依然多いこの土地は、特に女が主体的に家事以外で学んだり、集まったりすることに抵抗があるのよ」（横浜女性フォーラム編　一九九一：二五〇）と小原は語っていた。このインタビューのなかに、私は小原がもつフェミニズム的なス

タンスを察した。

後日インターネットを利用した調査により、小原が石川と活動をともにしてきたことが判明した。

二〇〇七年春、東北・岩手におけるリブ・フェミニズムについての研究を深化させることを志し、大学院修士課程へ進んだ。研究の主軸としたいと考えていたのは石川純子と小原麗子である。彼女らは女性や東北という周縁的な立ち位置から社会を捉え返す視座をもっているのではないかと直感し、二人の活動や思想を中心とした修士論文を書きたいと思ったのである。二年間の研究計画を整えた同年夏、連絡先のはっきりしていた小原を介して二人へインタビューを申し込んだ。二〇〇七年夏から筆者は麗ら舎読書会に参加しつつ、会員たちへのインタビュー調査を行ってきた。その成果は修士論文「岩手におけるウーマンリブのライフストーリー――〈おなご〉という視座」(二〇〇九年三月、お茶の女子大学大学院人間文化創成科学研究科博士前期課程ジェンダー社会科学専攻開発・ジェンダー論コースへ提出)としてまとめた。

前述したように、研究の出発点は東北地方のフェミニズムの実態を明らかにしたいという漠然としたモチベーションであり、当初から岩手におけるフェミニズムの動きを対象にしようとしていたわけではなかった。東北という地域のなかで、とくに岩手を研究の対象とした大きな理由は、このような経緯による麗ら舎読書会の女性たちとの出会いがあったからにほかならない。

本書においては、小原と石川、そして麗ら舎に集う女性たちの思想と活動をフェミニズムの視点から考察し、東北の歴史的・文化的地域性との関係を考慮しながら、日本のフェミニズム運動史・思想史のなかに位置づけていきたい。類似したアプローチをとる研究としては、勝方=稲福恵子の提唱する「おきなわ女性学」(勝方=稲福 二〇〇六等)がある。勝方=稲福は、近代的な「主体」や「日本の中の一女性」という観点だけでは、沖縄の女性を捉えることはできないとし、ジェンダー（女性的なるもの）と、エスニシティ（民族的なるもの）の視点から、沖縄とそこに生きる女性を複眼的に捉えようとする。

また、金井淑子（二〇〇八）の提示した「都市型女性学」に対する「地方発」女性学という視点も重要である。金井は「地方発」女性学がラディカルな知識批判、複合的差別への問題提起を行っていくために立脚する、方法論的立場としての周辺性という視点を提唱する（金井 二〇〇八：五八）。

金井の提唱する方法論的立場としての周辺性という視点については、フェミニスト・スタンドポイント理論との類似性を指摘できるだろう。フェミニスト・スタンドポイント理論は、第二波フェミニズムの潮流を背景として、一九七〇～八〇年代にかけて誕生した。知の生産と権力の実践の関係性を問うこの理論は、ある社会における支配者側よりも、被支配者側にある人々のほうがその社会をより包括的に理解できるとする考えに基づき、多様なフェミニストリサーチの方法論としても発展してきた。第三世界フェミニストや有色人種フェミニストらによる、「女性」が白人中産階級女性のみを前提としているという批判を経て、今日のフェミニスト・スタンドポイント理論はジェンダーのみならず人種・民族・セクシュアリティ・社会階層などの「女性」のなかの差異や多様性に基づく多様な視点からの知見を取り入れることにより、女性をとりまく複雑な権力関係を分析する方法として発展している（Hartsock 一九八三、アンダマール他 一九九七＝二〇〇〇：三四八―三五〇、Harding 二〇〇四、児玉 二〇一三）。

こうした理論を背景としたうえで、本書で着目したいのが、化外《けがい》という概念である。筆者がこの言葉を知ったのは、二〇〇七年に実施した石川純子へのインタビューを通じてであった。化外という言葉は、石川が大学時代に陥った「失語症」に関する語りのなかで登場した。

石川：いわゆる農婦って、疎外の極地《ママ》にいるんだよね。つまり、一つはさ、人間であることは男であることでしょ。ところが女であること。それともう一つは東北であることは蔑視の対象でしょ。農婦であることは三重の疎外なんですね。〔略〕知的な、男の人たちが作り上げた知的な空間、いわゆる言語圏、そっから一番遠い存在である農婦が〔略〕男の性的個性で統括された知的世界にぶつかって跳ね飛ばされた、それが私だったんだってことがその時（お産の時）分かったんだよねぇ。〔略〕

それで初めて普遍化できたのさ、私の個人的な、だぁれにも何をしゃべっても悩んでる人がおかしいとしか思われない私の苦しみが。だって、書き言葉の世界を握ってきたのは、ほんとに知的な一部の者だし、しかも男性だし、しかも中央でしょ。京都とか、関東でしょ。ところが私たちはそっからものすごく疎外されたおなごであり農婦であり、しかも東北でしょ？　あの、化外って知ってる？

＊：ケガイ？

石川：ここ化外の地っていって、覚えてください、朝廷から見れば外だ、って。だからここ化外の地だっていうんだよね。（小原）麗子さんたち「化外」って詩のグループ作ってるから。つまり、我々は、中央から、そのころは朝廷だと思うから、京都だね、長い間文化とか知的なものを独占した、そこから疎外された、しかし俺らはそこさ居直って、宮沢賢治もいるじゃないかとか、ね、石川啄木もいるんじゃないかとか、これは縄文につながるとか、これは化外の地こそね、本当の日本なんだとかね、言ってる集団が「化外」とかってグループ作ってね。今はつぶれちゃったよ。昔だけど。で、私は化外のおなごであり農婦であると、そういうね、ものすごい疎外されてきた女が、農婦がね、文化を独占した、しかも男の性的個性でつくりあげた、そこでできた言語圏だから、言葉だから、私ははじかれて当然で。

石川の「失語症」とそこからの回復に関する語りについては第二章で詳しく取り上げることとし、ここでは石川の語りのなかに登場した化外という概念が当地においてもつ意味について見ていきたい。「化外」の辞書的定義とは、天子の徳によって人々を従わせること、また、君主の政治がゆきわたることを意味する王化の及ばない所、国家統治の及ばない所を意味し、王化に服した所を意味する化内と対置される（『スーパー大辞林三・〇』）。東北は歴史記述においても周辺化され、他者化されてきた。化外もその他者表象のひとつである。そうした歴史記述に対抗するように、一九六〇～七〇年代にかけて、東北を歴史的まなざしの主体として描く、新しい東北史の動きが現れてきた。

『民衆史としての東北』（一九七六）を編集した山形の詩人、真壁《まかべ》仁は「化外の風土・東北」と題した序章のなかで、「東北は長いあいだ未開野蛮の地とされてきた。古い東北の歴史は、差別支配とそのための攻略の記述によっていろどられている。化外の民の住む世界、飢餓と貧困の風土として、おくれた文化と経済しか持たず、社会的な秩序もなく、骨肉近隣相食《あいは》む狂暴な世界として描かれている」として既存の歴史記述を批判する。そして、東北を「化外の民」の住む「未開野蛮の地」として「征夷」の対象とした古代から、「もっとも遅れた地域」として「『開発』してあげよう」とする現代にいたるまで存在している、東北を「支配者の目で見、支配者のことばで表現」しようとする歴史観を「征服史観」と呼ぶ。そして東北が味わってきた歴史的「屈辱」をはねかえすために、「中央史家」の力を借りるのではなく、東北の民衆自身の手でこの「征服史観」を克服し、歴史を内側から書きかえなければならないと呼びかける（真壁　一九七六）。ここでは化外が東北に対する蔑称として捉えられていると同時に、「征服史観」を東北自身が克服し、新しい歴史記述を生み出すための立脚点として意味づけ直されている。

こうした潮流に呼応するように、北上市周辺においては一九六〇〜八〇年代にかけて、斎藤彰吾や伊藤盛信、南川比呂史らの詩人が中心となり、東北・岩手のなかから思想を作り出そうとする詩誌（表1）や地域思想誌が誕生する。「現代東北の民衆思想誌」を名乗る『俗天』は、「自分の立っている場を中心にしてものを考える」「土着の思想」を提示することを目指した。また、化外という言葉を誌名に冠した『化外』は、「〈化外〉とは中央の政治、文化圏からふるいおとされた地帯、収奪の対象としてしか存在しない辺俗を意味する」（季刊『化外』編集同人 一九七三：二）と定義する。『化外』は高度経済成長の矛盾により「崩壊した〈ムラ〉から思想的出発をする」とし、「いまのおれたちの思想的行動は、自立した土俗、土着思想を探りあてて活性化していくことであり、しかも天皇制ナショナリズムに拮抗する土着的で、共同の〈化外〉思想と感情とをつくりなおしていくことである」（同前同頁）と宣言する。また、『化外』の後継となる『北天塾』は、地域史の側面から「征服史観」ではない歴史記述を目指した。小原麗子は『化外』に同人として参加し、『俗天』にもエッセイを寄稿していた。麗ら舎読書会には『北天塾』のメンバーも在籍している。

国内唯一の詩歌専門文学館、日本現代詩歌文学館（北上市本石町）を擁するなど、北上は詩作が盛んな土地である。明治以降、東北の方言は劣位の言語として蔑視され、矯正の対象となってきた。そうした力学に抗するように、北上の詩人たちは東北弁を積極的に用いた詩を書いてきた。北上の方言詩運動は単なる文芸ではなく、「岩手の風土に基盤を置き〔略〕詩を通して自らを鍛え、自らを変革しつつ他人をも変革する」（八重樫 二〇〇五b：四三〇）という理念をもつ。岩手においては地域史・思想運動および詩運動を通じ、負性を帯びた他称（赤坂 二〇〇九：二九一）のひとつであった「化外」という言葉を意味転換してポジティブな自称とし、対抗言説の場として再構築することが目指されてきたのである。

表1　北上で誕生した詩誌

| 誌名 | 団体名 | 創刊・終刊 | 刊行状況、備考 |
|---|---|---|---|
| 『微塵』 | 微塵の会 | 一九六一―一九六四 | ・白石昌平編集発行。同人に南川比呂志、斎藤彰吾、小原麗子など<br>・「独自の詩論を、未開な風土に開花させよう。」 |
| 『ゲェ・ダ・ゴ』 | サークルぼくらの友好祭 | 一九六一― | ・斎藤彰吾・小原麗子編集<br>・小原麗子「サワ・ひとりのおんなに」、野添憲治「岩手の文化運動への批判と提言」など掲載 |
| 『ベン・ベロ・コ』 | 北上詩の会 | 一九六五― | ・斎藤彰吾、小原麗子らにより創刊<br>・「詩は選ばれた人のものでなく、市民のものである。詩は書斎にあるものではなく、町を出歩くものである。」 |
| 『化外』 | 化外の会 | 一九七三―一九八四 | ・伊藤盛信により創刊。同人に斎藤彰吾、小原麗子など<br>・「〈ムラ〉から思想を出発する。」 |
| 『ひやりっこ』 | ひやりっこの会 | 一九八一― | ・小原麗子主宰<br>・折居ミツ、小原昭、高橋フサ、高橋つか子、菊池玲子ら農家の主婦らが会員<br>・「おなごたちは決意した／大木どもの枝を刈りはらい／日の当る村を／とりもどすのだ。」 |

岩手県詩人クラブ編（二〇〇五）より作成

近代以降、食料と労働力と電力の供給地としてつくられてきた東北の位置は、一九三〇～一九七〇年代初頭にかけての、総力戦と高度経済成長を主な節目とする、二〇世紀の国内分業体制のなかで定まった（小熊 二〇一一：一三三―一三四）。この国内分業体制における東北の位置づけは、赤坂をはじめ、河西英通、岡田知弘、篠田英朗などの研究者によって、「内なる植民地」(赤坂他 二〇一三)である国内植民地という概念を用いて説明されてきた(8)。この国内植民地と化外という概念を比較したとき、前者は〝中央〟の経済的・軍事的侵略によって政治的・経済的に従属させられた「化内」の一領域であるのに対し、後者はその権力構造の外側にあるという違いがある。化外は、概念的には国家統治のおよばない領域であり、権力構造に取り込まれない可能性を有している場所であるといえよう。

本書では、そのような可能性を有した場所としての東北を〈化外〉、その場所性を〈化外〉性という言葉で表現したい。「文化の果てる地」、「辺境」、「後進地」というイメージを付与され、つねに「他者」として語られてきた東北・岩手において、そこに暮らす女性たちはいかに生きてきたのか。〈化外〉に生きてきた女性たち――当地の方言でいえば「おなご」たち――の生きざまをたどることで、マイナスでしかなかった〈化外〉性を転倒して力の源泉とするような、〈化外〉の〈おなご〉たちの実践が見えてくるのではないか。さらにいえば、〈化外〉というスタンドポイントから日本近代を批判的に眺める〈おなご〉たちの思想実践、いうなれば〈化外〉のフェミニズムなるものがあり得るのではないか。そして〈化外〉のフェミニズムにおいては、都市中産階級フェミニズム(斉藤 二〇〇三:一二)とは異なった、独自の主張が見いだせるのではないだろうか。

さらに、〈化外〉という場所性が、女性内部の「他者」の声を通して日本のフェミニズム自身を複眼化するための「周辺性」というポジショナリティとなり、〈化外〉のフェミニズム思想が、主流の女性学/ジェンダー研究を「異化する」(金井 二〇〇八)契機となりえるかもしれない。

本書では、周縁化されてきた者の立ち位置から既存の学問へ異議を申し立て、新たな知見を加える、女性学と東北学を接合する視座から、岩手のフェミニズムを、ジェンダーと東北の〈化外〉性の双方に立脚した、〈おなご〉たちによるフェミニズムとして、その思想と活動を地域性との関係から考察していきたい。

リブに始まるとされる現代フェミニズムが問い直すのは、私的領域のジェンダーの権力関係に限局されない「近代」そのものであった。日本の近代化の過程は同質ではなく、例えば都市部と地方部は異なる近代化の過程を経てきた。したがって、複数の「近代」への批判の思想としての、複数のフェミニズム運動を見る必要がある。地域性との関係の視点から、「地方」特有の近代化の問題に応答する「地方」のフェミニズムの思想と活動の実態を解明することで、リブ運動との連続性・断絶性という関係性を考慮に入れながら、新しい現代日本フェミニズム史を描くことができるのではないか。

## 二．先行研究の検討

ここでは岩手女性史研究に関する先行研究を概観したうえで、本書が主に対象とする、小原麗子、石川純子に関する論考を検討してみたい。

### 先行研究の検討① 岩手の地域女性史

岩手における女性史関連文献には以下のようなものがある（表2）。一九六〇年代には、和賀町（現 北上市）を中心として活動した社会教育主事・地域史家の菊池敬一[9]、小原徳志[10]、『岩手の保健』編集長を務めた大牟羅良[11]、岩泉町で「生活をつづる会」を主宰した社会教育主事・三上信夫[12]など、地域の知識人男性による、農山村の女性たちへの聞き書きを中心とした女性史が編まれた。一九七〇年代には、一条ふみによる、農村女性の生の声を聞き取り、高度経済成長の矛盾に直面する農村の現実のなかで懸命に生きる姿を克明に記録した書籍が刊行される。

一九八〇年代には「国連婦人の十年」を受けて、地方自治体の女性政策の一環として地域の女性史を編纂することが位置づけられるようになり、地方自治体の主催による女性史編纂が活発に行われるようになった。岩手県は「国連婦人の十年」の中間年に向けて、一九七八年八月「岩手の婦人対策の方向」を策定、七九年四月から二年間の事業として『岩手の婦人――激動の五十年』(一九八一)を刊行した。資料収集および執筆は、地元紙『岩手日報』の記者として活躍した熊谷佳枝が「Ⅰ総論」と「Ⅱ各論」の一部を担当し、その他の各論については県企画調整部青少年婦人課、その他各課、県地域婦人団体協議会、県農協婦人組織協議会、県漁協婦人部連絡協議会、県商工会婦人部連合会、県母子福祉協会、県生活改善実行グループ連絡研究会などが分担した。巻末には「Ⅲ資料編」として戦前から戦後にかけての岩手県女性史年表や統計資料が付属する。本書は岩手女性史を研究するうえでの礎となる書物であるが、資料や記述のなかに取り上げられる女性運動については、既存組織の婦人部や主婦・母といった固定化された女性の性役割に基づく団体によるものが主で、リブを含めフェミニズムの流れをくむような草の根女性運動に関する言及は見当たらない。

二〇〇〇年代に入ると、もりおか女性センターの女性史講座から生まれた民間の女性史グループである「岩手女性史を紡ぐ会」が誕生する。女性史家の植田朱美が主導する当会が発行した『かたくりの花のように』(二〇〇五)のなかでは、女給税撤廃運動を女性の生活圏と人権の視点から掘り下げた論考(長谷川美智子「岩手における女給税撤廃運動」)や、敗戦後公娼制度が完全に廃止されるまでのプロセスを岩手を事例に分析した論考(藤原美紀子「戦後岩手におけるＧＨＱ政策と公娼制度の変遷――ジェンダーをめぐる身体史(前編)」)など、ジェンダー視点からの研究が現れ始めているが、戦後岩手におけるフェミニズムは女性史のなかでは扱われてこなかった。もっとも、これは岩手に限った問題ではない。加納実紀代は、日本における第二波フェミニズム（リブ）は主流の女性史研究においては無視され、いまだ日本女性史のなかで位置づけられていない運動であると指摘している（加納 二〇〇九）。

表2　岩手県女性史関連書籍

| 編著者名 | 書名 | 発行所 | 刊行年 |
|---|---|---|---|
| 菊池敬一・大牟羅良 | あの人は帰ってこなかった | 岩波書店 | 一九六四 |
| 小原徳志 | 石ころに語る母たち――農村婦人の戦争体験 | 未來社 | 一九六四 |
| 三上信夫編 | 埋もれた母の記録――日本のチベット・北上山地に生きる | 未來社 | 一九六五 |
| 土筆の会編 | 岩手のおなご先生――その歩みとこれから | 明治図書 | 一九六九 |
| 一条ふみ | 淡き綿飴のために――戦時下北方農民層の記録 | ドメス出版 | 一九七六 |
| 一条ふみ | 永遠の農婦たち | 未來社 | 一九七八 |
| 盛岡市立図書館 | 雪国の女たち――高橋喜平氏講演 | 盛岡市立図書館 | 一九七八 |
| 戸田優子 | ショートパンツと黒紋付と――ある通訳のみた戦後史 | 勁草書房 | 一九七八 |
| 一条ふみ | 東北のおなごたち――境北巡礼者の幻想 | ドメス出版 | 一九七九 |
| 岩手県 | 岩手の婦人――激動の五十年 | 岩手県企画調整部青少年婦人課 | 一九八一 |
| 菊池敬一 | みちのくの女たち | 岩手出版 | 一九八二 |

| | | | |
|---|---|---|---|
| 畠山富而 | 野の花——岩手の母子保健に生きた人々 | メディサイエンス社 | 一九八二 |
| 大島晃一 | 岩手の廃娼運動（『岩手県立博物館研究報告書第三号』所収） | 岩手県立博物館 | 一九八五 |
| 内川永一朗 | 覚書・岩手の婦人議員史 | 岩手日報社 | 一九八八 |
| 太田利世・鎌田キクヱ | 戦争とわが少女時代——五人の記録集 | 朝日新聞社 | 一九八九 |
| 三上信夫 | おんなの苦闘史——もう一つの昭和 | 彩流社 | 一九九〇 |
| 及川和哉 | ひだりづま——盛岡芸者いまむかし | 八重岳書房 | 一九九一 |
| 岩手県地域婦人団体協議会編 | 平和を求めて——岩手婦人の昭和時代 | 岩手県地域婦人団体協議会 | 一九九一 |
| 熊谷佳枝 | 生きて、耀いて——変動期を生きぬいた女たちの記録 | 杜陵高速印刷株式会社出版部 | 一九九八 |
| 岩手女性史を紡ぐ会 | かたくりの花のように——岩手おらほのおなごたち | 岩手女性史を紡ぐ会 | 二〇〇五 |
| 『盛岡学』編集室 | 女たちの盛岡（第一号） | 盛岡学編集室 | 二〇〇五 |
| 村上淑子 | 淵沢能恵の生涯——海を越えた明治の女性 | 原書房 | 二〇〇五 |
| 岩手県地域婦人団体協議会編 | 灯をみつめて——戦後六十年語り継ぐ女たちの歴史 | 岩手県地域婦人団体協議会 | 二〇〇六 |
| 一条ふみ著 黒田大介編 | 文集　生き残り運動《復刻版》 | 自費出版 | 二〇〇九 |
| 岩手女性史を紡ぐ会 | 二〇一二～二〇一三年度岩手県立大学地域協働研究成果報告集1 歴史に学ぶ〝女性と復興〟～昭和三陸大津波と家族・共同体 | 岩手女性史を紡ぐ会、岩手県立大学 | 二〇一四 |
| 岩手女性史を紡ぐ会 | 二〇一五年度岩手県立大学地域協働研究 津波をくつがえす～岩手おらほのおなごたち～ | 岩手女性史を紡ぐ会 | 二〇一六 |

## 先行研究の検討② 小原麗子と石川純子に関する論考

「麗ら舎読書会」の設立者である小原麗子は和賀《わが》郡飯豊《いいとよ》村（現 北上市飯豊）の農家に生まれ、一七歳頃からたびたびもちかけられた縁談を拒否し、「家」に入ることなく「自活」を目指してきた先駆的フェミニストである。

青年期は成田青年会（現 北上市飯豊）の女子リーダーとして地域の生活記録運動を牽引し、『微塵』（微塵の会、一九六一―一九六四）、『ベン・ベロ・コ』（北上詩の会、一九六五―現在）などの地域詩誌の編纂に携わる一方で、『サワ・ひとりのおんなに』（一九六七）を皮切りに個人詩集を複数上梓し、生活記録派の詩人としても活躍してきた。一九七六年からは個人誌『通信・おなご』（―現在）を発行しており、エッセイや生活記録は『稲の屍――小原麗子散文集』（一九八二）や『自分の生を編む――小原麗子 詩と生活記録アンソロジー』（大門正克編、二〇一二）にまとめられている。一九八五年には麗ら舎（北上市和賀町）を設立、麗ら舎を拠点とした地域女性たちの読書会である「麗ら舎読書会」を開始する。また、「春・一番の会」（花巻市）や「ひやりっこの会」（北上市）など、農家の女性たちを対象とした詩の会も主宰している。これらの活動により、二〇一七年、農民文化賞を受賞した。

小原麗子に関する論考としては、北上市出身の詩人・斎藤彰吾「母と村の考察―生活詩における小原麗子の側面」（[一九六七]二〇一一）、奥州市出身の詩人・南川比呂史「『おなご』への系譜――小原麗子ノート」（一九七八）、森崎和江らとサークル村にて活動した女性史家・河野信子「一条ふみと小原麗子」（一九八〇）がある。北上詩の会などで小原と活動をともにしてきた斎藤彰吾は、「ムラに住む生活記録派の詩の書き手」であり「日本に数少ない女《おなご》の記録者」と小原を評している（斎藤[一九六七]二〇一一）。

南川（一九七八）は、『小原麗子詩集』の解題として書かれたエッセイである。このなかで、南川は「（小原は）村の中では、小農的な百姓家の女であった母の日常を目のあたりにしながら、人生雑誌『葦』に共感し投稿するようになった。小原はここから、村の女、百姓女として村に埋没する女ではなく、次第に自己を意識し記録する女に変っていくのである」と小原の思想的来歴を紹介し、「歴史の中で、決して名を記録されることのなかった民衆、とりわけ北の村の数知れない女たち」の「さまざまな生きざまを執拗に追い、記録しつづけている小原麗子は、いま北の村の女たちにとって、己に代る稀有な存在なのである」と評する（南川 一九七八：一四〇、補足引用者）。

福岡にて個人誌『無名通信』を発行していた河野信子[13]は、一条ふみとともに小原を取り上げ、「生活を凝視」しながら「生活者の場から文化を定着させること念《ママ》っている」（河野 一九八〇）とその思想について論評する。小原は、当時北上市立図書館に勤務していた斎藤彰吾の紹介によって、河野の発行する『無名通信』を知り、エッセイ「『姉』の墓にむかう」（四二号、一九七七）を寄稿するなど、交流をもっていた。

また、二〇一二（平成二四）年には、日本近現代経済史・農村社会史の第一人者である大門正克の編集により、半世紀にわたる小原麗子の作品集である『自分の生を編む』（二〇一二）が刊行された。本書は小原の作品全体を歴史的に位置づけるという方針に基づき編まれ、約五〇〇編にもおよぶ小原の全作品から、小原の思索の全体像を見渡し、多彩な活動の輪郭を描くという基準で精選された六二編が収録されている。本書の「解題」のなかで大門は、拙修士論文を小原に関する先行研究として列挙したうえで、小原の思想とリブとのつながりに言及し、小原はリブにも共感していたが、フェミニズムの視点や「女性」問題の捉え方は、外部からの影響というよりも内発的要素のほうが大きいと述べる（大門 二〇一二：二四八）。だが、これはリブを外部――海外・都市部・東京——から「輸入」されるものであるという一般的な捉え方を前提とした評価であると私は考える。

小原とともに当地のフェミニズムの中心人物であると目されるのが、一九七〇年代より小原と活動をともにしてきた麗ら舎読書会会員・石川純子（一九四一—二〇〇八）である。石川純子は宮城県登米《とめ》郡佐沼町（現登米市）に生まれ、東北大学教育学部卒業後、私立水沢第一高校（岩手県奥州市水沢区）に国語教師として赴任する。以来、個人誌と麗ら舎読書会を拠点とし、フェミニズムの視点から思索を重ね、『垂乳根の里だより』（一九八二）などの著作をもつ。ウーマンリブを代表する雑誌『女・エロス』五号（一九七五）にエッセイ「垂乳根の里へ」（一九七五）が掲載されるなど、都市部で展開したリブ運動とも直接的な関わりをもっていた人物である。

一九七〇年代には『高群逸枝雑誌』上に「高群逸枝論」の連載をもち、『両の乳房を目にして——高群逸枝ノート』（一九七九）を上梓した。八〇年代以降、東北の農民たちへの聞き書きに着手し、米農家の聞き書き『名生《みょう》家三代、米作りの技と心』（一九九八）をまとめ、続いて『まつを媼——百歳を生きる力』（二〇〇一）『さつよ媼——おらの一生、貧乏と辛抱』（二〇〇六）を出版する。これらの活動により二〇〇五年に農民文化賞を受賞している。ほかに、編著に潜水艦の通信兵だった父・幸太郎の日誌をまとめた『潜水艦伊一六号通信兵の日誌』（一九九二）がある。

石川純子に関する論考としては、東北大学教育学部の同級生である短歌人・佐藤通雅（岩手県水沢市出身）による「石川純子覚書——孕みの思想・再考」（二〇〇九）がある。二〇〇八年に逝去した石川への追悼文として書かれた本エッセイは、石川の個人誌『けものたちはふるさとをめざす——孕み・出産の記録』（一九七一）を中心に彼女の「孕みの思想」について論じたものであり、石川の夫である千葉満夫によって編まれた『石川純

子追悼　さようなら』（二〇〇九）に収録されている。佐藤はこのなかで、「孕みの思想」は、「女性であることの内界を感知しつつ」、他方では学生時代に六〇年安保闘争という「政治の季節に遭遇する、その激しい軋みによってこそ成立した」と評する。そしてこの試みは石川固有の面をもつと同時に、「一九六〇年代という時代を共有する自覚的女性達」に共通するものでもあったと位置づけた（佐藤　二〇〇九：一六八）が、佐藤は本論考のなかでフェミニズム思想として「孕みの思想」を論じてはいない。

## 三．本書の方法――〈おなご〉たちの声を聴く

本書においては、対象者へのライフストーリー・インタビューと個人的記録資料の分析、麗ら舎読書会への参与観察を主な方法とする。

インタビュー方法は半構造型である。これは大まかな質問項目のみを決定し、細部については語り手に合わせて臨機応変に聞き出していく手法である。ライフヒストリー／ライフストーリーは個人の過去の経験を「現在」の時点から解釈していくという「対話的構築主義」である（桜井　二〇〇三：一四）。「遅れた」存在、また「啓蒙」あるいは「救済」の対象として、他者・客体の位置に置かれ続けてきた東北・岩手の女性たちが何を考え、どんな主張をしてきたのかを把握し、個々の女性たちが経験してきた葛藤や試行錯誤を詳細に描き、当地で生きた女性たちの生に寄り添いながら検討していくためには、彼女らが自身の経験を解釈しながら語るライフストーリーという方法が適していると考える。小原、石川、麗ら舎読書会に集う女性たちのライフストーリーを検討することにより、思想の内実とその形成過程、運動の形態を把握し、岩手のフェミニズム運動の軌跡を描きだすこ

とを目指す。

ライフヒストリーとライフストーリーの差異として、ライフヒストリーは調査対象である語り手に照準し、語り手の語りを調査者がさまざまな補助データを補ったり、時系列的に順序を入れ替えるなどの編集を経て再構成されるのに対して、ライフストーリーは口述の語りそのものの記述を意味するだけでなく、調査者を調査の重要な対象であると位置づけているところが特徴である（桜井二〇〇二：九）。本書においても、語りは時系列的に整理して提示することに注力せず、インタビューにおいては語り手と調査者との言語的相互行為によってライフストーリーが語られることを意識し、調査者を見えない「神の目」の位置（桜井 二〇〇二：六〇―六一）に置くことはしない。

ライフストーリーに加え、本書では生活記録や詩などの語り手の書いた詩やエッセイなどの著作物も分析の対象とする。さらに、麗ら舎読書会での参与観察（二〇一三年実施）を併用し、多角的に岩手のフェミニズムの思想と活動のありようを描いていくことを目指す。

本書で使用するインタビューの対象者および実施年月日は表3の通りである。下記のインタビューのほかに、適宜電話等での補足的インタビューも行った。

表3　インタビューの対象者および実施年月日

| 対象者 | 実施年月日 | 対象者 | 実施年月日 |
|---|---|---|---|
| 渡邊満子 | 二〇一一年一二月二〇日 | 石川純子［第一回］ | 二〇〇七年八月二七日 |
| 阿部容子 | 二〇一二年八月二七日 | 小原麗子［第一回］ | 二〇〇七年八月三一日 |

| | | | |
|---|---|---|---|
| 二〇〇七年一〇月三一日 | 石川純子〔第二回〕 | 二〇一二年八月二八日 | 田村和子 |
| 二〇〇八年三月二二日 | 石川純子〔第三回〕 | 二〇一二年八月三〇日 | 佐藤弘子 |
| 二〇〇八年八月二九日 | 小原麗子〔第二回〕 | 二〇一二年八月三一日 | 小平玲子 |
| 二〇〇八年九月二七日 | 石川純子〔第四回〕 | 二〇一二年九月三日 | 小原麗子〔第三回〕 |
| 二〇一一年八月一九日 | 後藤忠子 | 二〇一二年九月四日 | 小崎（阿部・宮崎）順子 |
| 二〇一一年八月二〇日 | 児玉智江 | 二〇一四年六月一一日 | アブドルカーダー・エイコ |
| 二〇一一年一二月一八日 | 佐藤恵美 | | |

## 注

（1）女性に不利益をもたらす差別の撤廃、男性と同等の権利の要求、女性の社会的地位の向上、女性が自らの生き方を決定できる自由の獲得などによって、女性問題を解決することを目指す社会思想・社会運動を意味する。その流れは市民革命期に端を発し、一九世紀から二〇世紀前半まで各国で闘われた女性参政権運動を中心とする第一波と、教育機会や法的平等などの公的平等がほぼ形式的には達成された一九六〇年代の民主主義先進国に登場し、性役割など伝統的意識に基づく社会慣習の変化を求める第二波に大別される（江原 二〇〇二a、金井 二〇〇八：二七五―二七八）。

（2）岩手県二戸町出身。農村女性らの聞き取りを続け、作家としても活動。著書に『淡き綿飴のために――戦時下北方農民層の記録』（一九七六）、『永遠の農婦たち』（一九七八）、『東北のおなごたち――境北巡礼者の幻想』（一九七九）等。

（3）日本のリブにおいては、「本土返還」をめぐって「沖縄」が置かれたポストコロニアルな状況が「本土の女」と「沖縄の女」の分断という図式のなかで主題化されたが、同時期に第一次産品の供給基地であり外米や肥料・軽工業品の移入地として、そして京浜工業地帯の発展を下支えする地域として再編されていった東北の地政学的位置にはほとんどまなざしが向けられることはなかった。沖縄と「本土」のリブ運動をめぐっては、沖縄出身の弁護士である金城清子が、一九七一年時点で沖縄ではリブの動きが見られないことを指摘し、米軍統治下の沖縄では日本国憲法の適用が除外されており、「人間の生存にとって最低の条件さえ、全く保障されていない沖縄の女性たちには」リブは「あまりにも観念的で力にもなりえない思想である」と論評している（金城　一九七一：二六―二八）。

（4）例えば、最初期に活動を始めたリブグループには、一九六二年に神戸外国語大学の学生が立ち上げた『れ・ふぁむ』女性問題研究会がある。また、この一九七〇年国際反戦デーでは、一九六八年頃から活動していたメトロパリチェン（札幌市）も女だけのデモ隊を組んだ。斉藤正美はまた、田中美津を中心とした運動がリブの代表とされることは、「カリスマリーダー」の影響が強い運動体であったことをリブ一般の特徴とみなしてしまう恐れがあると指摘する（斉藤　二〇〇七）。

（5）「リブ運動についての初めての本」である『性差別への告発――ウーマンリブは主張する』（一九七一）の「発刊にあたって」には、「リブ運動は、在来のような組織の中央とか代表的個人あるいは寡頭幹部集団をもっていません。また運動参加への認承《ママ》権も存在しません。運動の定義（綱領・規約）よりも、まず自立を志向する個人なりサークルなりの叫びと主張があります。」という記述がある。また、一九七〇年一一月一四日に開かれた、「和製リブとかいって騒がれている運動の担い手」（同書三頁）たちによる「性差別への告発」討論会（亜紀書房主催）は、「演壇から発言することを避け、フロアに司会者を囲んで円陣をつくって」行われた（亜紀書房編集部編　一九七一）。

　このような新しい組織づくりの試みがリブに共有されていたことは、『女・エロス』編集部が一九七三年にリブグループに対して、グループの人数、目的・行動形態、他の女たちやグループに向けた一言などを尋ねたアンケートからも読み取れる。このアンケートを行った『女・エロス』編集部も、編集長も代表者も置かず、グループで編集委員会として外部に対応していた。「それは自分たちのなかに権力を作らないという小さな試み」であったという（舟本他　一九九九：一二）。この組織運営方法は大規模な行動においても採用されている。全国のリブ女性たちの出会いの場となった第1回リブ合宿は「リブ合宿どうする」集会で幕を開けた。この集会は名前のとおり、これから開かれるリブ合宿を「どのようなものにするか」を合宿の参加者で決める集会である。このリブ合宿は「ぐるーぷ・闘う女」が提唱したものだが、「主催者」という形は採らず、合宿中の行動も参加者の自主性に任されていた（溝口他　一九九二）。

（6）編者によれば、紙面の都合上かなりの資料を割愛しなければならなかったほかに、心境の変化により掲載を拒否した個人・グループもあるという。また、当時運動に関わった女性たちから編集方針などへの批判もあった（溝口他 一九九二：三）。この資料集をリブ運動と等値することは避けなければならない。

（7）東北大学で始まった、学内の女子トイレに生理用品を無料設置することを求める運動は、翌年、早稲田大学と秋田大学へと広がった。社会運動は東京から地方へという流れで広まると思われがちであるが、この事例では、地方から東京へ、また地方から地方へと、運動が伝播したことがわかる。

（8）国内植民地という用語は、必ずしも厳密な規定を与えられてはいないが、ここでは山崎カヲル（一九八二）の整理を参考に、この概念を検討してみたい。国内植民地という概念の提唱者のひとりである、メキシコの農村社会学者・ロドルフォ・スタヴェンハーゲンは、資本制経済関係の形成・発展に伴い、エスニックな支配・搾取関係が資本主義的に変換される状況を国内植民地主義と呼んだ。国内植民地概念は、世界的規模での中枢部・周辺部関係を、一国の先進地域と後進地域との関係へと転用することで成立しており、従属理論の代表的論客であるアンドレ・グンダー・フランクのいう「低開発の発展」（development of underdevelopment）の国内版である（山崎 一九八二）。

また、中村丈夫は、国内植民地という概念は、広義の植民地概念（純植民地・従属国などを包括）の一部をなし、一般的には、形式上本国の平等な構成部分でありながら、実質的には特殊な質をもつ搾取、収奪、抑圧、疎外のもとに置かれた従属地域を指すとし、そこにおける民族問題と地域格差とが果たす役割に着目している。中村は資本主義的植民地を、（1）本源的蓄積期のいわゆる old colonial system（東西間の貿易・軍事拠点・先住民に対する奴隷的・封建的搾取に基づく栽培植民地、奴隷供給地など）、（2）産業資本主義期の工業製品（主に繊維製品）の販売市場およびヨーロッパに対する工業原料、食料供給地、（3）古典的帝国主義期の資本輸出を軸とした資源独占、低廉労働力搾出のための文字通りの植民地および軍事植民地、（4）いわゆる「植民地体制の崩壊」以降、とくに世界企業＝多国籍企業の拡大のもとでの新植民地主義的衛星地域＝「低開発の発展」地域の四つに区分する。そして、国内植民地は、典型的には（3）の段階の帝国主義国にすべりこみえた後発・早熟資本主義国の内部にみることができるとし、日本の南北辺境（沖縄、東北）をここに分類している（中村 一九七九）。

これらの論者によって検討されてきた国内植民地という概念だが、近年の東北学・東北研究において用いられる場合には、東北は「国内植民地」的位置づけであったと形容されるに留まり（岡田 一九八九、河西 二〇一一）、管見の限りその概念についての議論はなされていない。国家建設の視点から見た東北の「歴史」は、土地と資源を求めた中央権力の武力的制圧に始まっている。近代以降、東北は米を中心とする第一次産品と資本主義的労働市場および北海道拓殖への労働力供給基地としての役割、他方では外米や肥料・軽工業品の移入地としての役割を付与され、高度経済成長期以降は、比較的安価な土地と労働力を確保できることを理由に京浜工業地帯からの工場進出が始まり、首都圏の発展を下支えする国内領域として構築されてきた（岡田 一九八九、河西 二〇一一等）。中村が国内植民地としての東北を上記区分でいう（3）に分類しているように、東北が中央集権的な仕組みによって推進された日本の近代化の構造的問題によって、つねに首都圏の後背地として位置づけられてきたという状況を鑑みると、国内における「低開発の発展」の状況にあるといえよう。国内植民地という概念と東北の位置づけに関して精緻に議論することは筆者の能力を超えているが、右で見た国内植民地概念の議論を参照すると、東北を国内植民地の一種として位置づけることは一定の妥当性を有すると考えられる。

（9）一九二〇（大正九）年和賀郡和賀町に生まれる。岩手師範学校卒業。一九四八（昭和二三）年シベリアより帰国後、文筆活動を始める。

（10）一九二四（大正一三）年和賀郡和賀町に生まれる。岩手県立黒沢尻工業高校電気科卒業。岩手県農村文化懇談会世話人。和賀町社会教育主事。俳人。

（11）一九〇九（明治四二）年九戸郡大川目村（現 久慈市）に生まれる。高等小学校卒業後、小学校の代用教員となるが、無資格のため解雇され、東京物理学校予科（現 東京理科大）を修了後、代用教員に戻る。一九三八（昭和一三）年に満州に渡り、一九四四年臨時召集、沖縄・宮古島で敗戦を迎えた。復員後、盛岡近郊で開墾に従事した後、古着の行商人として四年間県内の山村を歩きまわった。一九五一年から岩手県国民健康保険団体連合会に勤務、雑誌『岩手の保健』編集に携わる。著書に『ものいわぬ農民』（一九五八）、菊地武雄との共編で『荒廃する農村と医療』（一九七一）がある。

（12）一九二七（昭和二）年岩泉町出身。中学校教師を勤めた後、社会教育主事として岩泉町に赴任、一九六〇年に生活記録文集『働く母』（七三年『おんな』に改称、一九九九年最終号）を刊行。著書に『埋もれた母の記録』（一九六五）、『おんなの苦闘史――もう一つの昭和』（一九九〇）、『忘れ得ぬ歳月《としつき》〝戦争〟』（二〇〇一）などがある。

（13）河野信子は『小原麗子詩集』（一九七八）と石川の著書『両の乳房を目にして――高群逸枝ノート』（一九七九）の帯に推薦文を寄せている。

# 第一章

# 小原麗子の思想と活動の展開

## 青年団運動と生活記録運動を中心に

岩手におけるフェミニズムの思想と活動を明らかにするための端緒として、本章では、小原麗子が一九五〇～六〇年代にかけて携わった、青年団活動と生活記録運動に着目し、小原のフェミニズム思想との関係性を考察する。

## 一．一九五〇～六〇年代における北上市の状況

まず小原が生まれ育った岩手県北上市について、人口、産業および教育の三つの側面から簡単に触れておきたい。

### 人口

北上市は岩手県内陸南部、北上盆地中央に位置している。一九五四（昭和二九）年、和賀郡の中心部である黒沢尻町を中心に、和賀郡飯豊・更木《さらき》・二子・鬼柳の四村、胆沢《いさわ》郡相去《あいさり》村、江刺郡福岡村の一町六村が合併して市制が施行された。

のちに上成田地区が花巻市に、六原地区が胆沢郡金ケ崎町に分離、江刺市広瀬の一部が編入され、一九九一（平成三）年には北上市・和賀町・江釣子《えづりこ》村が合併し、現在の市域となる。人口は四二、〇八八人（一九五五）、四二、九七九人（一九六五）と、盛岡市、花巻市、宮古市、釜石市、一関市に次ぐ規模の市となった。

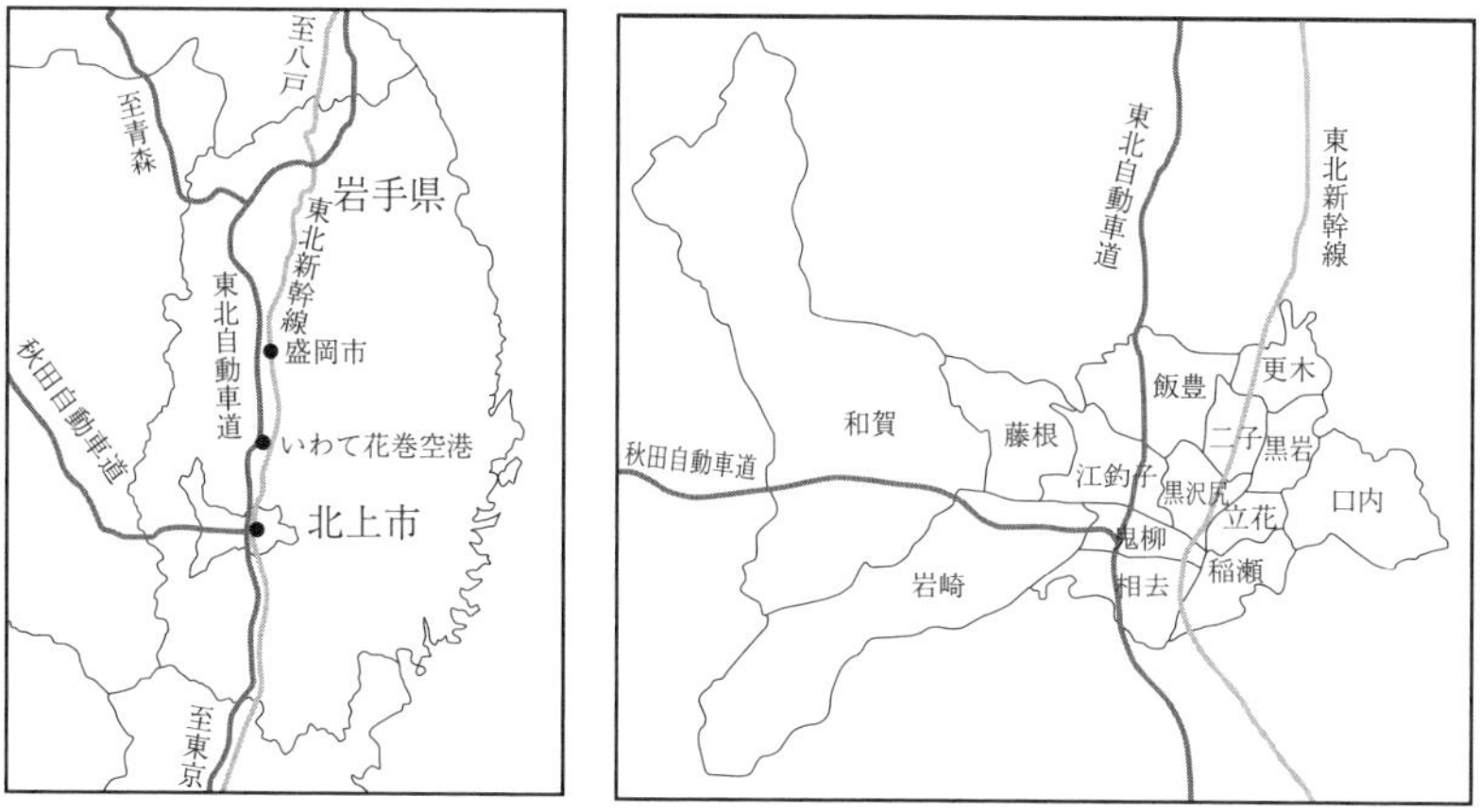


図 1―1 岩手県北上市（旧町村）地図

## 産業

市制施行後、企業誘致が始まり、工業団地が造成され県内有数の工業地帯へと発展していく北上市だが、一九五〇年代においては農村地帯であった[1]。農地改革前後の小作地の割合を比較すると、改革前の三一・四%（一九四六年）から九・九%（一九五一年）へと大幅に減少している（岩手県農地改革史編纂委員会 一九九〇：二九九）。一九五五年の農家人口が総人口に占める割合を市内地区別に見ると、和賀郡一帯を後背地とする商業地・金融街であった旧黒沢尻地区を除いて八～九割となるなど、農業が基幹産業であった。

## 教育

岩手県における高校進学率は三七・二%（一九五一年）、四〇・五%（一九五五年）であり、これは全国の高校進学率四五・六%（一九五一年）、五五・四%（一九五五年）と比較して低くなっている（表1―1）。小原麗子が中学を卒業した一九五一（昭和二六）年の北上市における進学率は五一・四%と全国平均と比較して高いが、これは和賀郡の中心地である旧黒沢尻地区が平均値を押し上げているためであり、小原の生まれ育った飯豊村に限ると男性一三・八%、女性ではわずか八%に過ぎない。一九五〇年の農家人口が八割を超える（飯豊町公民館編　一九五四）当地では、「貧しくて高校に進学できなかったは、あたりまえだった」（小原［一九七七b］一九八二：二五九）という小原のエッセイでの記述を裏づける状況となっている。

## 二．岩手における青年団活動

### 青年団の歴史と組織状況

近代国民国家形成期において、圧倒的多数を占めた勤労青年の全国的な組織化を目的として青年団あるいは青年会が成立した。その女性版として一九一八（大正七）年に登場したのが処女会であり、一九二七（昭和二）年には大日本連合女子青年団として再編された。時代の制約を色濃く受けながら組織化された処女会・女子青年団は、女子青年の目指すべき理想の姿として、都市に形成されつつあった新中間層の「良妻賢母」、さらには農村地域における「働妻健母」を掲げ、その予備軍として女子教育を娘たちに施そうとするものであった（矢口　二〇〇〇）。女子青年団は昭和恐慌

表 1—1　中学校卒業者数およびその進路（1951 年）

| 進路 | 中学校卒業者数 | | | 上級学校への進学 | | | 就職 | | | 無業、その他 | | |
|---|---|---|---|---|---|---|---|---|---|---|---|---|
| 地域 | 男性 | 女性 | 計 | 男性 | 女性 | 計 | 男性 | 女性 | 計 | 男性 | 女性 | 計 |
| 岩手県 | 14,844 | 13,940 | 28,784 | 5,925 | 4,772 | 10,697 | 8,011 | 7,653 | 15,664 | 908 | 1,515 | 2,423 |
| | | | | 39.9% | 34.2% | 37.2% | 54.0% | 54.9% | 54.4% | 6.1% | 10.9% | 8.4% |
| 和賀郡 | 1,204 | 1,094 | 2,298 | 578 | 464 | 1,042 | 528 | 523 | 1,051 | 98 | 107 | 205 |
| | | | | 48.0% | 42.4% | 45.3% | 23.0% | 47.8% | 45.7% | 4.3% | 9.8% | 8.9% |
| 飯豊村 | 66 | 50 | 116 | 16 | 4 | 20 | 50 | 46 | 96 | 0 | 0 | 0 |
| | | | | 13.8% | 8.0% | 17.2% | 43.1% | 92.0% | 82.8% | 0.0% | 0.0% | 0.0% |

注）「就職」には家業手伝い等を含む。岩手県総務部統計課編『岩手県統計年鑑』（1953）より作成

期には農山漁村経済更生運動を、戦時下には銃後活動を担い、四一年には大日本青少年団に統合された。

敗戦後、占領軍により青年団民主化が図られる。社会教育法の施行により、行政当局は青年団を社会教育関連団体として位置づけ、青年団の活動も社会教育的な面へのウエイトが大きくなった。全国的教化組織としての大日本青年団は解体し、一九五一年には新しい統一組織として日本青年団協議会が発足した。岩手県においても同年三月に岩手県青年団体協議会が発足、「貧しさからの脱出」をテーマとし、男女平等の旗印のもと、男女青年合同での活動が始まった（岩手県青年団体協議会編 一九七二）。岩手県下の地域青年団は一九五二年七五九団体五六、三三四名（内女子会員一九、四九二名）、一九五五年八三九団体四四、八六三名（同一三、七一二名）であり、一九五一～五六年にかけて七〇〇～八〇〇団体前後で推移している（岩手県社会教育課編 一九五六）。一九五六年の県下青年団構成員の職業を見ると、第一次産業に就いているものが男女ともに約八割を占めている（表1—2）。また学歴区分は初等教育が七七％、中等教育（旧制中学等を含む）は二一％となっており、青年学級[2]と同様、上級学校への進学が許されなかった勤労青年を取り

表 1—2　男女別産業別団員数（1956 年）

| 産業形態 | 第 1 次 | 第 2 次 | 第 3 次 | その他 | 計 |
|---|---|---|---|---|---|
| 男子 | 21,052（78.4%） | 2,121（7.9%） | 3,051（11.4%） | 641（2.4%） | 26,865 |
| 女子 | 11,871（81.4%） | 724（5.0%） | 1,359（9.3%） | 633（4.3%） | 14,587 |

岩手県社会教育課編（1956）より作成

表 1—3　男女別年齢別団員数（1956 年）

| 年齢 | 15 ～ 19 歳 | 20 ～ 24 歳 | 25 ～ 29 歳 | 計 |
|---|---|---|---|---|
| 男子 | 10,467（39.0%） | 13,512（50.3%） | 5,604（20.9%） | 26,865 |
| 女子 | 8,739（60%） | 5,604（38%） | 244（2%） | 14,587 |

岩手県社会教育課編（1956）より作成

込んでいったことがわかる。また、構成員の年代について見ると女子の場合は二五歳以上の団員が約二％と非常に少ない（表1―3）。これはほとんどの女子青年が結婚を機に退団することが理由である。

## 青年団による生活記録運動の展開

青年団が集団学習活動の一環として取り組んだのが生活記録運動であった。生活記録運動は一九三〇年代に始まった子どもの生活綴方運動の影響を受けて生まれたといわれている。生活綴方運動とは、自分の生活を自らの言葉で表現する綴方を通じて社会認識を深め、主体の形成を目指す民間教育運動であり、主体が青年で社会教育を中心にするものを生活記録運動と呼ぶ。これらは画一的な教育を内部から変革する運動として大正期に始まり、一九三〇年代には軍国主義に抵抗する教師を中心に全国的な広がりを見せた。東北地方においては、東北の土壌に根ざした北方教育運動として展開し、秋田県の「北方教育同人社」を中心として、『稗和人』（和賀町）、『工作・岩手国語』（東磐井《いわい》郡）など各地に文集制作を土台とした研究集団ができた（高橋　一九八八）。

そして戦時期の厳しい弾圧を経て、戦後、民主化の気運のなかで民間教育運動として復活する。岩手県においても一九五一（昭和二六）年に出版された『やまびこ学校』を端緒とし、戦後民主主義の潮流に乗って学校から地域の青年たちへと急速に広がっていた。

岩手の青年団における生活記録運動発足のきっかけについては、湯田村や和賀町のように教育委員会の社会教育係が外部リーダーとして青年団に働きかけ、指導していった例と、沢内村の『アカシア』『こだま』、本章で取り上げる北上市の『ばんげ』のように、『人生手帖』『葦』など全国的な人生雑誌[3]の刺激を受けた内部リーダーによる地域の活動として起こった例とがある（川村　一九六二）。青年団による生活記録文集は一九四〇年代後半から生まれ始め、一九五〇年代半ばに発刊のピークを迎える（吉田 一九六二：五〇）。北上市内では青年団による生活記録運動文集は一九五三〜六二年にかけて一二のタイトルが発刊されている（表1―4）。

北上においては成田青年会が生活記録運動の発端となり、以後の運動を発展させる骨子となってきた。しかし『ばんげ』と新聞に近い『なか』を除き、いずれの文集も創刊号あるいは二、三号という短命で終わっている。この理由として、生活記録運動は市青協による活動方針指針が打ち出された組織的運動ではなく、地域青年会（単位団）レベルでの自発的な運動であったことが挙げられる。数年にわたって運動を牽引し、文集を発刊できるリーダーが育たなかったのである（千田 一九六五）。そうしたなか、創刊号から一八号を数えるまで内部リーダー、指導者として『ばんげ』を牽引していった小原麗子の重要性が指摘できよう。

表1―4 北上市内における青年団発行の生活記録運動誌

| 誌（紙）名 | 団体名 | 創刊年月 | 刊行状況、備考 |
|---|---|---|---|
| えんで川 | 飯豊町飯下青年会 | 一九五三年七月 | 創刊号のみ |
| 二子 | 北上市青協 | 一九五四年九月 | 青研修会記録として発行 |
| なか | 飯豊町中組青年会 | 一九五六年（？） | 二一号は一九五六年一一月、一九五七年五月二五号（終刊） |
| ばんげ | 飯豊町成田青年会 | 一九五六年三月 | 一九六一年二月一八号（終刊） |
| 芽っこ | 黒沢尻町第三区青年会 | 一九五七年三月 | 創刊号のみ |
| くろいわ | 黒岩青年会 | 一九五九年一月 | 三号（終刊） |
| 立花青年会誌 | 立花青年会 | 一九五九年二月 | 二月創刊号、四月二号（終刊） |
| らくがき | 鬼柳町青年会 | 一九六〇年 | 一九六一年二号（終刊） |
| ことりざき | 小鳥崎青年会 | 一九六一年一月 | 四号（終刊） |

| | | | |
|---|---|---|---|
| めっこめし | 青年建設班第三期生 | 一九六一年四月 | |
| とっしん | 青年建設班第四期生 | 一九六一年九月 | 記念記録集として発行 |
| いねむり | 青年建設班第六期生 | 一九六二年九月 | |

千田（一九六五）より作成

## 三．生活記録運動の展開とフェミニズム思想の萌芽

### 「自活」としての「女中奉公」

ここでは小原が携わった青年団運動と生活記録運動に注目し、それらの運動のなかで展開された小原の思想を取り上げる。まず、小原麗子のライフヒストリーの紹介から始めよう。

小原は一九三五（昭和一〇）年、岩手県和賀郡飯豊村成田（現　北上市）の小作農家に五人きょうだいの次女として生まれた。中学のとき、仙人峠（遠野市と釜石市の境、北上山地にある峠）を越えて、初めて見た三陸の海を詠んだ詩がコンクールで入選したことをきっかけに詩を書き始める。中学卒業後は実家の農業の手伝いを始め、「詩を作るより、田を作れ」、「おなごなればいっそう、『本などは読まずともいい』」という文化のなか、小原は「詩集の一冊も読まずに、詩を書いていた」（小原　一九七八ａ：一五一）。

小原が「村」の「娘」として自分が組み込まれた位置を強く意識する契機となったのが、一九五三年一七歳にして「縁談」がもち込まれたときであった。以下は、その際の思いについての語りである。

**小原**：私は家《うち》につぶされると思ったんですよ、あの、おっきな。〔略〕あの頃はね、何が農家の女子青年のテーマだったかっていうとね、とにかく農家のね、女性は、働きずくめですっけもんね。結局子育てのほかに農作業でしょ、家事、今でいう家事。家事なんて言葉もなかったと思うけども、みんなやったのよ。

**小原**：だけどもね、つぶされるったってその意味がなんだか。まず女の人はお嫁に行って、子どもを産んで、その家《うち》のことを一生懸命やって、もちろん、夫のこともあれして家のことも切り盛りして、そしてそれをやることが女の一生のあれだっていうことでしょ。何にも、みんなおばあさんだって母親だってやってきて、隣近所だってやってきて、あの……「幸せ」なんて言葉もあんまり無かったかもしれませんね、でもそれが、女の人の生き方だって。ましって、男の人は思ってるわけですよね。

その時にね……（笑）、その時にね、何ていうんだえ、あの家のなかに入っていくとあたしはきっと……結局私はやると思います。こゆふに家なんかも、きちっとするとかのタイプかもしれません。だから農家に行ってもそれ相応にやると思うんですよね、ほらどっちかっていうと優等生的な素質があるために。だけどもね、それで、結局、「昔は板を拭く」っているのが、おっきな仕事ですよね、畳が無くておっきい家で、そして板を磨いてキレイにしてるのが「あの家の嫁御はね、ほんっとにやり手だ」って、褒められるものでしょ。鍋釜もね、磨いて、きちっと。今だってそういうことはありますよね、家のことをね。ただその、鍋釜とか、廊下の板間がなくてね、ちゃんと近代建築になったって、考えはね、ありますおね、きちっとね。

だから私はそういうことをやって……、自分はやるんだろうけどもね、それが私の、あら、人生っていうの？　なんだか分からないんですけどね、そのことが嫌だった、あそこに入っていくの。でも説明のしようがないわけですよ。まだ、ほんっとに、若くて、あなたなんかみたいに、まだぽちゃぽちゃんっとしてる時にね、何いったって説得力無いわけです。ただわがまま、気まま。気ままな娘ってだけですよ。「なんったらおれえ〔私の家〕の麗子、こんなにいいとこから（縁談の）話があるのに、なしって〔何で〕（嫁に）行かねんだべ」って、いわれましたよ、もうおじいさんだのおばさんだっているわけでしょ。「なぁになんだべ」っていうふうに。

かつて農村の「嫁」は文句一ついわず舅や姑、夫に仕え、農作業や家事、夜なべ仕事にと牛馬同前に働くことを要求され、〝角のない牛〟とも形容された（渋谷 二〇〇七：四二）。大牟羅良は古着の行商と編集者生活を通じて見た岩手の農山村の現状をつづった『ものいわぬ農民』（一九五八）のなかで、この嫁の立場について次のように記している。

私は行商の初め頃、「コンニチハ」と訪ねると、女の人が出てきて「誰もいながんす」とことわられることがしばしばでした。〝誰もいない〟と言っても、そう言う御本人がいるのではないか……とふしぎに思ったものでした。後でわかって来たのですが、「誰もいながんす」と言うのは、ヨメさんの立場にある人でした。なるほど、そうとわかってみれば、その言葉は、ヨメさんの立場をまことによく象徴している言葉のように思わずにいられませんでした。〝誰もいない〟というのは、その言葉の上に、「物事を決定できる人は」を補えば、まことによくわかるのです。つまりヨメさんの立場は、そういう立場にあるようでした（大牟羅 一九五八：五六―五七）。

大牟羅が指摘するように、「誰もいながんす」という嫁の言葉は、彼女の家庭内の発言権、決定権の欠如を端的に示している。「嫁」に行き、「家」に入ることは、勉強する自由、詩を書く自由、さらには外出する自由、身体の健康[4]などの力が剝奪《はくだつ》されることも意味した。

女だって本が読みたかった。嫁に行って本が読めるか？（小原［一九七七b］一九八二：二五九）

そうした構造に大きな疑問をもち続けた小原は、「男ならがんばっても、一人でめしを食って行けるという手もあるが、女では……」（小原［一九七五］一九八二：三五七）という周囲の言葉に諦めかけることもあったが、「女だからという考えの前に世間一般の考えのなかに、自分自身屈していたのではなかったか。それが今、本末顛倒、わたしが見上げのりこえていく障壁なのだった」（同前同頁）と自分のなかの固定観念に抵抗しようとする。

その手段が女中奉公であった。小原は一九五四（昭和二九）年三月、一九歳のときに「自活を夢見て」叔父の伝手《つて》で女中奉公に出る。同級生の多くが「お嫁さん」に行く年代であり、「何で優等生の麗子さんが」女中になど行くのだろうと不思議がられるなか、東北本線の夜行列車に乗り、静岡県沼津市に向けて出郷した。(5)

女中とは個人の家庭で家政一般の仕事を行う女性の使用人（清水 二〇〇四：八—九）のことである。日本における女中の誕生は、一七世紀に登場していた西欧社会に比べて遅く、一九世紀といわれる。家事使用人として家内の仕事をする女性を指す呼称として女中が使われるようになるのは明治の末頃である（天野 二〇〇五：一一六）。清水（二〇〇四）によれば、「女中」は一九二〇（大正九）年に約五八万人、三〇（昭和五）年で約七〇万人と女性就業者の六人に一人の割合を占める。戦後の五〇年代でも約三〇万人を数え、国勢調査においては紡績工、事務員、販売員と並ぶ女性の四大職業の一つだった。また、当時の女中奉公は「子守」や「お料理」、修身を学ばせる、「花嫁修業」を含め、農村の女子教育の受け皿としても位置づけられていた。(6)

**小原**：あと昔はあれなそうですもんね、いいところの家に、女中奉公に行って、礼儀作法を習って、そして帰ってきて、お嫁さんに行くっていう方法もあったんですってよ。

＊：花嫁修業の、

**小原**：うん、一種。まして東北なんかからね、行ってきっちり（習う）。あの案外日本ではその意味があったかもしれません。

小原の奉公先は、風光明媚《めいび》な沼津市の干物屋で、市場で仕入れた生魚を干し、出荷する仕事を営んでいた。家族構成は当時三〇代の若夫婦と二人の子どもであり、小原の主な仕事は子守だった。奉公先の子どもたちや、干物屋に雇われている女性の子どもたちを負《おぶ》い、千本松原の砂浜を歩いたが、魚の開き方を教わって干し魚を作る作業のほうが「楽しかった」と述懐する。女中奉公先では、「東北」には「自動車やバス」が走っているのかとよく尋ねられたという。東北地方がいかに〝辺境〟としてまなざされていたかがわかるエピソードであろう。小原を歓迎して、奉公先では「一番のご馳走」として寿司を振る舞ってくれたが、小原は寿司を見たことがなく、食べ方も知らなかった。このことは「ずっと経っても話できないこと」として、「傷になって残ったと思う」と語る。

「自活」を目指して女中として働くという小原の試みは、しばしば周囲に理解されなかった。一九七七年、小原の詩は歌手・吉岡しげ美(7)によって曲が付けられた。小原は吉岡のコンサートに招かれ、石川純子らとともに東京へ出かけている。このコンサートを報じた新聞記事は「『小原さんは貧しい農家に生まれ、静岡県沼津市へ女中奉公に出されるなどの苦労を重ねながら……』云々」（小原［一九七七b］一九八二：二五八）という論調であった。小原はそれに対して「貧しくて女中奉公に出されたというよりは、自分で出かけて行ったのだと言いたい」として、『通信・おなご』第七号（一九七七）にエッセイ「女中奉公ということについて」を書き、「働きながら学べるという文句からは、『自活』への夢が見えてもいた。〔略〕〔女中奉公に〕出されたのではなく、自分で出かけて行ったのである」（同前：二五九）と記す。

**小原**：貧しい東北の娘が、あの、人減らしかなんかのために、という認識あるでしょ。私は違うのね。もしあれだったら私はここでお嫁さんに行けばいいことでしょ。〔略〕それをその、自活なんつうのがわからなかったと思う、記者自体が。女が自活する、ましてや東北のね、女中に来るような、あの娘がね（笑）。ぜんっぜんわからなかった。

一．で述べたように、小原が中学を卒業した一九五一（昭和二六）年頃、当地においては中学卒業後、進学せずに働くのは珍しいことではなかった。そのようななかで小原が「腹を立てていたこと」は、「女ごだがらなァ、学校さ入れだってなァ、それよりも嫁ごにけるだ〔やればいい〕」（同前：二五九、補足引用者）という価値観であった。小原は中学卒業後、自宅での農業の手伝いのほかにも、現金収入を得るために近所の工場等で働き、「小遣銭」（同前：二五九）を稼いでいた。その先に用意されている生き方、「嫁」になれば個人の収入は得られず、娘時代よりもいっそう自由が制限される。小原にとって、「嫁」に行くことを拒み「女中奉公」に「自分で出かけて行った」のは、「自活」を実現しようという自分の信念に基づいた選択であり、「自分史のだいじな分かれ目」（同前同頁）として認識されている。女性の自立、解放を意味するフェミニズムという言葉が存在しない時代、小原は当時もっていた「自活」という言葉を拠り所に、経済的自立、読み書きできる時間と場所の確保、自らの生き方を決定できる自由の獲得を目指した。

そうした小原の姿勢の根底にあるのは、「家」と「国」に詫《わ》びて自殺した姉の存在であった。第四章で詳述するが、小原は姉を自死に追いやり、自分も「つぶされる」と感じた家制度への抵抗として「嫁」へ行かないという生き方を選んだのである。

しかし女中による稼ぎでは「自活とはほど遠い」という現実があった。経済的自立が困難だったことも大きな問題であったが、この奉公生活において、小原にとって「いっちばん苦痛」だったのが「書きたい、読みたい」という希望を叶えられる自分の「部屋がなかった」ことであったという。

**小原**：部屋がないっていうのが私にとっては。部屋があったら案外、良《い》かったかなぁなんて思うときもある。自分の部屋ね。

「自活」とは、一般的には他者からの保護や援助なしで生活することを指すが、小原が求めた「自活」とは、女性の創作活動に不可欠だとヴァージニア・ウルフが述べるところの「年に五百ポンドの収入とドアに鍵のかかる部屋」（ウルフ　一九二九＝二〇一三：一五九）を獲得することを意味したのである。「女中奉公」による「自活」は叶わなかったが、「外」から「村」を見た経験は、再び「村」のなかで「自活」を模索するための契機となった。

## 成田青年会編『ばんげ』の創刊

一九五五（昭和三〇）年に帰郷後、小原は再び実家の農作業に従事するかたわら、人生雑誌『葦』（一九四九―一九六〇、発行部数五万〜七万）等を愛読し、作品を投稿していた。『葦』の投稿者の八〇％が二二歳以下の青年であり、七七％が六大都市以外の「地方」に居住し、約六五％が農業や工場、商店で働く非ホワイトカラーであった（天野　二〇〇五）[8]。「地方勤労青年」であった小原は、典型的な『葦』読者／投稿者であったといえよう。小原が地元の成田青年会に参加するようになるのはこの頃である。

成田青年会は大正時代には活動の記録が見られる歴史をもつが、一九五四年一〇月の市政合併に伴って、成田地区が北上市と花巻市に分かれたことにより、新生成田青年会が発足した。小原は村の青年団に参加した理由について、そこに自分と「同じような境遇の人たち」（斎藤［一九六七］二〇一一）、つまり貧しさ故に進学が叶わなかった農村の若者たちがいたことを挙げている。

一九五六年三月に小原は成田青年会の女子会員三名で生活記録文集『ばんげ』（一九五六年三月創刊～一九六一年二月第一八号）を創刊する。[9]「ばんげ」とは硬木で作った板のことで、集会所の軒下にあり合図に使った生活用具である。創刊号の「はじめに」において、小原はこう呼びかける。

　書くことなんて〔略〕中学を卒業すると共に忘れていたように思うのです。けれども〔略〕書くということによって、自分の思っていることがはっきりしてくるかもしれないのです。〔略〕私達は人にいえない悲しみや悩みをここに書き合い語り合ってゆこうではありませんか。〔略〕書く。そこには問題の端緒が提起されてくるでしょう。

この呼びかけ文は岩手県における生活記録運動の歴史をまとめた『青年若妻生活記録運動史』（一九六二）においても扉部分に引用されるなど、岩手における生活記録を象徴するものとなっている。小原は「自己主張と、自己表現、わたし達は、わたし達なりに、はつきり物の言える場を作つてゆかなければならない」（小原一九六二a：一一九）とし、創刊号の「あとがき」では、集落の貧しい農民たちの心に「深く隠されている」悩みを「書いて発表し、問題としてつかんでゆく必要性があるのだと思います〔略〕ほんとうのことを喋る場所、そしてそれを育てていく場所それがこのばんげです」と記している。

『ばんげ』の編集にあたっては、会長や編集長といった代表者を中心とするのではなく、会員のそれぞれが代わる代わる文集作りの主力となっていた。同じ村に住むメンバーはみな顔見知りであり、文章のなかで「かっ

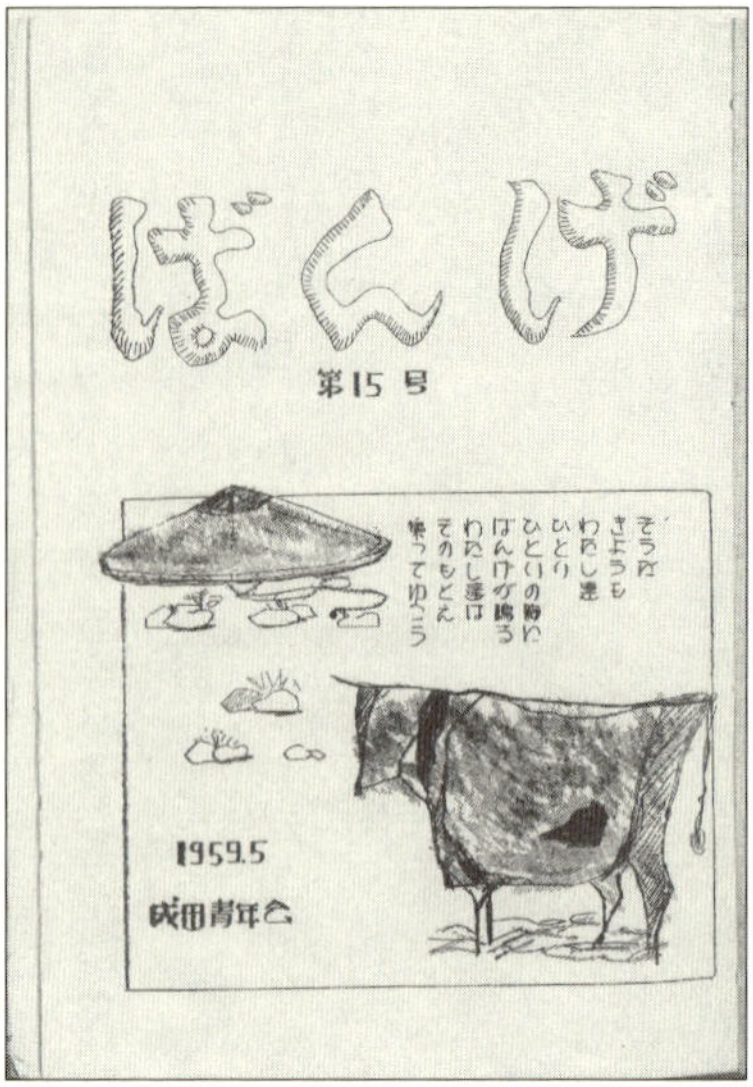


写真 1―1『ばんげ』第 15 号表紙
（北上市立中央図書館所蔵）

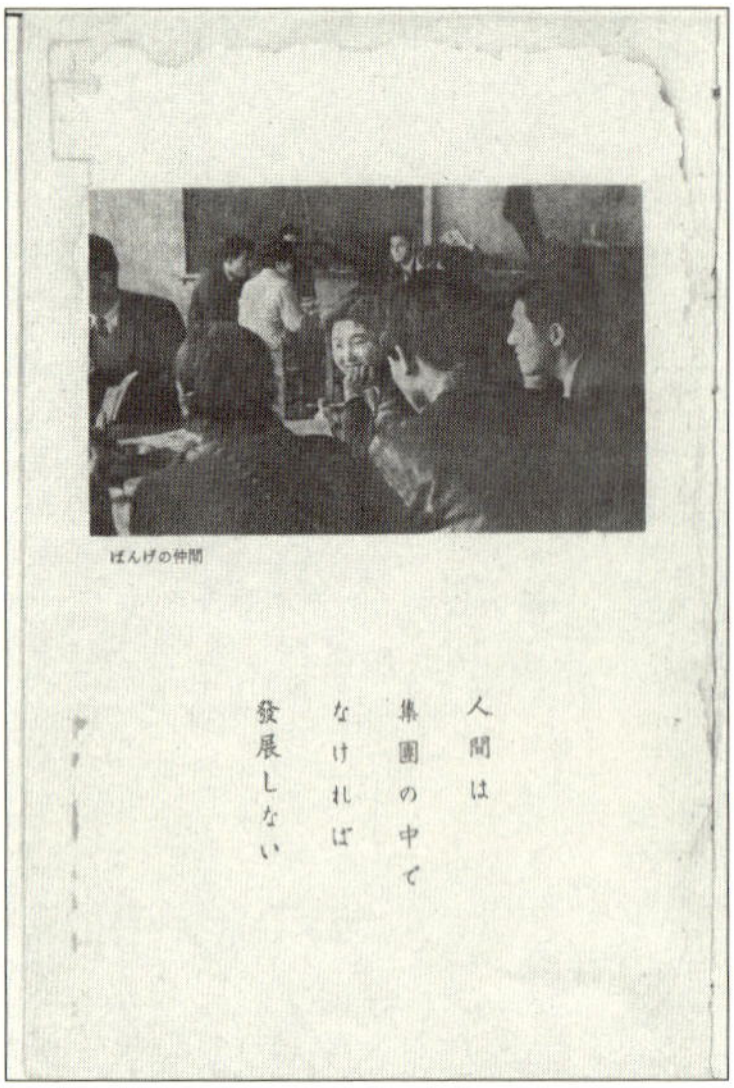


写真 1―2『ばんげ（総集編）』扉
（写真中央が小原麗子）

ちゃん」「エミちゃん」と愛称で呼び合う。そこには芸術性のみを求める「立派な」文芸同人誌への否定的意識が働いており、自分たちの悩みや悲しみを表現し、問題のありかを探り、皆で対話しようとする姿勢があった（斎藤［一九六七］二〇一二）。

実はインタビューによれば、小原自身は『ばんげ』創刊時の一九五六年の段階で生活記録運動を知らなかったのだという。一九六〇年に県下の指導者講習会に参加した際、初めて「生活記録運動」という言葉を知り、所属する青年団が組織末端の単位団であることを認識したのだという。[10]『ばんげ』の創刊は直接的には全国的な人生雑誌に影響されていたものの、小原自身が今から思えば「野火のように広がっ」たサークル運動の「渦の中」にいたのだと語るとおり、北上市内外で展開されていた運動にその下地があったといえるだろう。

**小原**：いっぱいできたんですよ。サークル活動。野火のように広がってったんじゃない、あの頃。だからあたしもそういうふうな渦の中の一つにいたん

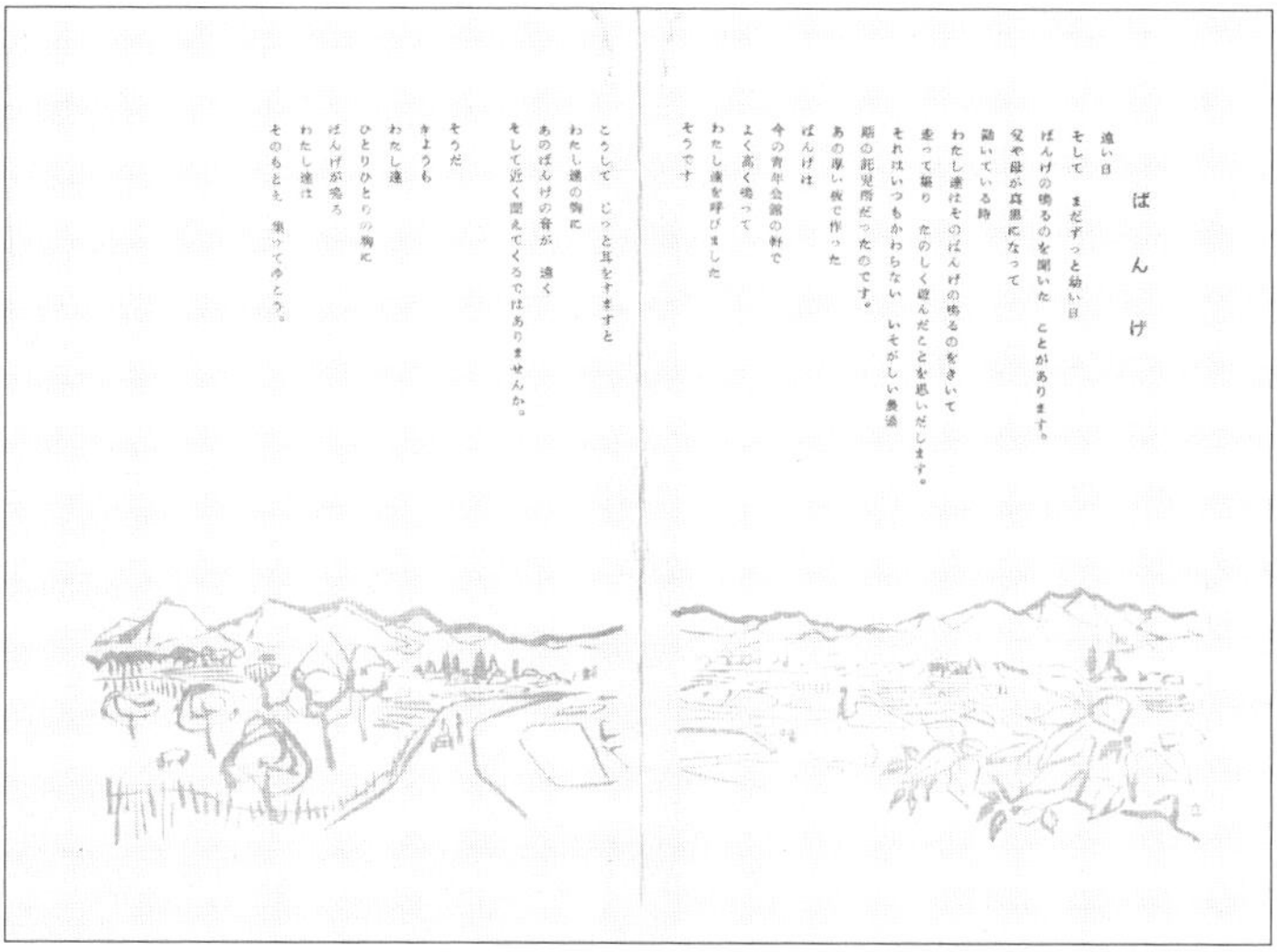

ばんげ

遠い日
そして　まだずっと幼い日
ばんげの鳴るのを聞いた　ことがあります。
父や母が真黒になって
働いている時
わたし達はそのばんげの鳴るのをきいて
走って帰り　たのしく遊んだことを思いだします。
それはいつもかわらない　いそがしい農繁
期の託児所だったのです。
あの厚い板で作った
ばんげは
今の青年会館の軒で
よく高く鳴って
わたし達を呼びました
そうです
こうして　じっと耳をすますと
わたし達の胸に
あのばんげの音が　遠く
そして近く聞えてくるではありませんか。
そうだ
きょうも
わたし達
ひとりひとりの胸に
ばんげが鳴る
わたし達は
そのもとえ　集ってゆこう。

写真 1―3 詩「ばんげ」
（成田青年会・滝沢義雄編『ばんげ（総集編）』より）

表1―5 『ばんげ』書誌情報

| 号数 | 発行年月日 | 備考 |
|---|---|---|
| 一号 | 一九五六・三・一五 | 詳細不明 |
| 二号 | 一九五六・五・一五 | 詳細不明 |
| 三号 | 一九五六・八・一〇または八・一五 | 詳細不明 |
| 四号 | 一九五六・一一・三〇 | 詳細不明 |
| 五号 | 不明 | 詳細不明 |
| 六号 | 一九五七・三・一〇 | 詳細不明 |
| 七号 | 一九五七・五・五 | 詳細不明 |
| 八号 | 一九五七・八・二三 | 詳細不明 |
| 九号 | 一九五七・一〇・一 | 詳細不明 |
| 一〇号 | 不明 | 詳細不明 |
| 一一号 | 一九五八・三・二一 | 詳細不明 |
| 一二号 | 一九五八・七 | 詳細不明 |
| 一三号 | 一九五八・一二・三〇 | 詳細不明 |
| 一四号 | 一九五九・三・二一 | 詳細不明 |
| 一五号 | 一九五九・五・二三 | 謄写版印刷、三六頁 |
| 一六号 | 一九五九・九・二〇 | 謄写版印刷、二八頁 |
| 一七号 | 一九六〇・一・二一 | 謄写版印刷、四〇頁 |
| 一八号 | 一九六一・二・二六 | 謄写版印刷、六二頁 |

だと思うけど、客観的には分からないのね。ただ何か自分でほら、作ったんですっけもんね。そうして成田の小学校に行ってガリ版を借りて、謄写版を借りて。借りてですよ、職員室に行って、夜泊まりがけで借りて。迷惑だったべども（笑）。みんな借りてですもん。学校のものを借りてね。そうして作ったんですよ。

昼間は仕事をもっていた会員たちが集まれるのは夜だけで、半月以上も費やして『ばんげ』を制作していた。

## 『ばんげ』で主張されたもの――「農村女性のあり方」を問う

成田青年会の文集『ばんげ』は会員の生活記録、時事問題の論評、詩や短歌、私信等で構成されている。成田青年会の特色は女子会員が多く在籍していることであった（小原 一九六二a）。現存する一五号、一六号、一七号について見てみると、一五号では寄稿者一六名中一一名、一六号は一六名中一〇名、一七号は一三名中八名が女子会員であり、また創刊号から一一号までのなかから作品を採録したアンソロジーである『ばんげ（総集編）』（一九五八）に収録された二六編の作品のうち、一九編が女子会員の作品であることから、『ばんげ』は成田地区女子青年の主張の場となっていたことが推測される。

北上市飯豊町成田を対象として、食事調査・日記、自分の一日の時間を記録した小原麗子「娘の一日の生活時間」（［一九六一a］一九八二）から、成田青年会会員の生活の様子を見てみよう。成田地区の戸数七二戸のうち、専業農家三五戸、兼業二七戸、非農家一〇戸となっており、住民の多くが農業を営んでいる。耕地面積は一戸平均一・一一ヘクタールで、そのうち水田五二アール、畑地六二アール（リンゴが多い）、養鶏を営む家もある。一家族の平均人数は五・八人（男二・八人 女三人）である。『ばんげ』会員の年齢は一〇代後半がほとんどで、過半数が家業の農業を手伝い、畑や田での仕事のほか、収穫した野菜を売るため市場へ出かけていた（表

1―6、表1―7)。娘たちの多くは和洋裁を習った経験がある。中学を出て二、三年は家で働くより、「花嫁修業」の一環として和洋裁を習う者が多かったようだ。

一九六一年五~六月には女子会員の生活時間調査が実施され、「娘の一日の生活時間」には「工員(一七歳)」、「編み物学院生(一九歳)」、「農業(一九歳)」、「団体職員(二五歳)」の四例が掲載されている。ここでは成田青年会女子会員の大多数を占める「農業」の事例を以下に記載する。

・M子家事(農業、一九歳)の場合(会員、ほとんどの例)

・家での位置

去年まで和洋裁を習いに町に行っていたが、ことしから家で農業を働く。一人前の働き手として何でもやっている。といっても、家の人たちに言いつけられた通り働く。姪、オイ《ママ》の世話もやる。

・仕事

働いているのは別にイヤだとは思わないし、将来は農家に嫁ぐという気持もある。が、なるべくは機会があったら、何か他の職につきたいと思う。けれども中途半ぱ《ママ》のいまからでは、なかなか出られない。中学校卒業と同時に家を出て、結婚の支度でも何でもやるべきだったと思う。家で働いていて一番イヤだと思うことは、同じ年令の娘たちに、家族の者からも周囲からも何かにつけて比較されることだ。それに同じ仕事のくり返しでつまらないと思うことが度々ある。

・一日の時間の反省

いくら早く起きても、おそいと言われる。疲れているとゆっくり眠る時間が欲しいと思う。家ではどうしても他の家より、夕食の時間が遅くなる。

図 1—2　1日の生活時間
（農業の場合）

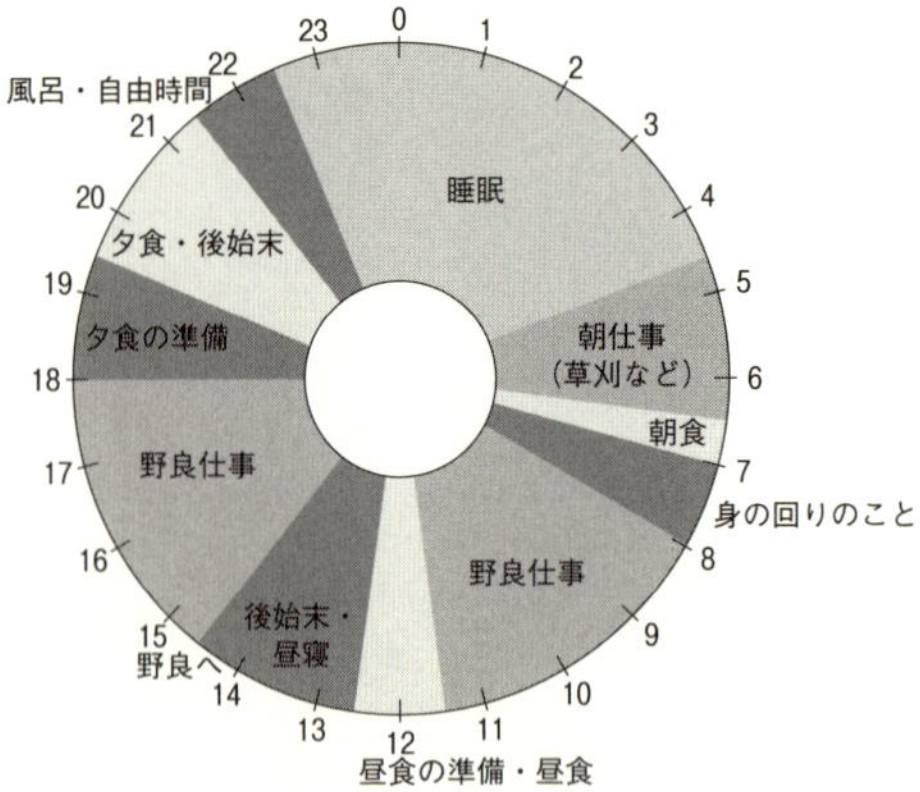


小原（［1961a］1982）より作成

表 1—6　成田地区の独身若年女性の職業

| 職業＼年齢 | 16 | 17 | 18 | 19 | 20 | 21 | 22 | 23 | 24 | 25 | 計（内青年会会員） |
|---|---|---|---|---|---|---|---|---|---|---|---|
| 家事（農業） | 1 | | 2 | 3 | 1 | | | 1 | | 1 | 9 (7) |
| 家事手伝い | | | | | | | | 1 | | 1 | 2 (0) |
| 店員 | | 1 | | | | | | | | | 1 (0) |
| 工員 | | 1 | | 1 | 2 | | | | | | 4 (2) |
| 仕立師 | | | | | 1 | 2 | | | | | 3 (0) |
| 事務員 | | | | 1 | | | | | | | 1 (0) |
| 団体職員 | | | | | | | | | | 1 | 1 (1) |
| 洋裁編物学院生 | | | 1 | 1 | | | | | | | 2 (2) |
| 計 | 1 | 2 | 3 | 6 | 4 | 2 | 0 | 2 | 0 | 3 | 23 (12) |

備考）ほかに、高校生10人、大学生2人、離郷して他の職業にある者15人
小原（［1961a］1982）より作成

表 1—7　成田青年会女子会員の職業

| 職業＼年齢 | 16 | 17 | 18 | 19 | 20 | 25 | 計 |
|---|---|---|---|---|---|---|---|
| 家事（農業） | 1 | | 2 | 3 | 1 | | 7 |
| 工員 | | 1 | | 1 | | | 2 |
| 洋裁編物学院生 | | | 1 | 1 | | | 2 |
| 団体職員 | | | | | | 1 | 1 |
| 計 | 1 | 1 | 3 | 5 | 1 | 1 | 12 |

備考）学校を卒業した女子　高等学校2人（青年会に入会）中学校4人（高校進学1人、3名上京）
小原（［1961a］1982）より作成

青年会の定例集会は、皆が集まって話し合いが出来るので愉しみだ。

雨が降った日は映画を見にゆく時もある（小原［一九六一a］一九八二：二四）。

農村のなかで生活する成田青年会の女子会員たちが「いつも話題にした事は、農村における女性のあり方ということ」（小原澄子［発行年不明］一九五八：二）であった。青年団女子活動の担い手となっていたのは独身の女子であり、『ばんげ』においては、同じ地区の複数の娘たちに同じ男性との見合い話をもちかけるという仲人のあり方と、それを侮辱として縁談を断った娘たちへの陰口を「姿なき暴力」であるとする小原睦子「姿なき暴力」（二号）、女性たちが毎日行っている「洗濯」を「仕事」の一つであると認識しない男性の現状を批判し、自分の衣類は自分で洗濯するよう呼びかける伊藤静江「主婦と洗濯」（八号）など、自らの体験をもとにして、依然として根強い農村の封建的家制度や性差別、女性の重労働をテーマとした生活記録や詩が多く掲載されている（表1—8）。

表1—8　『ばんげ』（第一五号～一八号）目次一覧

| | |
|---|---|
| 第一五号 | 花見（鈴木サダ）／花見から（白畑史郎）／四月二十四日花見（白畑キヨ）／友（小原祥子）／Tさんに望むもの（伊藤亀治）／生活の中に自分の場を築いて（小原麗子）／後始末と歌（小原京子）／結婚（白畑幸三）／短歌（斉藤達彦・梅木富子）／つぶやき（斉藤達彦・白畑史郎・白畑キヨ・梅木富子・伊藤静江・小原京子・小原名奈子・白畑幸三）／【詩】五月（小原麗子）、氷のすべて（梅木富子）、雨（鈴木八重子）、孤独（鈴木八重子）、市場通い（白畑幸三）／青年会活動を阻むもの（鈴木堅介）／T君（白畑史郎）／Mさんによせて（伊藤亀治）／青年としての反省（斉藤達彦）／地方選挙に何を望むか（白畑幸三）／俺もこんなにナルベガナ（鈴木堅介）／母（伊藤静江）／働くよろこび美しさ（白畑秀子）／しあわせ（白畑礼子）／あとがき |

| | |
|---|---|
| 第一六号 | 親と子（伊藤亀治）／岐路に立つ青年会（白畑幸三）／地顔はお面の下でチッソクする（小原麗子）／研修会に出席して（小原祥子）／女性の発言について（小原京子）／一婦人に望む（伊藤亀治）／三十名へのラヴレター　青年会と私の夢（斉藤達彦）／紅くなったホーレン草（伊藤隆夫）／【詩】歩きたいが（鈴木堅介）、田（小原松子）、キューリよ（白畑キヨ）、雨の日に（斉藤達彦）、みんなそう思わないか（小原麗子）／【短歌】（髙橋隆夫・梅木富子・小原松子）／【つぶやき】六月五日（斉藤百世）、七月×日（小原名奈子）、七月十三日（伊藤静江）、七月二十八日（梅木富子）、八月十六日（白畑史郎）、八月十八日（白畑キヨ）、七月二十五日（斉藤達彦）、七月九日（小原京子）／職場生活にかわって（小笠原正泰）／友情は愛から（髙橋隆夫）／同級会（伊藤静江）／あとがき |
| 第一七号 | 私のこずかい《ママ》（小原京子）／消え去ったゲンちゃん（小原麗子）／入会した動機のようなもの（小原貞子）／私の言い分（白畑幸三）／中卒と高卒（小原京子）／トロおし（伊藤ヨリ）／つぶやきから（小原麗子）／女子青年の集いで思ったこと（伊藤静江）／成人式と服（白畑キヨ）／有能な品種を取り入れよう—大豆品種比較試験結果の報告（農研クラブ）／ばんげに思う（伊藤亀治）／【ばんげのこだま】K君への手紙（小笠原正泰）／岩手県青年議会に出席して（白畑幸三）／市青協単位団めぐり（白畑幸三）／単位団めぐりメモ（小原麗子）／【詩】長グツ（小原貞子）、二十才になる歌（白畑キヨ）、ふるさと二題（小原麗子）／長野研修旅行から（斉藤達彦）／あとがき |
| 第一八号 | ひきうすの歌／〈過去にあるもの〉その一・ひきうすの歌—菊ばさまと義助殿のばさまの話しから—／その二・役場生活七年の思い出／その三・成田の歴史—伊藤覚治さんの話し—／その四・あれから七年／〈政治について〉選挙についての部落民の考え方／〈農協に関すること〉その一・森下部落の婦人部の集りで／その二・ヤミ米／その三・農協で売ってもらわねば困るべ／その四・組合員の顔　髙橋喜代治さん・岩渕なつさん・藤村の花子さん／未来をつなぐものは何なのか／〈地域の農業〉その一・普及員を囲む寄合の中から／その二・SSの導入に関する行動の記録／〈家庭の中で〉その一・りんご貯蔵庫の造《ママ》築をめぐって／その二・長根組の話し合いから／〈こだま〉農村に生きる力／〈裁縫をする娘達〉その一／その二・冬期和洋裁講座／その三・女子活動報告／〈出稼ぎの記〉その一・出稼ぎの日々／その二・雪の米沢から／〈再び・地域の農業その三〉俺たちの部落はどこえ《ママ》行く!!—SSの話し合いの結末にかえて—／あとがき |

## 『ばんげ』における小原の位置

小原は一九五六（昭和三一）年、冬の農閑期を利用して飯豊農業共済組合に勤めるようになり、やがて飯豊農協金融課の職員となる。他の会員も職業をもっている者が多く、青年会としての活動時間帯は夜間に限られるなか、仕事と並行して精力的に取り組んだ。小原が問題化したのもやはり村のなかでの女の位置だった。

生活記録運動において特徴的なのが、生活記録詩と呼べるような形態の作品が多数詠まれていることである。小原も生活記録詩を『ばんげ』誌上に発表している。そのなかの一編が「母と反物」(小原 一九五八)である。小原の母は、「姉が嫁ぐ日に、したてなおしたり/五人の子を育てるために/ずっと遠い昔から」「新しい着物を作ったこと」がなかった。二二歳になった小原が給料の一部で母へ新しい反物を二反贈ったところ、「一度に二反も/生まれてはじめてだ」(小原 一九五八:二二)と喜ぶ母の姿を書いた生活記録詩である。

この頃、わたしは/母と口げんかをしなくなりました/今まであんまり/親泣せの娘だったものだから/出来る限りのことを/してやろうと思っています。〔略〕この頃、わたしは/母の生き方や態度の批判をあまりしません/二十二才になって/わたしは母のよろこぶのを見ながら/むしょうに泣きたくなることがあるのです(小原 一九五八:二二)。

家と子の養育に尽くしてきた母、つまり村の女の半生へ静かな同情的視線が送られており、四.で取り上げる一九五六年に書かれた詩「ゆるして下さい　がつちやあー」(一九六三)のような激しさはない。だが「農村の嫁の悲劇が生まれる原因は、多くの家族的な美しさのなかにもあると思う」(小原［一九六〇a］一九八二:一五六)として、農村女性たちが「家」のなかで磨滅してしまう現状を問題視する小原は、こうした母の生き方を「家族的な美しさ」として理想化するような母性像にはくみしない。しかしながら自己犠牲と忍耐にまみれた母の「生き方」を単純に「批判」の対象とするのでもなく、貧しい農村において女性が家や子どもに尽くすことを強いてきた経済・社会・文化的構造を見つめる。母親を同じ村に生まれ育った女として捉え、その「悲劇」を乗り越えていこうとする。こうした視点を小原にもたらしたのは、生活記録運動のなかで導入された、民衆史という歴史観であろう。

**小原**：歴史はね、天皇家の歴史だけだったでしょ。（和賀町教育委員会が東京から講師を招き開催した講習会で）印象的だったのはね、父や母にも歴史があるんだってこと。

鶴見和子は「生活記録運動とは、歴史をつくる国民が、国民の歴史を書き、書くことをとおして自分たち自身をつくりかえていく運動」と定義する（鶴見［一九六二］一九九八：五二七）。従来歴史学の主流であった経済史や政治史は国家の歴史であり、民衆は見えない存在であった。生活記録運動によって、為政者だけでなく、「父や母」のような「普通に生きた人たち」にも同じく歴史があるという歴史観を知ったことについて、小原は「今から思うとひとつの一大転換」だったと述べる。この歴史観の「転換」が、母、姉ら農村の女たちを無力な被抑圧者と見なすのではなく、第四章で詳述するような行為主体性を備えた存在と捉え直す見方へもつながっていったといえよう。

## 四．岩手県青年団体協議会岩手女子青年グループ編『ささえ』

### 『ささえ』の創刊

小原は成田青年会の内部指導者として精力的に活動していく。一九五九（昭和三四）年、岩手県青年団体協議会の集会で出会った岩手県各地域の女子青年リーダーたちと岩手女子青年グループを結成し、女性だけの生活記録文集『ささえ』（岩手女子青年グループ編、一九五九年一号～一九六四年九号）を創刊する。「仲間の／強く生きる姿に／ささえられて／わたしも／一人の／ささえ手に／なろうと思う」という創刊号の巻頭言にもあるように、『ささえ』が目指したのは地域で活動する女子青年たちが、互いの活動の「ささえ手」となるような、緩やかなつながりの結節点になることであった。寄稿者の活動地域を見ると、北上市、江刺市、花泉町、沢内村、花巻市、玉山村、紫波《しわ》町、矢巾《やはば》町、住田町、大船渡市など、県下全域にわたっている。なかには出稼ぎ先の石川県から寄稿するものもあった。

**小原**：そしてその岩手県（の青年団集会）に行ったら（村上）末子[11]さんのような人たちがいるんですっけおね。こういう女の人たちが。代表で二人、男の人の代表と女の人の代表と。理事とかなんとかでくるんで

写真 1—4『ささえ』創刊号
（花巻市立図書館所蔵）

表1−9　岩手女子青年グループ編『ささえ』書誌情報

| 号数 | 発行年月日 | 備考 |
|---|---|---|
| 一号 | 一九五九・九・二〇 | 謄写版印刷四〇頁 |
| 二号 | 一九六〇・五・二〇 | 詳細不明 |
| 三号 | 一九六〇・九・一 | 活版印刷五六頁 |
| 四号 | 一九六一・一・一六 | 詳細不明 |
| 五号 | 一九六一・七・二八 | 活版印刷四六頁 |
| 六号 | 一九六一・九 | 活版印刷四三頁 |
| 七号 | 一九六二・一・一七 | 活版印刷五〇頁 |
| 八号 | 一九六三・一・一七 | 活版印刷四一頁 |
| 九号 | 一九六四 | 活版印刷三〇頁 |

すっけ。で、その人たちと一緒になって、今度は『ささえ』っていうのを作ったの。それは女性だけでね。成田〔青年会〕と違ってね。

＊：(『ささえ』は) もっと広い地域の人たちと。

**小原**：岩手県下の女性の人たち。やっぱりそういう何かを自分で作り、表現したいっていうことが、そういう形になったんだね。表現してきたい〔していきたい〕って言うことがね。

＊：この『ささえ』を作るに当たって、女性だけでというのは、何か理由があったんですか?

**小原**：うん、そうそうそう。〔略〕〔岩手県下の男女理事が集まり、講習会などを行っていたが、〕そのなかで女の人たちの問題って何だろうって事だったと思うの。〔略〕女性の重労働からの解放、それがテーマでしたよ。

＊：女性だけで問題意識を共有して。

**小原**：うん、やらなきゃだめだって。それでもやっぱりこれは女の人たちだけの問題で、ウーマンリブの人たちが出てくるまでは、女性の運動もそうだったでしょ、女だけの問題だった。女が抱えてるのは女だけの問題で、女が解決しなきゃならないようなものだったでしょ。男とは関係なくね。ところが男が関わってるために、これがあるのだっていうことはぜんっぜん見えなかったんじゃないですか。

当時、農村の青年たちが解決に向けて取り組んでいた問題は男女で異なっていた。男子青年のテーマは「農家の次三男対策」、女子青年のテーマは「女性の重労働からの解放」であった。そこで女性だけで問題意識を共有して解決しようということで、県下の女子青年有志が創刊したのが『ささえ』である。だが、当時女性の重労働問題は「男とは関係なく」、「女だけの問題で、女が解決しなきゃならないようなもの」として捉えられていたという。「男の人は何一つ問題にされない」ために、「家庭の中はそのまんま」だったのだ。小原は「家庭の中」にこそ女性が自分の生を生きられない問題があると考え、「家」をつくらないという選択をしたのであったが、周囲から理解を得ることは難しかった。

青年団活動の女子リーダーたちは、一九六〇年六月二五〜二七日には北上市六原青年の家で泊まりがけの女子青年研修会を実施し、「家」のなかで「嫁」が抱える問題を話し合うなど、積極的に活動を行っていた。のちに麗ら舎読書会の会員となる村上（小林）末子は「『女は無力なもの』『嫁は一個の労働力にすぎない』と考えられたのは一昔前、今や女子青年は自分の考えをもち、人前で意見を述べ、自分で行動し、自らの力で農村を改革しようとゆう意欲に燃えて」（小林　一九五九：二九）いたと記す。こうした女子青年たちに対しては、「〝よく出歩く娘〟とゆう風評が流され」「〝しゃべる女〟とゆうレッテルが張られ」た（同前同頁）。「あんまり歩くと、嫁ッコに貰い手がなくなるばかりなんだ。〔略〕そんな暇があったら少し女らしく裁縫してねすか」（藤沢　一九六〇a：一四―一五）といわれながらも、女子青年たちは農村青年にとって唯一の「修養場所」（小原千恵子　一九六〇：三六）であり「一つの解放の場」（藤沢　一九六〇b：二三）である青年団活動へと出かけていった。

## 農村女子青年リーダーたちの主張

岩手女子青年グループメンバーの寄稿からなる『ささえ』は、生活記録文、詩、手紙、日記などで構成されている。主題については、「女子活動家」として女子青年の青年団活動に対して意見を述べる文章が多く見られるほか、女性が職場で受ける性差別についての文章も散見される。例えば村役場の臨時職員・照井広子は、エッセイ「仕事と女性」（三号）のなかで、仕事をもつ女性が「腰掛け」といわれることに対して反発し、「そうした人の分まで働こうと」仕事に打ち込むが、仕事を精力的にこなせばこなすほど、女として不完全だと中傷される矛盾、そして「職場では職業人、家庭では主婦」という「二役」を果たせないと感じ、自身の婚約を破棄したことを綴っている。

とくに興味深いのは五号に掲載された「新しい妻のあり方」をめぐる論争である。小林末子は結婚した女性は「ただ家庭的であってよいのか」と問い、結婚後も「人間的成長」を続けていきたいと述べる（小林 一九六一：三―四）。この小林の主張に対し、青年団活動で学ぶ事項が「自己満足であったり自意識過剰」であるならば「社会においても家庭においてもマイナス」であり、「新しい妻」は「最も家庭的であってしかるべき」（安部 一九六一：四―五）であるという反論が寄せられる。それに対しては青年団で学んだ理論を活かし、「家庭婦人」となっても社会参加、政治参加の権利を行使していくべきである（三浦 一九六一：七―八）という再反論が寄せられた。

このように従来の嫁の位置、女性の姿に対して疑義を呈し、旧態依然とした女性のあり方を押しつける農村社会へ異議申し立てが見られるものの、「良妻賢母」こそ女子青年の「最大目標であり、又到達せねばならぬ事」（村上 一九六〇：一六―一七）であるとするなど、青年団活動はあくまでもよりよき家庭を築くことを目指すためのものであるという認識が多く見られる。最終号となった九号（一九六四年）には「母親が変れば、世界は変る」[12]というサブタイトルと、二人の子を抱く母親のイラストが付けられている。本号には一九六四（昭和三九）年八月二三、二四日に東京で開催される第一〇回日本母親大会に先駆けて、八月九日に仁王小学校（盛岡市）で開催された岩手県母親大会に参加した女子青年の感想文などが寄せられており、「母親」という、社会的に認められた女性主体を目標としたことを象徴する号となっていよう。

## 『ささえ』における小原の位置

そうしたなかで、小原は明確に妻、母としてのみの女性の生き方を疑い、「妻であることもよし、母であることもよし、だが、その前に一人の人間でありたい為に書いてゆくんだ」（小原　一九六〇d：五六）と述べる。第八号の特集「母について書いてみませんか」に掲載された「ゆるして下さい　がつちやあー」は、「嫁」に行き、「家」に入って一生を終えること、「家につぶされる」ことへの自我の叫びを詩に昇華した一七歳から二〇歳までの自伝風叙事である。

　許して下さい　がつちやあー／わたしが今　なにおし《ママ》　なにをすることによつて／母を　しあわせにしてやれるか／わかつていても／それが母にしてやれるわたしの唯一のもので／あることを　しつていても／許して下さい　がつちやあー／はじめて書く母への詩が　こうして／書きだされねばならぬとは／許して下さい　がつちやあー／（呪いあれ！わたしの血よ！）。

娘を「片付け」ることで子育てが終了し、嫁ぎ先の社会階層が親の甲斐性の表れとなる文化のなか、「嫁」に行くことが「がつちやあー〔お母さん〕」にしてやれる「唯一」の「孝行」であるとわかっていても、「わたしにひそむ血は／〝納得がいかぬ〟／〝納得がいかぬ〟／と　叫び　たぎつて／この血は／時に母を悲しませ／わたし自身をさえ／底の知れない悲しみへつき落とす」のであった。

「なんのたたりで一人の娘も嫁《とつ》がせかねるのか」（小原［一九七五］一九八二：三五六）と母は嘆く。「村」の「娘」に課せられた「掟」、つまり「嫁」に行き、農業の重労働と家と家族への再生産労働に従事するという農村

における ジェンダー規範に従わない「掟」破りの人生を望んだゆえの「身の置き場のない」状況を、小原は「呪われた血」と表現する。詩を書くこと、読書をすることが「ぜいたく」として許されない「嫁」として家に埋没することをよしとせず、リブやフェミニズムという言葉のないなかで、経済的自立と自己表現の時間をもてる「自活」という言葉を頼りに「母の時代にはなかった光あるものを」求めたのであった。

## 五．生活記録運動を通じたフェミニズムの萌芽

ここでは小原が青年団運動・生活記録運動のなかからフェミニズム的思想を展開しえた理由について、「書く」という自己表現を軸に考察する。

青年団の生活記録運動において「書く」こととは、義務教育を終えてすぐに職業に就き、学校教育の機会が十分に得られなかった農村の女子青年が自分の生活を自らの言葉で表現することを通じて社会認識を深める自己教育であった。生活記録運動において「書く」という営みは「考える」という作業を伴い、その「考える」という行為によって周囲と区別された「自己」が意識されてくる（天野 二〇〇五）。加えて、暮らしを主題とすることで、国家本位・男性本位というそれまでの思考枠組みを問い、女性と男性を規制するいびつさを意識にのぼらせることができたのである（鹿野 二〇〇四）。

これらの作業は第二波フェミニズムのなかで生み出された重要な方法論であるコンシャスネス・レイジングと共通する。日本においても、一九七〇年代のリブ運動のなかで女性たちはライフヒストリーを中心に性差別の実態や自己のジェンダー意識を告白・告発し合うことで、女としての意識改革を試みていた（井上 一九七五）。

一九六〇年代の岩手においては生活記録運動が、リブやフェミニズムといった名前で説明される女性運動の誕生に先んじて、ジェンダー構造を意識にのぼらせ、批判的に捉える視座を培う揺籃となったのではないだろうか。生活を自らの言葉で綴り、仲間たちで話し合い、文集として編んでいくことで、ふだんは個々人が抱え込みがちな苦しみや疑問を女性同士で共有し、それが「女であるわたしたち」の問題であると捉え返す。近代の性役割へ異議を申し立てる小原ら女子青年たちのフェミニズム的な問題意識は、徹底して生活を見つめ、書いていく生活記録運動のなかで培われていったといえよう。

さらに、「書く」という行為自体が、自己主張を抑圧される農村女性にとっては農村のジェンダー意識と構造への抵抗そのものでもあった。「書いていく」という生き方は農村女性に定められた「村の掟」から逸脱するものであった。重要なのは、小原らがこうした生き方を地域のなかで、あくまでも農村の女性として、つまり〈おなご〉として実践したことである。

（一九六一年岩手県女子活動家研修会の）生活記録、読書活動分科会には、自分達の生活を資材にした小説や、脚本を書く女子青年も集まつて来ているのでした。農村婦人が書くことによつて、自分達の姿を叩きこわしてゆくように、農村の女子青年という一般的な、イメージが壊れゆくであろうほど、バライティーにとんだ女子青年がふえて来るであろうことの、一つの現れでもあつたのです。〔略〕眠るなそのエネルギー。その一人一人の個性、眠るな――。（小原 一九六二b：四九、補足引用者）。

岩手において農村の女子青年が「書く」ということは、〈おなご〉のステレオタイプを書き換えてもいくという、ダイナミックな意味をもつものでもあった。

ただし、前述したように、女子青年たちには〝封建的〟家制度から解放された、〝近代的〟家庭を築き、一労動力ではなく、家事や育児・教育の主体である主婦や母としての地位を確立することで、農村女性の地位向上を図ろうという意識があった。その女性の地位向上の方途は、「嫁《とつ》がない」という生き方を選択した小原の立ち位置とは大きな差異があったといえよう。

**小原**：（従前の農村婦人運動は）農村の女性の地位向上でしたよ。家庭のなかはそのまんま。だけども女の人たちはここ（家庭）に入ってしまえば終わりだっつうのが私の発想なわけですよね。ここで私は摩滅するだろうって。だけど麗子さんみたいに、農村の女子青年のリーダーをやってきた人が、〔略〕同じね、お袋の辛さをね、自分が経験しないで何が女性の地位向上だって、この批判には私は身に堪えましたね。〔略〕だけども私にとっては家のなかが問題、家が問題だったんですよね。あそこに入るとつぶされるっていう。だからこのなかに入った時のことを問題にしたのがウーマンリブだったような気がします。でもなかなかこれは今でも難しいと思います。危険思想（笑）。危険思想っていうか、家庭を壊してしまうのかなんて、アハハハ（笑）。〔略〕ウーマンリブは知らなかったけども、生き方としては、それをやってた。

戦後の民主化により家制度と家父長制は過去のものとなり、法律上の男女平等が達成されたはずであった。しかし、現実には生活のなかにジェンダーの権力関係は根深く埋め込まれており、性差別の根本を問わない改良主義的な方法では農村女性の抱える問題は解決しないというのが小原の立場であった。

小原は、一九七〇年代のリブを「家庭のなかにこそ」女性が苦しむ「問題」があるのだと初めて論じた運動だと評価し、自分は「ウーマンリブを知らないで一人で藻掻いてた」のだと語る。リブには「女であるわたし」の「性」と「生」をリンクさせ、生活や生き方そのものが運動であるとする思想があった。井上輝子はリブの目指した「女としての意識改革」を、女であるが故に親や社会から期待され、要求されるあらゆる文化的事象に疑いの目を向け、ステレオタイプ化した女性像に捉われない行動様式、人生コースを選択することだと説明する（井上 一九七五）。女子青年のリーダーとして活躍してきた小原には、家のなかに入り、戦後民主主義的な家庭を築くモデルとなることを強く期待する周囲の圧力が存在した。こうした周囲の認識を受け止め、生活記録として書き、思索を重ねたことも、小原がもつフェミニズム的視点、生き方そのものが運動であるという視点を深化する契機になったといえるのではないか。

青年団運動と生活記録運動が岩手のフェミニズムに果たした役割は大きく、「女子青年」として主体化した小原たちが行った文集制作、学習会といった青年団で培った運動のスタイルは、七〇年代以降の小原の活動にも引き継がれ、〈化外〉のフェミニズムの重要な方法論となっている。青年団の生活記録運動のなかで農村青年たちが自己形成の一つとして「青年団を越えてさらに書くこと」（小原 一九六二 a）を継続できるかが肝腎であると主張した小原は、自らが書き続ける実践者として、「書くことが運動として展開する歴史」をつくり続けている。

## 注

（1）市のほぼ中央を国道4号線、JR東北本線が南北に走り、東北自動車道とは北上・江釣子インターチェンジで直結され、県内陸部の交通の要衝となっている。この特性を生かして工業団地が造成され、内陸工業都市としての基盤が築かれてきた。二〇〇九（平成二一）年の製造品出荷額等は三六四〇億円で県内市町村のうち最大となり、東北地方の工業都市のなかでも七位に入る（北上市企画部政策企画課二〇一四）。

（2）中学卒の勤労青年のための補習教育や民主主義教育を中心とし、公民館を拠点に週一回程度開かれていた。

（3）「人生雑誌」と呼ばれる雑誌には無名の人々の手記、日記等の投稿原稿が掲載され、読者が同時に作者でもあるという特徴がある（天野 二〇〇五）。

（4）例えば、妊産婦の置かれている保健状態を表す指標でもある妊娠・分娩に伴う死亡率を見ると、一九五〇年における妊産婦死亡率（出生一〇万対）は二五・二と全国平均の一七・六と比較して高率であり、東北六県のなかでも改善の速度が緩慢である（岩手県企画調整部青少年婦人課　一九八一：二〇二、原資料は厚生省「母子保健の主なる統計」）

（5）一九五四年の県内の出稼ぎ状況を見ると、農家の約一四％が出稼ぎ者を有し、約五割が県外の出稼ぎである。出稼ぎ者の大部分が男性であり、北上市においては出稼ぎ者数六〇六名のうち女性は一八名、そのうち県外への出稼ぎ者はわずか五名となっている（岩手県総務部統計課　一九五六）

（6）例えば東京・渋谷職業安定所では、一九五九年、定時制高校への進学を最優先の条件として、地方出身の中卒者を住み込み女中として迎える奨学女中制度を作った（清水　二〇〇四：一八〇）

（7）一九七七年、東北に住む詩人・新開ゆり子と小原麗子の詩に曲をつけ新橋のヤクルトホールでコンサートを開いたのを皮切りに、与謝野晶子など日本の女性詩人の詩や短歌に曲をつけ、ピアノの弾き語りを始める（吉岡　二〇〇七）。

（8）出典は佐藤望「一九五〇年代における『人生雑誌』ブームとその衰退」（修士論文、京都大学）。

（9）『ばんげ』第一五号から一八号までは北上市立中央図書館に所蔵されている。創刊号から一四号までに掲載された一部の作品については成田青年会・滝沢義雄編『ばんげ（総集編）』（一九五八）に、また、『ばんげ』に掲載された小原麗子の著作については『稲の屍』（一九八二）に収録されている。

（10）小原麗子へのインタビューより（二〇〇八年実施）。

（11）遠野市出身の村上（旧姓　小林）末子は麗ら舎読書会設立初期からのメンバーである。小原は一九六〇年代に青年団運動のなかで村上と出会った。小原は当時珍しかったフレアスカートをはいた村上が、青年団の会議の席上で男性団員らを前に物怖じせず発言する姿を回想し、戦中のモンペ姿とは違う華やかなフレアスカートは、女子青年たちにとって、民主主義の象徴のようであったと語った。村上は二八歳で結婚後、陸前高田市へ転居。その後は婦人会活動に携わり、二〇〇九年からは陸前高田市地域女性団体協議会会長を務めるなど、男女共同参画の主導的な役割を負ってきた。二〇一一年三月に発生した東日本大震災で被災、行方不明となる。

（12）このサブタイトルは母親大会のスローガンである「母親が変われば社会が変わる」を意識したものだと思われるが、文言を改変した意図については説明されていない。

第二章

# 「女の原型」を夢見て

## 石川純子「孕《はら》みの思想」を軸として

本章では、小原麗子とともに麗ら舎読書会を支える中軸となってきた石川純子（一九四二―二〇〇八）に着目する。彼女の著作物とライフストーリーの検討を通じて、妊娠や出産という女性特有の身体経験を語る言葉を模索する「孕みの思想」を中心に、石川のフェミニズム思想の形成過程と内実を明らかにしていきたい。

## 一．「孕みの思想」前史

### 女性性への怖れを通じた「自我の覚醒」

石川純子の「孕みの思想」の内実を検討するのに先だって、石川の思想の背景となった成育史を確認したい。石川は一九四二（昭和一七）年、父・幸太郎と母・うめの[1]（いずれも宮城県登米《とめ》郡出身）の間に生まれ、[2]父が駐在する神奈川県にて育つが、一九四三年に父の実家がある宮城県登米郡佐沼町西舘（現 登米市迫町佐沼）に疎開する。幸太郎は尋常小学校高等科を卒業後、海軍通信学校を経て職業軍人となり、一九四四年五月、ソロモン海域にて戦死する。敗戦後、うめのは糸の行商人として一家を経済的に支え、石川と弟を育てていく。うめののような「戦争未亡人」にとって、担ぎ屋と呼ばれた行商は貴重な生活手段であった。[3]

登米市は宮城県北東部、岩手県との県境近くに位置する。藩政時代は城下町として栄えた旧佐沼町地区は登米郡の中心商業地であった。中央部の市街地には北上川の支流である迫川が流れ、広大で平坦肥沃《ひよく》な登米耕土を形成し、ラムサール条約指定登録湿地の湖沼群が多く存在する。佐沼の豊かな自然のなかで、石川は祖父の後についてまわってては「なして、なして〔どうして、どうして〕？」といつも尋ねてばかりいる「根っこ掘りわらし」

といわれて幼児期を過ごす。

石川の「自我の覚醒《かくせい》」は「自分の容姿の客観的序列を判別できた」頃に始まった「生理の不快さ」とともに経験された。「生理」によって、「〈女〉」として生まれたということを突きつけられ、「たった昨日まで、あの空の遠い向こうに漠然とながら広がつていた未来なるものが閉ざされてしまつたような、子供ながらも暗澹とした思い」（石川 一九七一：三七）を感じた石川は「娘である自分の外界と内界のありようを最も具現しているもの」（石川 一九八二：一三二）としてムンクの絵画を挙げ、「無気味な闇に閉じこめられ、おびえて身をすくませた裸体の少女」を性への不安と嫌悪感に苛《さいな》まれる自分自身と重ねている。(4)

女性性へネガティブな感情を抱く理由には、「戦争未亡人」という母親の社会的立場への不安があったようだ。石川は、自分が暮らす「母と幼児で成り立った」「母子家庭」を、「農家の多人数の『家』群の中で」は〝不完全〟で、「ちっぽけな存在」であると思い、自分と弟が「母の吐く糸にぶら下がった二つの錘《おもり》」（石川 一九八五：四二）であると感じていた。

石川の世代には戦争によって父親を失った子どもが多く、佐沼にも同様の境遇の友人が何人かいた。そのなかの一人が「こずゑちゃん」である。海軍軍人を父にもつ「こずゑちゃん」も石川同様、母親と二人で疎開してきていた。家の向かいにある農家に暮らす二歳年上の「こずゑちゃん」と、幼い石川はよくままごとをして遊んでいた。あるとき、「こずゑちゃん」の父親が戦死したという知らせが入る。母親は、周囲から援助が受けられない状況のなかで、生活のために再婚を選び、「こずゑちゃん」とその母親は「夜逃げ」のようにして、突然引っ越してしまった。

**石川**：んで私はね、家の母が（嫁に）行く様な気するわけよ。つまりこずゑちゃんは私なのよ。で、毎晩毎晩それでうなされんのよ、私。

「戦争未亡人」の経済的支柱であった扶助料の支給は一九四六年二月に停止が決定され、一九五〇年代には経済的に困窮する「未亡人」を救済するための措置として再婚が推奨され始めた（鹿野 一九八四：三三、川口 二〇〇三：一〇七）。

海軍軍人である父の戦死という、「こずゑちゃん」とまったく同じ境遇に置かれていた石川にとって、「こずゑちゃん」は入れ替え可能な自分自身であった。相手が「どんな親父だかも分かんない」母親の「再婚」が、「私にもいつ降りかかるか分からない」という恐怖を感じ、「ノイローゼみたい」になってしまったと語る。

このことは石川にとって「いつまでもつづく悪夢」となり、同時に「母の中の『女』というもの」を「かぎわけることに敏感にされた最初の時」として記憶された（石川 一九八五：四四）。石川自身が「こずゑちゃん」とならぬように、母親にぶら下がる「糸」が切れぬよう「錘は軽くあらねば」と「母を男にすることで『決して切れない糸』の幻想」を強くしていく「子供なりの苦しい観念の操作」として、石川は「戦争」を経験したのだった（石川 一九八五：四五）。

「母を男にすることで」社会とつながっていられると考えた石川は、その自我の目覚めの頃より青年時代を通じ、母親の女性性が前景化することへの恐れを抱き続けている。この恐怖を主題とする作品のなかに「水鏡」（一九六二）がある。大学二年の春に書かれた短編小説である本作は、「未亡人」として娘たちを育てながら戦後の農村を生きる農婦・伸を主人公とし、「母親を母親以上の何物としても見ることを心の中で拒んでいた」（千葉編著 二〇〇九：一四五）娘・菊の心情が描かれる。[5]

同様のモチーフは、私小説「目覚める頃」（年月日不明）[6]のなかにも見ることができる。主人公いと子の父・

幸太郎はすでに亡く、「未亡人」である母・さい子に女手一つで育てられる。「幸太郎」というのは石川の実父の名前でもあり、本作品は少女期の石川の不安が主人公に仮託された半自伝的私小説であろうと思われる。

思春期にさしかかる頃、いと子はおばたちが話す「あれ」（月経）のことを耳にする。

　あれとは、言えない、ことばでは言えない、がしかしあれとは男と女に関するあれなのだ……。〔略〕……あれ……男と女が……おばにはダンナさんがいる。だからあれがあってもいい……それなのに母にも、その事実は……いと子には晴天《ママ》のへきれきだった。母は一人なのに。みぼうじんなのに〔略〕どうりで母は紅を買ってつけてるし、新しい服もつくったな……みぼうじんなのに……いつかは五郎ちゃんのおふるまいの時は大石やカタチャンにキス（こう思うといと子の口びるはふるえる。）をした……あれがあるとは……みぼうじん……（千葉編著　二〇〇九：一五七―一五九）。

「目覚める頃」には、「みぼうじん」である母のなかに母性以外の女性性を垣間見てしまった主人公が感じた焦燥と恐怖が、幼子の雰囲気の残る筆致で描かれている。石川にとって月経とは、女というジェンダーへの出生を印づける「目覚め」の出来事であり、同時に「戦争未亡人」が背負わされていた性の両極性を象徴するものであった。大学時代に石川が作った短歌のなかに、「燃えることなき黒衣の寡婦〈母よ〉／親の甘さを子は盗めずにいる」がある。実際には、母うめのは再婚することはなく、「行商でも何でもして一人で生きる」という「ファイト」をもって、一家の大黒柱として家族の生活を支え続けた。しかし、石川は自分を母にとっての「錘」であると捉え、甘えることを遠慮していた。そして母の負担をできるだけ軽くすることで社会から排除されまいとし、同時に「閉じられた世間の中で、商品価値の全くないチンチクリンの醜い〈娘〉」（石川　一九七一：三八）としての自己認識をもつ石川は、必然的に自立心を強くもちながら成長していく。

## 「知的な世界」への憧れと大学進学

うめのは独学で医療関係の資格を取得し、東京の病院で働いた経験もあり、教育熱心であった。石川が小学校に入学すると学習雑誌を取り、小学校三、四年の頃には弟とともに「夜学〔塾〕」に通うことになった。母親が当時の「農村のインテリゲンチャ」である小学校の女性教師に依頼したものであり、その教師が結婚するまでの二年ほど通うことになる。小学校五年のときには母は「やっぱ今から英語やってないと大学さ入るの大変だから」などといい、当時珍しかった英語塾を見つけてきた。石川は「ドンブク〔綿入れ〕」を着て、弟とともに街の塾まで通ったという。

**石川**：つまりあの人は、信念があって。何にもないわけでしょ、疎開してきて。まぁそのね、そういう意味ではね、教育ママっつの。何にもないからね、犬にぶつける石っくれもないような、何にもないからね。結局教育で、この子たちを世のなかに出すには教育、身体に何かつけてやるしかないと思ったんじゃないの。

小中学校の同級生には、勉強ができ家庭の経済力もあったはずなのに、「お父さんがあんまりにもしっかりして」いたために、「おなごはもうこれでいい」と、「妥協」していく女子生徒も多かったという。例えば、農家や商店が多かった佐沼の集落では、当時珍しい「専業主婦」の家庭で育てられ、「うんっと優秀だった」同級生の女子生徒がいた。長じて後、同窓会の席上で、彼女が進学しなかった理由について尋ねたところ、返ってきた「お母さんになりたかった」からとの答えに石川は驚いた。

母の影響を受け、幼い頃から弟とも分け隔てなく教育された石川はごく自然に大学進学を目指すことになる。

石川は進学先に教育学部を選んだことについて、教員免許を取得できる「安全弁」だったことをあげるが、進学にあたって第一に求めていたものは、そうした資格の類ではなかったという。

一九五〇（昭和二五）年頃より、うめのは自宅を改装して石川商店という小さな衣料品店を営んでいた。そこは主要な客である近隣の農婦たちの「たまり場」になっていた。石川は大学への進学にあたっては、母の商店に集まってきては世間話に興じる農婦たちの住む「田舎」とは別の世界を求めていたと述懐する。

**石川**：じゃあ私はね、大学入って何になるかつのも〔なるかというのも〕よく分からなかったけども、でもやっぱ大学に入ったら何か新しい世界がね。あの、母の家が、おばあさんが集まって、農婦のね、たまり場みたいになってたでしょ。そこでのお話だの、まぁ巷の人を見てるとさ、とくとヤんたくなってた〔すっかり嫌になってた〕からさぁ（笑）。せめてね、そういうところを壊していけるとすれば、やっぱ大学ってとこ行ったらば、そういうとこでない何かね、知的な世界が広がって。

県立佐沼高校を卒業後、「知的な世界が広がって」いるだろう大学への漠然とした憧れを抱きながら、一九六一年、東北大学教育学部に進学する。

## 「近代的主体」確立への渇望と失語体験

石川が入学した当時の東北大学は六〇年安保闘争敗北後の虚脱状態が蔓延《まんえん》する一方、共産党系の民主青年同盟（民青）と反民青が激しく対立していた（佐藤 二〇〇九）。入学直後、石川はセツルメント活動への勧誘ビラを受け取った。「ヴ・ナロード（人民の中へ）」を掲げるセツルメント活動の主軸は、戦争で家を失い、河原のバラックに住んでいた貧困層への教育支援、医療支援などであった。

石川：広瀬川（宮城県仙台市）っていう川がありましてね、その河岸に洞窟みたいなのが、掘ったんだか昔からあったんだか……、掘ったんでしょうねぇ、そこにね、仙台は空襲でみんな焼かれた、貧しい人たちがいっぱいいいて、スラムみたいになってて。そこに市役所で今の仮設住宅みたいなの作って、そこにみんな入れたのね。ものすごく低所得の人でしょ、つまり貧困なんですよね。でその人たちをみんな入れて。もう日本がね、もう「戦後終わった」っつう時に、広瀬川の岸の、その洞窟のなかに住んでる、筵《むしろ》つるして住んでる人いたら、あれでしょうが、うん。で、そいふな〔そういうふうな〕とこに東北大の人たちが入って、教育学部はね、勉強教えたり、市役所と交渉して、蚊が一杯いたから蚊帳《かや》を。あと医学部の人たちは医療相談やったり。あとね、宮城学院女子大なんかの人たちも入ったりしてやったんですよ。そういうセツルメントってのあったのね。

そん時あたしは、政治的なものなんか、なんーにもわからないわけ。そなので入ったんでないの。私はね、何か知らないけどね、「可哀想な人たちのために役に立ちたい」と、いわゆる完全なボランティアだね、奉仕の精神で（入った）。たまたまね、夏に、あ、何かサークルに入りたいと思ってたんだけど、決めかねてたときに、一枚のビラを大学でもらったのね、構内で。それには、いまでも忘れられないんだけども、「私のお父さんは土方しています。雨が降ると仕事がなくなるので、ご飯が食べられません」って。で、「三日も四日も雨が降ると三日も四日もご飯が食べられません」っていうね、小学生が書いた作文が載ってた。でそれを見て、あたしはね、「あ、そういう子がいるんだ。」ってね。〔略〕だったら私はそのために何か役に立ちたいって思ってセツルメントに入ったの。

そして、そしたらそれがね、あたしはそいふな、純粋って言ったらいいんだか、奉仕みたいな、そいうふな気もちで入ったんだけども、実態はそうでなくて、政治的な。〔略〕で、そもそもこういう問題が起きてる、大量の貧困層が起きてるのは、日本の政治が問題だとね、もちろんそうなんだけどね。んで、セツルメントに入ったひたち〔人たち〕が多いのよ。男の人たちはほとんどそうだったねぇ。女の人たちもねぇ、今頃なって年取って、「なんであの時セツルメント入ったの?」って聞くとね、「いやぁ、あの、貧困はどうして起きるか、考えたかった」とかっていうひたち〔人たち〕もいっぱいいるのよ。いやあずいぶんレベルが違うもんだと。こっちはもうほんとにね、そういう低レベルで、入ってったらば、まぁビックリするようなね、こう「意識が高い人たち」って私たちには思えるわけよ。

「多くの男性たちのセツルメントへのアプローチが階級的視点、政治批判という視点であったのに対し、「可哀想な人たちのために役に立ちたい」という「純粋な」「奉仕の精神」からセツルメントに入った石川は、そのなかの政治的な雰囲気に大きなギャップを覚える。[7] しかし、セツルメント活動を行っていたこの時期、「〝閉じた世間〟(田舎の世界)をぬけ出た大学前期の生活は私の解放期」(石川 一九七一:三八)として認識された。

私はセツルメントに入ることによつて、生まれて始めて、あの女性の具象界とは違つたいわば抽象界(男性の具象界)に引き入〔れ〕られました。階級とは……国家とは……婦人論……政治……私はそれらを前に目くるめくような思いをしました。その上にあの男女を越えた仲間意識……こうして私の解放が少しずつ始まつてゆきました。〔略〕〝いわゆる解放論〟が、私の、存在の定点とからみあわぬもどかしさを感じながら(これは本質的な問題だつたはずなのに)それを個人的な欠陥だと考え、それらをふつきつて一生懸命活動しようとしました。そうすればこの「違和感」からぬけ出られるだろうと思つたからです。例えば私は、主義とか哲学などの本を読んでなんとか自分をすすんだ人間につくろうと懸命になりました。又、社会的な仕事を〈男性〉と伍してやることによつて、この世界につながりたいと強く思いました。そうすればきつと、自分が生きたという実感をもつて生きられるのではないか、この〈特殊部落《ママ》〉からぬけ出せるのではないかと思つたからです（石川 一九七一：三八―三九）。

セツルメント運動を通じて、「女よりも人間として生きたい」（石川 一九七一：三九）との思いから、石川は社会主義的女性解放論を猛勉強する。だが、「意識が高い人たち」に囲まれるなかで、「野山にいたウサギ」が、「とんでもない人間の世界に入ったような違和感」も同時に感じていた。

**石川**：ウサギが、野山にいたウサギがさ、なんかとんでもない人間の世界に入ったような違和感だったのよ。それは何だったかって言うとね、あの人たちの使う言語が、ぜんっぜん私にはね、違和感だったの。あの男たちがね、使うあの言葉がね。あの、ま、「貧困とは何か」っていっても、大体、貧乏って言葉はいうけど、貧困って言葉は言わないからねぇ。〔略〕それからマルクスだのエンゲルスだの読んだから、その辺りね、ま、勉強しなきゃなくて。ところが悲しい事にね、どんなにそういう本を読んでも、私には蓄積ならないのよ、入って来ないの。〔略〕ね、で、それぐらいの違和感なの。で、これは何だろうと。〔略〕もう高校時代からそういう本読んで、そういう政治的なね、混沌のなかに揉まれてきた人たちの言葉ね。ま、簡単に言えば学生用語のね、空疎な、あの決まった教条主義的な言葉って言ってしまえばいいけど、だけども、あたしはそういうなかにいるんだから、そういう言葉を蓄積させて、あたしもそういう人たちのようになりたいわけよ。ならないと、一緒に歩めないじゃないですか。ところがね、あの、そういう違和感もった人たちはね、誰もいないと思う。女の人でも。私はね、もうね、ウサギが人間界のなか、高等な人間界のなかに入ってしまったみたいにね、とっても分からなくて辛くて。

石川が青年期を過ごした一九五〇年代後半から六〇年代は社会の再編・近代化が根底から進められた時期だった。その時代に育った子どもたちには、近代市民社会が求める「個人」としての自我形成が要求され、高校・大学進学率の急上昇を背景として、青年という社会層が新しい性格と文化をもった社会集団として登場した時期でもある（荒川 二〇〇九：一七六）。このような時代風潮のなか、学生運動という「自己批判だとか相互批判だとかが大好きな集団の中にいて、まだ君は近代人に至っていないというようなことを言われ、大げさにいえば、自分がその中でさながら知恵《マ》お《マ》くれの原始人ででもあるかのような感じすらもった」（石川 一九七五：八二）。石川は、学生運動のなかで「〈封建的精神風土である微温湯空間を離脱して、近代人としての自我の確立を〉」（石川 一九七五：八二）急ごうと努力する。

——君にとって一体女とは何なのかね。

——女とは?!

わたしにとって女とは、まずは二十七才から二人の乳呑み子と舅をかかえて悪戦苦斗《ママ》していた戦争未亡人である母のかなしみであり、また、連日のように嫁姑いさかい続ける隣のばんちゃんと春代さんにたぎる同志討ちのようなむなしさであった。

わたしはそれを語ろうとうろうろし、はてはことばにならぬ前に涙ぐんだりした。しかし問うた者は〈ことば〉を要求する。それも実感などからはるかに離脱した抽象界で整理された〈ことば〉を。あんまり重くて絶句していいようなどとはおそらく問う者の頭にはないのであろう。だから話はこうも展開する。

——いや、僕の聞きたかったのは、君の価値基準がどこにあるかってことだったんだ。〔略〕

——問題は、二つの階級のどの立場に立つかってことだと思うんだがね。

〔略〕君が今の自分、つまり女から自由になりたければ、その必然性を洞察することだな（石川 一九七五：八一―八二）。

しかし、先に引いたような学生運動や社会主義論の「〈ことば〉」で身づくろうとすればするほど、自分の内面との乖離《かいり》によって石川は空転し、「失語症」に陥っていった。

石川：で、例えばね、それはさ、「おまえは論理的じゃない」とかさ、女の人はよくいわれるけどね、「バカだ」とかさ、なかなか理解ができないとか、そういうのは色んな形で浴びせられるし聞くし、特に政治的な集団ってのはね、自己批判とかそういうの厳しいからね、そういうなかで、ウサギである自分は、そういう言語圏のなかでね、まるでウサギみたいなね、間違って入ってしまったようなのがとにかく弾かれて、ウサギ自身がもってる言葉すらも無くしてくのよ。そんで、自分の言葉さえも失ってしまったような時期があったのね、何もしゃべりたくないと。んで言葉を失うってのはね、これはね、なんつうかな、存在を失うことだね。自己否定だねまったくのね、で、こういう自分でも生きて行っていいんだろうかってなっていって。

石川は既存の労働者階級の解放による女性解放といった「正論」は、「現に生きて苦しんでいる〈女の哲学〉」から乖離《かいり》しているという予感（石川 一九七一：三九）を抱きつつも、その理由をつかみきれないまま「ただただ悲しいばかりで」大学時代を終えることとなる。のちに、石川自身がこの「失語」体験を、既存の言語文化体系のなかには、女の「実感」に即した「〈ことば〉」がないが故と説明できるようになるには、「孕み」という身体経験を通じた思索過程が必要であった。

## 二．「孕みの思想」――形成とその展開

### 母になることの脱自然化

一九六五（昭和四〇）年に教育学部学校教育学科国語専攻を卒業した石川純子は、同年私立水沢第一高校（岩手県）の国語教師となる。当時の水沢第一高は県立高校への受験に失敗した生徒の受け皿であり、失意と劣等感のために学習意欲を失って荒れる生徒が多かった。そうした生徒と向き合い、教育していこうという熱意がある教員も多く、学内に研究会を設置して教育方針をめぐり激論を交わし、時には経営陣と激しく対立することもあったという（及川 一九八〇）。そうした職場で、石川は美術教師である千葉満夫と出会い、一九六八年に結婚、その後も共働きをしていく。ここで、石川の思想の展開に最大の転機をもたらすのが妊娠・出産の経験である。ここからは、個人誌第一号『けものたちはふるさとをめざす――孕み・出産の記録』（一九七一、写真2―1）と個人誌第二号『垂乳根の里便り』（一九七五、写真2―2）[8]を中心に、妊娠・出産という身体経験を通じて、石川が「孕みの思想」を構築するプロセスとその内実を検討してみてみたい。

『けものたちはふるさとをめざす』は、妊娠期に書かれた詩や私記録、少女時代の友人・高橋せい子、そして「孕みの間、最も緊張関係をもつていた」（石川 一九七一：三五）大学時代の友人・雫石寿子との往復書簡からなる。「第Ⅰ章 孕み」の「わたしが／わたしの許しなくして／孕《はら》んだとき……」というエピグラフが示すように、結婚翌年の六月半ば、一カ月ほど続いていた腹痛のために入院した際、切迫流産と告げられて発覚した

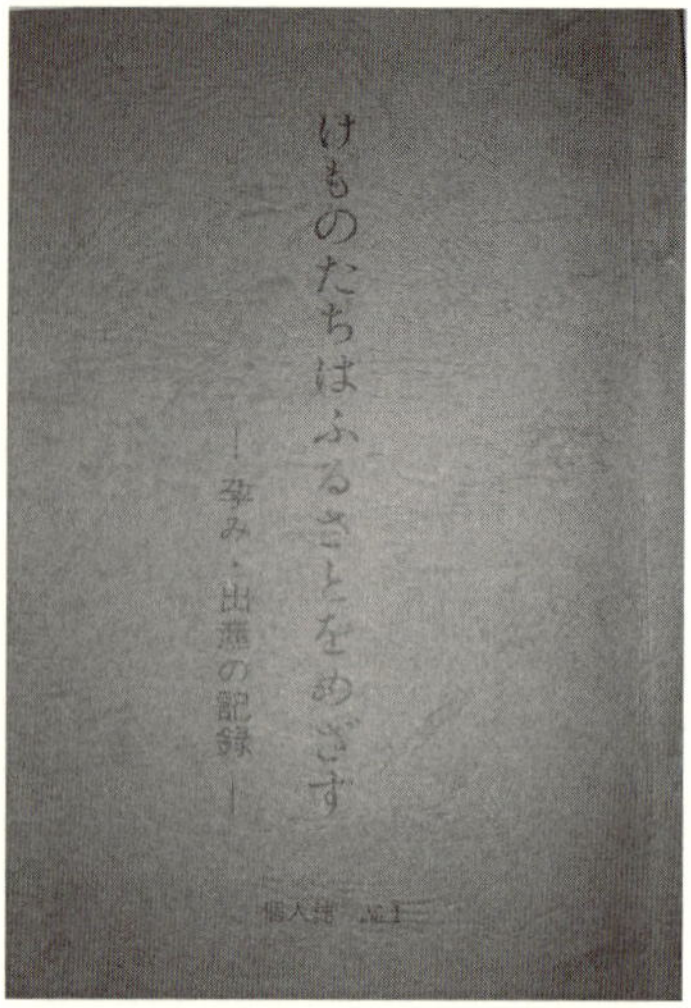


写真 2―1『けものたちはふるさとをめざす』

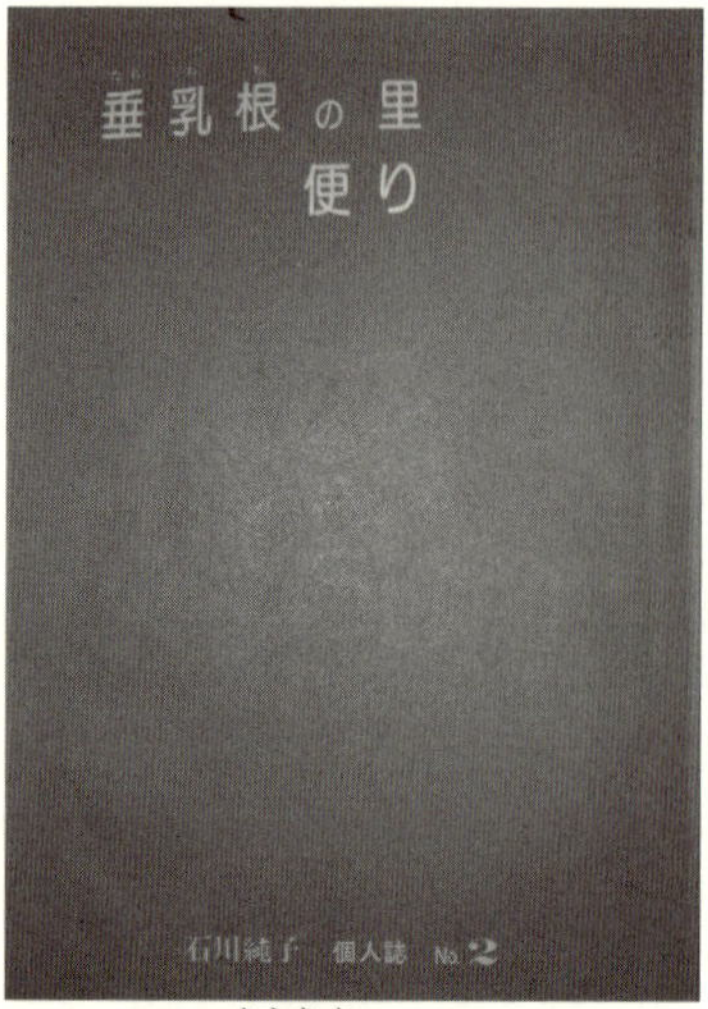


写真 2―2『垂乳根《たらちね》の里便り』

第一子の妊娠は、石川にとっては「青天のヘキレキ」（石川 一九七一：一三）であったという。第一子の妊娠中、子どもを産むことへの「讃歌」に満ち「自分の孕みの喜びを私への祝福と重さねて」（石川 一九七一：七）手紙を送ってきた雫石への返信のなかで、「ナルシスト」（石川 一九七一：一一）を自称する石川は次のように記す。

子供を産むということについて、私にはあなたが、あなたの寛容さで評価してくれたような讃歌……うれしさや優しさ……は残念ながらありません。ましてや「子供によって救われる」というような殊勝な(!!)気持は、雫石さん！ 貴女のひいき目でしかないようです。

私には、あくまでも私の孕んだものは「他者」だという関係の視点しかありませんから、だから孕みに伴う喜びなど皆無なのは当然なのでしょう。「二人の愛の結晶」などという週刊紙的言辞で表現されるものでもなければ「私のこども」という限定づきの母子エゴイズムでもありません。〔略〕

……一回生の命をぎりぎりと何からも制約されずに生きるべきだ……働いて、創作して……果たしてこどもをかかえてそれが可能かといえば、今の条件から言えば不可能です。だから私は、すんなりと悩まずにこどもを産むわけにはいかないのです。

こどもをかかえて、それがかえつてプラスになつて、良い仕事をした女の人を私たちは私たちのまわりに見いだすことは今のところ絶望的です（石川　一九七一：八―九）。

石川は、「女が人間として自立するという道が本当に困難な社会、困難な時代」において女性は、子どもを産むことによって「母」という「奇妙なものに豹変」すると続ける。「その内実は没子供」であるのにも関わらず、「男性中心の世界で疎外されている女性が人間として社会的な仕事をすることによつて初めて『人間として復権』するのではなく、産むということ（男性には不可能）を通じて母になることによつて『人間として復権』したかのような幻想の中に生きているのが実態だ」と、女性が置かれた社会・文化的状況を分析する。「このすりかえの豹変が許せないのです」と述べる石川は、「母への自然移行にブレーキをかけ」、「なぜこどもを産むのか」という問いをさしはさむ（石川　一九七一：八―九）。

一．で見たように「戦争未亡人」の母のもとで自立心を逞しくして育ち、一九六〇年代の政治の季節に青春期を過ごし、学生運動を通じて男性に伍する主体の構築を目指してきた石川にとって、「私にとって主要なことは、自分の仕事を通して、いかに生きるかという課題を解決することだけで、全く〝子供〟云々については思いも及ばぬ課題」（石川　一九七一：一三）であり、「今の現実の中で女が仕事を通して自立してゆこうと考えた場合、〝子供〟なるものの存在はマイナス要因でしかな」（石川　一九七一：一三―一四）いと捉えていた。

切迫流産と診断された石川は、二〇日以上にわたる絶対安静の入院生活を送るが、「私の流産は医者の予告に反して、そして私の意図に反して一向に進ま」なかったと述懐している（石川　一九七一：一四）。そして石川は、「私が私の許し無くして孕んだ」子どもを「拒否するか受け入れるかの二者択一の中で悶々と」した「病院拘留」（石川　一九七一：一三）生活において、石川はこの「図式」から抜け出だそうと思索する（石川　一九七一：一四）。「私が孕んだものは〈他者〉でしかない」という「関係の視点で見つめること」で「いわゆる、なしくずし的な母親なるものの豹変を避けてい」くことによって、「孕んだという事実は、私の自立への道を疎外するものとは必ずしもなり得ないという結論に達した」石川は、「私の最も恐れることは、育児、その他から来る（ex・経済的）諸々の負担、時間的な制約といった現実的なマイナス」よりも、「精神的な弛感《ママ》現象、後退」であると自己を分析する。そして「良妻賢母」的な「〈子供本位〉の論理」ではなく、「自分の生」を起点とし、「（私が孕んだもの）他者を受け入れることによって、自らを広くそして寛《ひろ》くしようとおもうから産む」（石川　一九七一：九）のだと妊娠・出産を意味づけ、この論理的操作を「自己転移」と呼ぶ（石川　一九七一：一四—一五）。

　このような「自己転移」をはかる石川は、「孕むこと」を女性の「宿命」とも「本能」とも捉えない。それは女性の「選択権」であり、産むという決断も、あくまでも「自分の生」に重点を置いて選び取ったものとして捉え、「母への自然移行によって自分の生を没子供にする」ことを拒否し、「〃母親〃なるものに醒めてからねばならぬと決意しました」と明言する（石川　一九七一：一五）。それは母子一体化幻想の強固な日本的母親像への同化の拒絶を意味する。

　佐藤通雅（二〇〇九）は、石川の「孕んだものは『他者』」という言い方に注目し、石川は「結婚するとき、それに伴う制度、つまり夫または妻の『家』との関わりが生じることに、無感覚」であり、「性を営めば、新しい生命が萌え出ることも、他人事として見ていたふし」があり、それゆえ胎児を「他者」と知覚したと分析し、石川が出産、育児に埋没することを「なしくずし的に自分がダメになっていく」と否定的に考えているために、「友人、知人の女性たちが、孕んだ時点で生命を慈しみ、早くも母子感覚を持つことも、受け入れることができない」（佐藤 二〇〇九）のだと述べる。上記のような胎児を「他者」として捉える石川の感覚は「男の感覚」であるという佐藤の指摘は、男性に伍する主体を作らんとしてきた石川のライフヒストリーを鑑みた際に重要である。しかしながら、「友人、知人の女性たち」に関して彼女らがあたかも「自然」に母となっていったという断定は、すべての女性は母性愛をもつという近代が構築したイデオロギーを前提とした推論に過ぎない。

女が孕むのは〝自然〟なはずなのに精神的にはなんという悩みの所産なのか。これ一つとってみても、男性の論理しか通らぬ社会がいかに不自然（反自然）かわかります。（女は母親という鋳型にねじこんでおいてね）（石川 一九七一：一六）。

石川は女性が孕み、そして母になることは「自然過程」では決してなく、つねに問い直されるべき既成のイデオロギーのひとつとして捉える。石川が「孕む」、「孕んだ女」というような生々しさを伴った表現を用いるのは、一般的に想起される母性幻想への回収を回避しようとする言語上の戦略であろう。幻想にまみれた「母」ではない、新しい存在形態を言葉によってつかみ取ろうとするこの「自己転移」の営為は、予期せぬ妊娠という身体経験を考察することから始まった。「孕む」身体から「母」の構築性を看破する視座は、次項で見るような「近代的主体」という概念の再考へとつながっていく。

## 「女の内界」を言葉にする試み

妊娠とは女性の特殊現象である一方で、すべての母親が経験するという意味では母親になる女性にとっては一般現象でもある（有坂 二〇〇四：一七四）。にも関わらず石川は「孕み」と出産を通して変化する自分自身の身体に向き合ったとき、そこで感じた身体的経験を表現する言葉をもち合わせていないことを痛感したと語る。

**石川**：ひとりであってひとりでなくてさ、それはなんだろうってね。つまり命の海ってのかな、命を孕むって何だろうって。命を孕む、っていうね。女のひたち〔人たち〕は命を直に孕めるわけよね。とすると、命を孕む人の発想とか、言葉とか、そういう物が今の言語圏とか、千年以上もね、男性の性で支配されてきたなかでは、失ってしまったのだか、まだ出てこねのだか、光も当てられないし、というのがあるんだよ。簡単に言うとさ、例えば、孕んだ子どもを、産まれてくると赤ちゃんって言うでしょ、赤ん坊とか。あれ赤いからっていうけど（笑）。んじゃあお腹に入っている子どもを何て言う？

＊：……胎児？

**石川**：胎児だよね。それはでも、胎児ってのは医学用語なんだよね。いわゆる医学用語ではあるっちゃねぇ。でもお母さんは、ミドリちゃんって言う人もいるそうだけども（笑）、まぁそれぞれ、自分で名前付けて言ったりするし、だけども、世の中総体として、ここの存在は、認めてないでしょ。言葉がないって事は、名前がないって事は、認めてないって事じゃないですか。

石川は、妊娠中の子を指し示す日常用語が見当たらないという気づきから、「命を孕む人」である女性特有の身体経験が、「男性の性的個性」で統括された既存の言葉では言い表すことができないという社会のありようを説明する。ここで思い出されるのは、リブに先駆けて妊娠・出産など女の身体経験を思想化しようとした森崎和江の経験である。森崎は妊娠中に「わたし」という一人称が使えなくなった経験を次のように語っている。

ある日、友人と雑談していました。彼女は中学の教師でした。私は妊娠五カ月ぐらいでした。笑いながら話していた私は、ふいに、「わたしはね……」と、いいかけて、「わたし」という一人称がいえなくなったのです。

いいえ、ことばは一呼吸おいて発音しました。でも、それは、もう一瞬前の「わたし」ではありませんでした。何か空漠としてそのことばが自分にもどってきたのです（森崎 一九八九：一二二）。

しかし、「わたし」ということばの概念や思考用語にこめられている人間の生態が、妊婦の私とひどくかけはなれているのを実感して、はじめて私は女たちの孤独を知ったのでした。それは百年、二百年の孤独ではありませんでした。また私の死ののちにもつづくものと思われました。ことばの海の中の孤独です。

いいえ、ことばが不足しているのです。概念が浅すぎるのです（森崎 一九八九：一二八）。

スペンダーによれば、女が文化の諸形式をつくり出す過程から歴史的に排除されてきたために、男優位の言語には女の経験を表現するための語彙《ごい》がない（スペンダー 一九八〇＝一九八七：八八）。この指摘は日本の文化状況においても同様であろう。一九七〇年代、リブ運動のなかで女性たちは自身の身体経験を自身の言葉で語ろうとし始めたが、そこで直面したのも、やはり女の経験を語る言葉が不足しているという困難だった。石川のエッセイ「垂乳根の里へ」が掲載された『女・エロス』第五号（一九七五）には、「主婦戦線」（東京都東村山市）の国沢静子の「反母性論」と題するエッセイが掲載されている。このなかで国沢は、「『母』は役割においては勿論のことカラダの面さえも男社会用語で説明され理解を強要され納得をせまられてきた」女たちは、

「女自身でさえも、カラダの実感を表明するのに、母と娼婦のイメージに染らぬ用語をほとんどもたない」（国沢　一九七五：三三）という現状を指摘している。

石川は女性特有の身体経験を言語化する、つまり「内界のことばを紡ぎだす」試みについて、女の「内界」に「外界」の言葉である「母性愛などと」いう言葉を当てはめて安心することは、「この世の規範からおのれを解き放つ新たなことば生みの契機を、いち早く閉ざしてしまう男たちのワナ」でしかないと述べる（石川　一九七九：三四八）。同時に、「へたに浅はかなところでこんなこと（女の内界）を口にすると、それを待ってましたとばかり『だから女は女にあつた教育をし良妻賢母にすればいい』などという論拠にさらわれる危険性の方が大きい」（補足引用者、石川　一九七一：一六八）というように、「女の内界」という概念が本質主義的に回収され、既存のジェンダー関係を強化する危険性も認識している。

**石川**：一個体で完結してないで、命を孕むって言うことで、だから女性は素晴らしいとかってもってかれると困るよ、ね？　すぐそうだから。神秘的だとかね。逆にね、おだててさ、下さ落としてるんだけどね。なんかそういう危険性あるから、私もあんまりしゃべらないのよ。で女のひたち〔人たち〕も、なんかね、そういう臭さを、私の話から感じてく人たちいっぱいいるのよ。

しかしこの「ワナ」を回避しながら、石川は身体性に依拠しつつ、いまだ語ることができない女性特有の経験、「女の内界」を言葉にしようと試みる。

いまだに女たちの内界が原理となったことばも、思想も生まれていないのだとすれば、完成された集積の如く見えたこの世の思想も哲学も、完成どころか欠落だらけの粗製物でしかなかったことになるでしょう。この発見の快さ。〔略〕

この世界の個の論理に対置しうるものとして、孕みの論理を、おのれの内界から紡ぎ出せたら……そんなことをわたしは夢見る。
その夢にかけるこれからの歩み。やっと今その出発点にたってわたしは心をたかぶらせている。（石川　一九八二：一四八）

この石川の視座は「両の乳房を目（瞳）にする」というフレーズに象徴されるだろう。このフレーズは第二子を出産後に生まれたものであり、この表現を冠した著作、詩や私記録が複数書かれている。

**石川**：「両の乳房を目にして」っつのは、結局、この目では、既成のあれ（言葉）しか見えないから、じゃあまぁ、おっぱいも二つあるから、それを目にして、身体の心を聞いてみたいつうので、こういう題にしたんだよ。

写真 2―3『両の乳房を目にして』

恩師から「出版社の売らんかなっていうのに騙され」たと怒られたという「両の乳房を目にして」というタイトルの真意は、既存の言語にない女性の「性的個性」を言葉にしようという決意だった。乳房に関するフェミニスト現象学の知見によれば、男性中心的な文化状況において、女性は自身の身体から疎外されており、自身の乳房も女性にとって客体である。女性の身体は自然の領域であり、かつ女性の乳房は他者（夫、恋人、子ども）に属しているとされ、女性自身の持ち物としての乳房は想像することすら難しい（Young 1990：192）。石川はこうした言語の「ワナ」を避けながら女性の身体経験を語り、「内界」から社会を見る「目」として「乳房」を規定する。これは「自然」として客体化され、他者に属するとされる女である「わたし」の乳房を自分自身の身体として取り戻す言語実践であり、同時に男性の既存の知識を批判的に再考するための視座を構築する意味をもつ。

## 「孕んだ個我」という新しい女性主体

石川は産前入院中、夫や母がベッドに飾り付ける花を見て、自分の葬壇が着々と出来上がり、喪に服しているような雰囲気を感じ取った。そのなかで書かれたのが「祈り」と題された詩である。

産んだ女の方々
どうか引導を渡して下さい
あなた方の内的世界を
どうかことばであかして下さい。
素手でいくのには
あまりにも酷な「彼岸」です（石川 一九七一：四八）。

石川は「孕み」と出産を、青年期を通じて戦後民主主義の潮流のなかで構築してきた、男性に伍する近代的主体としての自己を一度葬る過程として記述する。

一九七〇（昭和四五）年二月一二日、石川は二晩にわたる難産の末、鉗子《かんし》分娩により第一子となる男児を出産する。

妊娠中の「自己転移」期の石川は、「私」という主体に対して「孕んだものは他者だ」と認識していた。しかし、石川は出産と育児の経験を通じ、この主体・客体論を見直すことになる。石川は出産直後、「〈自分がどのようになつたのか〉さつぱり解釈できないでいる」とし、「内面のもやもやをいずれことばで照射」する手がかりとして、「出産後妙に心にひつかかることば」、「特に不思議に母が語つたことば」（石川 一九七一：六二）について思考する。そのひとつが「もぞい」という言葉である。「もぞい」とは、「可哀想だ」、「気の毒だ」、「不憫だ」というニュアンスの方言であり、東北地方と九州・沖縄地方に同様の言葉が分布している。[9] 石川いわく、「愛憐をあらわすことばだが、単純に『かわいそうだ。』とか『せつない』とか『いとしい』とかいうことばで代用できぬ質を孕む」ことばであり、一九七〇年代当時においても石川の世代にとっては既に「死語」であった。しかし、石川が出産後四日目にして初めて授乳する際、上手く乳が飲めず泣く赤子を抱きながら自分も半泣きになっているとき、「『あーもぞい、もぞい』という、今まで使つたこともないことばが心の中いっぱいになつた」という。その理由について石川は、泣く子に重点があれば「かわいそう」、自分に重点があれば「切ない」という言葉が浮かぶはずであるが、これらの手もちの言葉は適当でなかったためだと分析する（石川 一九七一：六三）。

つまり、「自分と切り離せないこどもなるもの」を見て「母」になった自分の内面の構造に適した言葉として無意識的に選択されたのが、「主客同一体の構造」をもち、「祖母たちの代」まで伝わっていた「もぞい」という方言だったのである。「そもそも、母親の内部にみあったことばはこの『もぞい』にみられるような主客同一体の構造をもつていたのではないだろうか」と問う石川は、この心性を「男性支配に屈服した女性の敗退の歴史」のなかで失ったものであり、高群逸枝が『女性の歴史』（一九五四―五八）のなかでいう母性我なるものをいくらかでももち続けた農山漁村の勤労的婦女子たちだけが歴史的痕跡《こんせき》として有していたひとつの例ではないかと推察する[10]。

さらに石川は授乳中に子どもにかけた「さあ、そんなミルクなんて飲まないで、ママのおっぱい飲んでよ。」という「何気な」い一言から、「どうして私は〈わたしのおっぱい飲んで〉と言わないのだろうか?」と自問自答する。そして「〈わたし〉」とは、他者と峻別《しゅんべつ》された主体を表現する自称であり、「自分の延長のようなもの」である授乳中の子どもには、他者に対して用いるその自称がそぐわず、「ママ」とか「母さん」という言葉が「女が今までの主体〈個我〉とは異質の主体〈孕んだ個我〉を表現するために無意識の内に出て来た」のではないかと考察する(石川 一九七一:九二―九三)。

女性の月経、性交、分娩、授乳という身体経験は、自他を峻別する身体観への挑戦として捉えられる(Hartsock 1983:294)。また、「体内存在する他者」である胎児は、出産により体外に存在する乳児へとその存在論的意味を変えるが、母親に対する依存関係は継続する。母親も乳児を自分の身体の延長のように考え、個としての自己意識をもつよりも、まず母親であるという意識が主な意味内容として自覚される(有坂 二〇〇四:一七五)。石川が自身の身体経験を通じて感じ取った変化はこのような種類のものであり、この変化を石川は孕む前の「個我」とは異質な「精神構造」が生まれたゆえと捉えている。

私がこどもを孕み、産むことで肉体の構造はすつかりかわりました。精神構造も当然かわつたはずです。つまり、形而上界の千葉純子[11]〈わたし〉という〈個我〉も又孕んだのです。そして出産を契機に千葉純子の〈個我〉は仮に名づければ〈孕んだ個我〉なる構造をもつものになつたのです(石川 一九七一:九三)。

石川は「自分が一人であったところ」の「個我」を「〈私〉」、「孕んだ個我」を「〈わたし〉」と区別することを試みる。石川は産後、鉗子分娩の後遺症である恥骨離開による疼痛《とうつう》に苦しめられていた。近所に住む「農家のおばあさん」に、帝王切開へ切り替えなかった医者の判断への愚痴をこぼしたところ、帝王切開しなかったのは「人の道をとおしてやろうとしたんだ」だと慰められる経験をする（石川　一九七一：八四―八五）。この慰めの言葉を、石川は「私自身が人の道をとおしてもらうため」（石川　一九七一：八五）であったと解釈する。つまり、石川は出産とそれに付随する肉体的苦痛を、男性的・近代的主体としてあらんとしてきた自己を一度葬り、「孕んだ個我」である「〈わたし〉」という新しい女性的主体として生まれ直した経験として意味づけたのである。

　石川は無意識のうちにこぼれた言葉を手がかりにして、このように変化した自己意識を捉え、その内的世界を「孕みの内界」と名づける。石川のつかんだ「孕んだ個我」という主体は、人間を精神と肉体に分ける二元論への挑戦であり、男＝精神＝文化が、女＝肉体＝自然に優越するという既成の図式への挑戦でもある。

　ところで、上野千鶴子は、日本のフェミニズムの母性主義的性格や母性の強調を、『青鞜』以来の「伝統」と呼び、献身と自己犠牲の「母性幻想」を批判した一九七〇年代のリブのなかにも、日本では母性が高い文化的価値をもつからこそ、それに乗じようとする「文化の策略」の存在を指摘する（上野　二〇〇九：八）。石川の「孕みの思想」における「母性」すなわち「産む性」へのこだわりについてはどのように考えられるだろうか。

　『個人誌No.2　垂乳根の里便り』は、三年ほどにわたって月に一度、三十数人の友人たちへ宛てたガリ版刷りの通信が収められたものである。第一部にはハガキ通信の『ママと陵太郎の詩信』（一九七一―七三）、第二部には『垂乳根の里便り』（一九七三―七四）とタイトルが変更され、封書形式となってからの文章が収録されている。第一部の『ママと陵太郎の詩信』は、きわめて母性主義的に響き、妊娠期に拒絶していたはずの「母親なるもの」へ「自然移行」しているかに思えるタイトルである。しかし石川は「産声からカタコト・そうしてことばへ」と題されたエッセイのなかで、この詩信の「意図」について、通常想像されるような「幼児の成長を追うため」ではなかったと述べている（石川 一九七五：八三—八四）。『詩信』制作の動機となったのは、青春時代の「失語状態」が「男に似せて自分をつくろうとしてきたため」に陥ったと「孕み」を通じて理解できたこと、そして、「自分の〈ことば〉は自分の内界をこそ〈ことば〉にすることではじまるのだ」、「とくにも子を孕み、産むことで変った自分の内界をこそことばにせねば」（石川 一九七五：八三）という、言語化の欲求であった。

石川は、「失語状態」からの「回復」過程を、子どもの発達過程と重ね合わせ、「子をみごもってからの自分のありようが、産ぶ声、片言、そうしてことばへと至る我子の成長と照応しているような気持になってしまう」（石川 一九七五：八四）と述べる。『詩信』は七三年から『垂乳根の里便り』というタイトルに変わる。「垂乳根の里」とは「出産でかいまみた情性」、「女の内界」の「言語圏」である（石川 一九七五：八四）。『個人誌No.1 けものたちはふるさとをめざす』の「産声」、『個人誌No.2 垂乳根の里便り』の「カタコト」、そして「垂乳根の里」の「ことば」を探る実践が、次節で見るような「農婦」の聞き書きへと発展していくのである。

また、「子供を産み育てることが女の墓場であるなら」というエッセイのなかで、谷川雁《がん》が森崎和江へ宛てた「家庭の台所が今だもつて女の戦場であり、子供を産み育てることが女の墓場であるなら、そこから卑怯にも逃げ出すことは、詩人のなすわざではなありますまい」という言葉を引き、以下のように記す。

教師、母、妻をも兼ねたわたしは、女の「戦場」と「墓場」とをなめつくすのには最もいい条件にいた。しかしその中で、それをもしのぐ豊饒な世界が、母子の対応の中に在ることをわたしは発見していつた。その時からわたしは、自分がやらねばならぬことは、この豊穣なる世界をことばにすること、そして、「戦場」と「墓場」の現実を射つづけるとすれば、この豊穣な世界の側から立ち向わねばならないことを思うようになった。／それ故、『けものたちはふるさとをめざす』（個人誌No.１）の続編として出されたこの詩信は、このような思いの拙ない一つの試みである（石川　一九七五：四五）。

石川は妊娠中、「母」として主体化することで女性の地位向上を図ろうとする女性解放論を批判し、自らの妊娠と出産を、「自分の生」を起点とし、「孕んだもの（他者）」を受け入れることによって、自らを広くそして寛く」する経験であると意味づけた。

出産後まもなく職場復帰した石川が実感していたのは、教師として男性に伍して働く「個我」としての「私」と、赤子に向き合う「おなごの影の世界」に生きる「孕んだ個我」である「〈わたし〉」が引き裂かれているという感覚である。

……男なみを強いられる陽の世界と、おなごの暗闇を孕んだ影の世界とを、ゆれ動いているような分裂感をいつもわき腹のあたりにたまらせております。

そのような中で、子供など無縁だという陽の世界型の貌をとり続けた方が生きやすい渡世を、逆にその生きやすさにさからうことで、かろうじて女に居直ろうとする基点をつくるという具合いになつております（石川　一九七五：二二―二三）。

そうした「日常の分裂の中で」、「ガリを切って、住所を書いて、詩信をつくる」という「手仕事」が、「わたしの『女』を回復させるささやかな時」（石川　一九七五：二二―二三）であると位置づける。詩信の作成は「戦場」と「墓場」の往復によるこの「ひき裂かれ」を回復する手段の一つであった。

このようにあくまでも自己に重点を置き続ける母親のあり方は、日本において高い文化的価値をもってきた、献身的で無私な「母性」とは相容れないものである。石川の「孕みの思想」は、「子供に埋没する母親」という

「母性幻想」を裏切り、「母」という概念を行為遂行的に更新しようとする試みであると読むことができよう。

## 「女権」拡大から「女性回復＝ウーマンリブ」へ

本節の冒頭でも見たように、妊娠前の石川は「女の権利の拡大こそが女性の解放なのだと信じ」、「歴史が進んだだけ女は解放されてきている」という考えを前提として、「男たちと悟《ママ》して仕事をしていくことが自立」（石川 一九七九：一二四―一二五）であると捉えていた。

しかし、妊娠・出産という身体経験を通じてこのような進歩主義的女性解放史観を転換させることになる。石川は第一子の分娩を振り返って次のように記す。

> （私は）遂に自力で産み出すことができず、体力がこれまでだと見計らった医師によって、器械でさながら腹部にはえた肉腫でも引きぬくように、身体から赤子を引っぱり出してもらったのです。あの瞬間もし，赤子の泣き声がなかったら、それは本当に外科手術でも受けたようなしらじらしいものになったでしょう。
>
> 〔略〕
>
> 肉体的にも精神的にも女の「性の自然性」を喪った女とも男ともつかない奇型《ママ》と化した自分……これは一体「無能力者」でなくて何と言ったらいいのでしょう（補足引用者、石川 一九七九：一二五―一二八）。

石川が第一子を出産した一九六〇～七〇年代にかけては、産科医療が著しく近代化し、帝王切開、鉗子分娩、会《え》陰《いん》切開などが普及していく時期にあたる。こうした周産期医療の発達は妊産婦死亡率や乳児死亡率を低下させたが、妊産婦の身体の「安全管理化」ないし「医療化」によって女性の主体性が欠如していった側面も指摘される（白井 一九九九）。鉗子分娩となった第一子の出産は、石川にとって近代化の進展は女性の身体を客体化し、

「無能力」化していくという視点をもたらす契機となった。

女性特有の身体経験を適切に表現する言葉がないことに象徴される通り、「孕む性」である女性の性的個性が社会から疎外されている状況において、石川はこの視点から「男並み」を目指す女性解放論に対して異議申し立てしていく。例えば、「女の自立とは何か」と題されたエッセイの中で、所美都子[12]の女が左利きで男が右利きだとすると、世の中は右利きにあわせてできており、そのなかで女は右利きに直さなければならなかったという表現を引きながら、女という「己れの〈性〉を拒否して（左ききをわざわざ右ききになおすこと）によって男の世界に移行し、男性と伍して仕事をして来たのが今日までの目覚めた女たちの自立のありようだった」（石川 一九七一：四一）とし、「女性解放一般論」が、本質的には性の問題を脱落させているものであると指摘する。

かつて石川がもっていた女性解放の発想もこの延長上にあるものであった。しかし、孕みと出産を経て、「性を拒否し左ききを右ききにすることで、歴史的、社会的な制約」を乗り越えようとする女の自立は、女を〝不自然〟なものであり、「真の女の自立とは、まず女の〈自然〉なあり方の中での開花でなければならぬのではないか。〔略〕左ききは左ききで〈自然のまま〉〈仕事〉をすることではないのか。例えば〈産む〉ことも、育てることも含めた——女性本来の自然そのものの中で開かれねばならぬ能力を通して社会的な仕事をすることではないのか」との解放論を主張するにいたる（石川 一九七一：四一）。

今までの女たちは奇形化《ママ》した一にぎりの先進部分と逆に女の解放の意味もわからずに一人の男の所有にからめとられてしまつている残りの決して相まじわることのない二層とが（引用者補足：ある）。〔略〕〈この二層があるだけで〝本当の女〟はまだこの歴史の上には生まれて来ていないということ！〉そして、真の女の自立とはその〝本当の女〟の出現によって始めて可能なこと！　このことなのです（石川　一九七一：四一―四二）。

この時点で、石川は解放された女性のありようを「本当の女」と表現している。ここで、「本当の女」という表現が意味するところを、石川が抱く身体感覚と解放論の関係性から考えるために、フェミニズム思想における身体をめぐる認識論の流れを見てみよう。

荻野は、女＝身体＝負という意味連関をもった文化のなかで成立したフェミニズムは、否応なくその出発点から女の身体性、とりわけ生物学的性差や解剖学的性差といわれる問題にどう対処するかを迫られたと述べ、フェミニスト自身が抱いてきた身体感覚を三つのタイプに分類する。一つ目は、近代主義フェミニストに典型的に見られる、女の生殖機能を屈辱、醜悪と受け止める自己否定的な身体感覚であり、産む性としての「ハンディキャップ」を科学技術によって征服しつくすことこそ解放であるとする見方である。二つ目は、これとは反対に、女は産む性であるがゆえに男よりも優れた、偉大な存在だと考える立場である。女性の身体をアイデンティティの基盤として位置づけ、身体的性差、とくに「産む性」としての能力を高く評価しようとする。このタイプでは近代科学文明こそ女（自然）の抑圧の現況と見なす傾向が強くなる。そして三つ目は、女性性のうち母性のみを評価してアイデンティティの拠《よ》り所にするが、女の身体や性そのものに対しては拒否反応を示す二律背反的なものである（荻野　二〇〇二：六―八、三九―四九）。

一．で見たように、「孕み」以前の石川が抱く身体感覚は一つ目の形態をとってきたといえよう。そして「孕み」以降の石川の思想は、男性的なものすべてを優位に置く伝統を廃止するよりも、差異を賞揚してむしろその価値を逆転させようと試みるラディカルフェミニズムの見地（マクドウェル　一九九三＝一九九八）に近いだろう。しかし女性の性を称揚する二つ目の形態に移行したと単純にいうことはできない。女性性を切り捨てるのでもなく、逆に優越性の根拠とするのでもなく、また母性を称揚するのでもなく、それらを丸ごと統合した近代に引き裂かれる前の「本当の女」という主体を理想として想定するからである。石川が用いる「本当の女」という表現は本質主義的に響く。しかしこの表現が意味するのは、労組婦人部や社会主義運動のなかの女性たちか、主婦連や母親大会の女たち、つまり「男に認められたい女たち」か、「男にその存在を許された女たち」である「主婦」「母」「妻」などの「女役割」(上野 二〇〇九:三)の鋳型にはめられるのではない、新しい女のありようを指すと考えられよう。

石川は出産を通じて、「〈真の女の自立〉」とは「〈性〉を拒否して男性の世界に移行して、そこで仕事をする」(石川 一九七一:四二)ことではないとし、女というジェンダーに「定点をきっちり握って」、つまり女であるという視座から、近代のジェンダーを乗り越えた女性のありようを求める「孕みの思想」における女性解放論をもつにいたった。

実は、女性の解放とは「〝経済的独立〟〝男女平等〟の実質化——つまりは男権に対応した女権の拡大の視点とは別の位相で考えねばならぬ」(石川 一九七一:一七六)という石川の視座は同時代のリブにおける女解放の論理と共通している。リブは社会的に認められたアイデンティティである「母」や「妻」として主体化するか、身体性を無化した「男並みの女」になることで「平等」になるかの二者択一を女性に迫る「戦後民主主義」の理念における「男女平等」から決別し、「女たちを、妻・娘・母等々と名称を冠せて、ある一つのイメージに固着させ、「私たち自身バラバラに」してしまう体制(メトロパリチェン[一九七一]一九九二:一六四)の変革を目指す「『女』の全体性を回復するための運動」(千田 二〇〇五:二八)であり、女性解放を「人間=男性」の枠において位置づけようとしてきた近代女性解放思想を、逆に女性解放の枠において、「人間解放」の論理を批判し位置づける方向への問題の転換をはかった（江原 一九八五：一五四）[13]。

現代社会科学がすべて「近代とは何か」という問いに対する答えを含んでいるように、フェミニズム理論もまた、このような観点から、現代社会を形成してきた歴史的過程を問い直すこと、すなわち「近代とは何であったか」という問いに応えることを要請されている（江原 二〇〇九：一二）。

石川の「孕みの思想」が見る「近代」とは、女性を身体のレベルでも「無能力」化していったものだった。リブの言挙げと時代を同じくして、石川の「孕みの思想」は、自らの「孕み」・出産という身体経験を基点とし、「本当の女」のありようを模索する、「女性回復＝ウーマンリブ」（石川 一九七一：一）という女解放論へと発展したのである。

## 三. 「農婦」と聞き書きをめぐって

### 〈おなご〉の言語圏を求めて——「農婦」という「根っこ」

二〇〇七（平成一九）〜二〇〇八年にかけて実施したライフストーリー・インタビューにおいて、石川は妊娠と出産の経験を振り返り、「孕み」を経て自分の「根っこ」が「農婦」であることが「わかった」のだと語った。

**石川**：ああ、私が、さっぱり自分の根っこがわからなくってうろうろしてたんだけど、「あたしは農婦なんだ」ってことがね、なんか知らないけど、一つの天啓のようにね、わかったんですよ。理屈でないのね。ああ、私は（農婦なんだ）。当たり前なんだけどね、当たり前のことに人は気付くのが困る、当たり前のことに気付くのに、人はすっごく遠回りをするんだよね。だって男に似せて自分を作ろうとしてる人が、あたしは農婦なんだなんて思わねんだもんね。だからね、こういう操作なのよ。あたしは農婦の中から大学に行ったでしょ、で、なんぼか知的になろうとして、知的世界にあこがれていったでしょ。だから農婦は否定したのよ。〔略〕それが、否定の否定で、弁証法的に言えば、あの、なんつうの、性的個性っていう視点が初めて私の中に降りたときに、ああ、私は農婦なんだと。何代にもわたる農婦なんだよね。

石川は妊娠と出産を通じて「男に似せて」作ろうとしていた自我のありように気がつき、「性的個性」という視点を獲得する。そうして気がついた自身の「根っこ」——これは一九七〇年代の石川が記していた言葉でいえば、「本当の女」である自己のありようといえよう——が単なる「女」ではなく、「農婦」、しかも「東北の農婦」であるのだと語る。

さらに石川は、「東北の農婦」とは「化外」の地にあり「農民」であり「おなご」であるという「疎外の極地」にある存在だという説明を続けた。

**石川**：いわゆる農婦って、疎外の極地にいるんだよね。つまり、一つはさ、人間であることは男であることでしょ。ところが女であること。それともう一つは東北であることは蔑視の対象でしょ。農婦であることは三重の疎外なんですね。〔略〕知的な、男の人たちが作り上げた知的な空間、いわゆる言語圏、そっから一番遠い存在である農婦が〔略〕男の性的個性で統括された知的世界にぶつかって跳ね飛ばされた、それが私だったんだってことがその時（お産の時）分かったんだよねぇ。〔略〕で、私は化外のおなごであり農婦であると、そういうね、ものすごい疎外されてきた女が、農婦がね、文化を独占した、しかも男の性的個性でつくりあげた、そこでできた言語圏だから、言葉だから、私ははじかれて当然で。

序章で述べた通り、化外という言葉は国家の統治のおよばない地方を指し、「中央の政治、文化圏からふるいおとされた地帯、収奪の対象」としての東北を意味する。近代資本主義社会においては、農民や農村、女性は「周辺的」な存在とされてきた。その背景には「女性」と「自然」が結びつけられるステレオタイプイメージがある（ミース 一九八八＝一九九五）。石川のいう「農婦」とは、「東北（化外）」の地に暮らす「農民」の「女性」という地域性・階層・ジェンダーの複合的側面から「三重に疎外」された、いわばサバルタン（従属的地位に置かれ、歴史的に沈黙させられてきた人々）であるとみなされる。「男に似せて自分を作ろう」としていたかつての石川にとって、このような「農婦」とは「ああいうおなごたちにはなるまい」という拒絶の対象だった。「農婦」の世界と決別し「知的な世界」に憧れて入学した大学とは、「中央」の「インテリ」の「男」が作り上げた言語＝文化圏であったことが「農婦」であるという自己認識をもつことで見えてきたのである。

二-で見たとおり、石川は第一子出産後、「戦後民主主義なるものを土壌に成長」して男並みを目指してきた自分自身を「自己否定せざるを得ない」ことを実感した。そして「女の原型のゆくえを追いたい」と考えていた頃、伊藤まつをの著書『石ころのはるかな道』（一九七〇）に出合う（石川 一九七一：一六五）。この本に感銘を受けた石川は、まつを宅を訪問、以降二三年にもわたり聞き書きを続けていく。聞き書きは個人誌のほか、『通信・おなご』と『別冊・おなご』誌上に「垂乳根の里便り」として連載された。まつをは当時の女性としては高い教育を受け、教師や議員を務めた人物である。だが石川は「幾時代もの女を埋めたあの広がる泥田の中で唯一、女の原型をいくらかでも露呈させた小さな塚のように」、そして「字をもたなかつたために何も残すことができなかった女たちの直系の代弁者として」（石川 一九七一：一六七）まつをを見た。石川は、近代において「辺境」として位置づけられ、疎外されつづけた〈化外〉の「農婦」に、近代が引き裂く前の「〝本当の女〟」、つまり「女の原型」があると捉えている。

また、近代が女性を疎外、無能力化し、女たちが引き継いできた知恵を断絶させたとし、「両の乳房を目にして」歴史と社会を見直す視座から、「農婦」である「祖母」たちが保持している「思想」を「発見」する。

「余った乳は川さ流せ。〔略〕なんぼでも川の水さ栄養つげだら、魚おがる（大きくなる）のいいべしな」と。

祖母は、赤子も乳も天から授けられるものだもの、それを大事にして、それでも余ったら、他のいのちたちにも飲ませてやれと語っているのでした。〔略〕これは九人もの子を自分の乳だけで育てあげた祖母の体験から生まれた、祖母自身の「思想」なのだと思ったのです。「思想」などというものはいつも遠くからやってくるもの、金ピカの本の中にあるものなどと思っていましたから、こんなにあっさりと「思想」が語られることに驚いていたのでした。わたしは今、乳房を瞳《め》にすることで見えてきた、この「思想」なるものをじっと見つめています（石川 一九七五：六〇―六一）。

石川は、生物学的決定論に回収される危険を認識しながらも、「男性」、そして「中央」が作り上げてきた思想、言語を相対化する抵抗の拠点として、周縁化されたがゆえに近代のジェンダー化を免れた「女の原型」＝「農婦」を措定《そてい》するのである。かつて「根っこ掘りわらし」であった石川が、「孕み」と出産を通じて掘り当てた自らの「根っこ」が「農婦」であった。そして「農婦」であるにも関わらず、母の商店に集っていたような「農婦」たちのありようを否定し、「知的な世界」で「男に似せて自分を作ろうとして」いたために失語状態に陥ったと大学時代の経験を解釈した。そしてそのように自身の経験を言語化できたことによって、今度は「言葉」が「噴出」してきたと語る。

　**石川**：それが初めて私なりに普遍化できたときに、なんだか知らないけどね、言葉がね、今度ね、噴出してきたの。自分のなかで。つまり、私は私の言葉をしゃべって良いのだっていう風に。〔略〕噴出したったのは母語だったと思うの。あたしのなかにあるね、農婦の言葉だろうと思うの。土の言葉、農の言葉、そして東北の言葉。そうゆのを全部ミックスした、こちらにはこちらの、すごい言語圏があるんだもんね。ねーぇ、なんにもその東北大学の、その「革命だ」なんつう輩がいう言葉でなくても。それから、大学で勉強する言葉そのもの自体が、そういう男性の性的個性で統括されたなかから出てきた言葉でしょう、日本史だってなにだって。いや、だけども、それはそうかもしれないけども、こちらで生活しこちらで、それこそ千年も二千年も生きてきた人たちのねぇ、言葉の、宮沢賢治にしたってしかりねぇ、ものすごい豊かなすごいものあるじゃないですか。それを例えば文化と称して、男の性的個性で、それだけで文化とするよりは、こっちのものもミックスさせて、合わせた方がものすごい豊かな言語圏ができるじゃないですか。

「方言」並びに「標準語」「国語」とは、明治期、近代国民国家形成のためにつくられた概念である。「標準」として採用されたのは東京の教養ある中流社会の男性の言葉であり（中村 二〇〇七ａ）、「東北方言」は構築と同時に劣位に置かれ、排除された。このような歴史的背景からいって、ジェンダー、地域性、社会階層の点で重層的に周縁化されたものとして「化外」の「農婦」の言葉がある。

　古代から「化外の地」と疎外され続けた東北《みちのく》。その中のおなごとあれば疎外も極まる。つまりは東北《みちのく》の農婦《おなご》とは、日本という国の政治や学問や文化の言語圏から最も遠い存在だったのだ。

このことは、東北《みちのく》の農婦《おなご》たちが、それとは異なる言語圏に棲み続けて来たということであって、それらの言語を知らないから、内になにも持たなかったということではない。〔略〕

私は、私の内界に予知できたことばの海から、男たちの個の論理に対する「孕みの論理」を紡ぎ出そうと思った。

今はこのことばの海こそ、東北《みちのく》の農婦《おなご》が持ち続けた言語圏なのだと思う。〔略〕

女のことばを生み出そうとする時、この東北《みちのく》の農婦《おなご》の言語圏は、一つの力に反転できる。政治や学問や文化の言語圏から最も遠い存在だった分、固有のものを遺していると思えるからである。

垂乳根の里とは、その言語圏に付すべき名前である（石川 一九八四：一二一—一四）。

石川が見いだした「母語」とは、「農婦の言葉」、「土の言葉」、「農の言葉」、そして「東北の言葉」であり、それらの存在する「言語圏」を「垂乳根の里」と名づける。それはかつて「農婦」の世界から抜け出し、知的な世界に生きたいと憧れた時期に否定した言語圏である。石川にとってそうした「垂乳根の里」の言葉と思想を学び直す手段が、「農婦」への聞き書きであった。

## 聞き書きによる「女性回復」の試み

まつをのほかに石川が聞き書きに取り組んだ「農婦」のひとりが、石川商店の常連客だった早園さつよである。さつよは一九一〇（明治四三）年、宮城県登米郡北方村（現 登米市）の農家に生まれる。九歳で子守奉公に出され、小学校へは三年生までしか通えなかった。そのため、ひらがなとカタカナしか読めず、ひらがなも満足に書くことができなかった。一六歳から五年間、茨城県土浦市荒川沖の製糸工場で働くが、そこはさつよにとって、白飯や具の入った味噌汁が食べられる「別天地」だった。現地で結婚するも夫が病弱のため離縁し帰郷する。実家に戻った後は、迫川（宮城県）の護岸工事や失業対策事業などで三〇年間土木作業員としての肉体労働で生計を立ててきた。

　石川はインタビューのなかで、さつよの語りに含まれる豊かなオノマトペ（擬音語・擬態語）の存在に言及し、その語りを「触れるような言葉」、「身体の言葉」であると表現する。東北方言はオノマトペが多用される「素朴さ」に特徴があると言われている（平山編　一九八三）。幼稚な印象が加わるオノマトペは言語体系を離れた周辺的なものとして扱われてきた（筧・田守　一九九三）。オノマトペは肉体と強く結びつけられた言葉でもある。「デデバツ、デデバツ火を焚く」「米を背負って、うんつぎ、うんつぎ歩く」などのさつよが駆使する「農婦」の言葉は、生涯にわたる労働を通じて肉体に強く刻み込まれたものであった。それらは教育や学習によって学んだ語彙ではなく、肉体労働のなかで生まれ、身体に根ざした「触れるような言葉」なのである。

　そうした「農婦」であるさつよの紡ぐ言葉のなかから、石川は近代化の過程でなくしていった、女の身体感覚に即した実感を伴った言葉、とくに性と生殖にまつわる言葉を見いだしていく。


　母は生ぎでれば、百十四、五になるべな。

　母だちの時ァ、ひざついでお産したって聞いだたよ。

　お産すると出血するの、そいづ「不血《ふち》」って言ったんだっけ。悪《わり》い血っつ意味。

　そいづ、うんと出さねば、血上げるって、産《な》した後も、いっこ（全然）寝せねがったんでねぇが。〔略〕

　健気なからだなら、一年半で一人ずつ産むんだもの。

　とにかくメンスが来たと思たら、妊娠すると思わねぎゃねがったの。

ほに、お腹空《から》になってるのは、何日もねがったんだがら。

女には、たのしみはねがったよ。

妊娠がこわがったの。〔略〕

今度ハ、（子供）いらねぇ、いらねぇと、何ぼが思ったんだが（石川　一九八七：一三―一九）。

あらや、半産《はんさん》三月《みつき》って聞いたことない？

半産《はんさん》ってのは、堕《お》ろして流産させることだよ。そうすっと空《から》っ胎《ぱら》になるから入《はい》りやすくて、三か月も経てばまた子宮が妊娠《かか》えてしまうんだと。〔略〕

……身体《かばね》から生血《なまち》落ちるんだもの。そうやって下《お》りる血を、昔の人は「血あらし」っていったんだよ。おら、そんな目に遭ったことないから語られないが、なんでも人間《ひと》こになりかねた血が全部、がわがわと雨《あめ》嵐《あらし》のように落ちるんだって（石川　二〇〇六：一三二―一三三）。

性的自己決定権や性と生殖の権利の確保からはほど遠かった農村女性たちの性と生の現実を見つめながら、石川は近代が周縁化した女性の身体と、「母性幻想」の埒外《らちがい》にある女性の経験の現実を表現する言葉の可能性を、さつよの語りのなかに見いだしている。

折井美耶子は、聞き書きを文字化し、表現する際、話し言葉でも書き言葉でもない「聞き書き言葉」という「新しい表現」が必要だという（折井　二〇〇三：五四）。これは歴史的に見てつねに「話し言葉」としてある方言を、書き起こす際にどう処理するかという問題でもあるだろう。近代において周縁化された「方言」で語られる「農婦」たちの言葉をそのまま書き起こしたとしても、読み手には理解しがたいものとなるだろう。「知的」な文体の対極に置かれてきた、「農婦」が発する身体性に根ざした「触れるような言葉」を記述する際、石川は

「標準語」で用いられる漢語に方言でルビを振る（例：可哀想《もぞい》）、いわば「標準語」と「東北方言」の混成語を使用する。方言を生かした筆致で記される聞き書きは、それ以前に石川が書いてきたような評論文調の硬質な文体とはまったく異なる。「農婦」の言葉によって「女の内界」を探る文学的営為は、中央／化外の文化混交を経てこの新しい「聞き書き言葉」を生み出した。「農婦」の聞き書きにおけるこうした混成語の使用は、トリン・T・ミンハが行ったような言語の抑圧操作を言語を用いて解体していこうという試みである。つまり「標準語」と「方言」、「書き言葉」と「話し言葉」を混交させ、「権力のお馴染みのペア」である「教授される公的言語」と「正しく書く」（トリン　一九八九＝一九九五）という特性を解体するのである。

かつて石川は、さつよたちの暮らす佐沼の「農婦」の世界と決別し「知的な世界」に憧れ、東北地方の「中央」・仙台に位置する旧帝国大学である東北大学へ進学した。そこは中央／男性が作り上げた知識・文化圏が支配する世界である。「農婦」の聞き書きとは、次項で詳述するように、そこで学んだ知を、「農婦」の言葉を通じて忘れ去ってみる（スピヴァク　一九八八＝一九九八：七四）行為であり、切り捨ててきた「化外であり、おなごであり、農婦である」というアイデンティティを再構築する作業でもあったといえよう。

また、フェミニスト・スタンドポイント理論においては、知の構築がジェンダー化された性質をもっていることは評価され、伝統的な社会理論における知の二元構造と、女性性と劣った性質の結びつきは逆転し、「女性」の知に価値が与えられる（マクドウェル　一九九三＝一九九八）。この意味で、「三重の疎外」にある「農婦」がその暮らしのなかで蓄えた知、文字をもたなかった彼女たちの過去は、水田（一九九八）の言葉を借りれば「空白」ではなく、抑圧されたもの、感情や願望や怨念《おんねん》などの宝庫なのである。

女性たちが自分の経験をより広い文脈において理解するためには、そのほとんどが男性の既存の知識を手がかりとせざるを得ず、書物に安易に依拠することは、その書物の「罠《わな》」にはまってしまうことにもなりかねない（江原 二〇〇九：七）。「農婦」の聞き書きはこの「罠」を回避して、女たちの経験に意味を与え、言葉を獲得する手段である。文字をもたず、誰も耳を傾けてこなかった〈化外〉の「農婦」の沈黙から言葉を紡ぎ、近代から周辺化され「空白」としてしか見られなかった「女の内界」が有する知と経験を聞き取ろうとする営為が、「孕みの思想」の発展としての農婦の聞き書きなのである。

石川にとって「農婦」としてのアイデンティティと「垂乳根の里」という「言語圏」の獲得は、「近代的知性」を身につけ男性的自己を形成しようとしてきた束縛からの「快さ」を伴った「解放」であり、「自由」の獲得でもあった。石川のこの模索は、女性の身体性やセクシュアリティを女性自身の手に取り戻そうとした都市部のリブの試みとも通じるが、決定的な差異は、取り戻す対象として、〈化外〉という場所性が含まれることであろう。石川は「孕み」という身体的経験を起点とした聞き書きを通じて、〈おなご〉の回復、つまり〈化外〉の「女性回復＝ウーマンリブ」（石川 一九七一：一）を試みようとしたのではないだろうか。石川が「麗ら舍十周年のつどい」（一九九五年三月二八日）で詠んだ句に「手作りのフェミニズム模索して十年」（麗ら舍読書会編 二〇〇三：一四八）がある。この句には「内界」から思想を「模索」する意味も込められているだろう。

## 「農婦」という表象＝代表をめぐる問題

最後に、石川が提示した「農婦」という概念について別の角度から検討してみたい。二〇一三（平成二五）年八月の麗ら舍読書会にてレポーターを担当した私は、石川純子の語ったライフストーリーを紹介しながら、「孕みの思想」を中心とした報告を行った。報告後の話し合いのなかで、読書会に参加していた女性たちから、石川が自らを「農婦」であると発言することに対する違和感が複数挙げられた。前項で見たように、石川は宮城県の農村に出自をもつことを根拠として、自身の「根っこ」を「農婦」であると措定する。しかし、大学教育を受け、教師として、また作家として活動してきた石川には、実際に農業に携わった経験はない。麗ら舎読書会には、畑作や稲作、果樹などの農家の女性も多い。日々農作業を行う彼女たちから提出された違和感は、「土からもっとも遠いところにいる」（小原麗子）ように見える石川が、（実際にはそうでないのに）自らを「農婦」と名乗り、「農婦」として語ろうとすることへの異議申し立てであり、これは「農婦」という表象＝代表(representation)[15]をめぐる問題として捉えられよう。

前述した通り、東北の「農婦」はサバルタンであるがゆえに、「女の原型」を保持している存在であると石川は捉えている。自身の「根っこ」が「農婦」であると規定した石川だが、公に向かって表現できる力をもつ石川は、すでにサバルタンとしての「農婦」ではないだろう。そもそも当地の生活語には馴染まない「農婦」という漢語を用いた女性表象は、高等教育を受け、かつ高い言語能力をもつ石川の、女性知識人としての視点であることが指摘できよう。石川が抱いた、自分の「根っこ」である「農婦」性を取り戻したい、「奇形化」されぬ「女の原型」を探りたいというモチベーションもその視点からくるものである。単に東北／農村／農家という出自だけで、すべての女性がサバルタンであるわけではないのである。また、東北の農村に住む女性を「農婦」と表象し、そこに「女の原型」というものを投影するしぐさは、資本主義が導入される以前の伝統社会に失われたユートピアを見ようとするのと同種の問題があるとも指摘できよう。石川のように語る力をもった女性が、自らを「農婦」と表象することによって、その声をもたない「農婦」（サバルタン）を重層的に抑圧する可能性もある。表象＝代表の権力作用を考慮することなく、石川の仕事を〝丁寧な聞き書きによって、沈黙するサバルタンである東北の農婦の声を拾い上げた〟と評価することはナイーブすぎるだろう。

そのような問題を認識したうえで、スピヴァクのいう、女性知識人として取るべき解決策は、「まったき他者」であるサバルタンを表象＝代表することから身を引くことではないという指摘を思い返したい。スピヴァクは、サバルタン存在に代わって語ろうとする、あるいはサバルタンに語らせようとするよりは、彼女たちに耳を傾け語りかける術を学び知ろうと努めるなかで、「自ら学び知った女性であることの特権をわざと忘れ去ってみる（unlearn）」ことが必要だとする（スピヴァク 一九八八＝一九九八：七四）。これまでその声が聞き取られる相手をもたなかった「農婦」の「聞き書き」には、その実践としての可能性があるのではないだろうか。

ここでは石川の「農婦」の聞き書きにおける聞き手と語り手の関係性について、坂本（二〇〇五）の提示する〈語る―聴く〉相互作用のモデルを参照しながら検討してみたい。「語る―聞く」という行為における三つの位相と、それぞれの位相で起こる質の違う沈黙、そして発話と沈黙とを分ける鍵を整理すると以下のようになる。

表2―1〈語る―聴く〉相互作用のモデル（坂本 二〇〇五：二三二―二三三より作成）

| 位相 | 語る―聞く | 沈黙 | 鍵 |
|---|---|---|---|
| 一 | 語る側が他者に向かって発話する | 狭義の沈黙（話せない） | 語る言葉をもっている／与えられているかどうか（言語やリテラシー） |
| 二 | 「語る―聞く」という相互作用が形式的に成立する | 無視（話しても聞いてくれない） | 語る場（直接成立する場／印刷物のような間接的場）があるかどうか |
| 三 | 聞く側がどう聞くか | 誤解（聞いてもわかってもらえない） | ステレオタイプ、偏見、社会通念などの問題 |

聞き書きとは語り手と聞き手の相互作用によって、〈語る—聴く〉場が構築されなければなし得ない実践である。石川はいかにして〈語る—聴く〉場を成立させたのかについて、早園さつよへの聞き書きを事例に検討してみたい。

石川は四〇代半ば頃、糖尿病を患った母うめのの看病のために毎週末、宮城県登米市佐沼集落の実家に通うことになった。

**石川**：前だったらさ、お盆とか正月にちょっと行くぐらいじゃないですか。で、なんか先生してるっつ、孫が二人いるんだとよとかっつ感じで、行ったって、ちょっと礼するぐらいでね、（さつよたちが）お店に来たってさ。ところが、朝に行って、あっちに一〇時頃着くのかなぁ、そして一七時の汽車で戻るんだから、結構いるじゃないですか。でまずお昼作ってご馳走して。ところがごやごやと集まってるから、「んじゃ一緒に食べるべし」とかってね、おばあちゃんたちもね、段々に日曜は純子ちゃん来るっつことで、みんな来るわけよ。楽しみにしてねぇ。

毎週末の商店通いが始まってから五年が経った一九九〇年の冬、うめのが交通事故により急逝する。聞き書きなど、教員としての仕事のほかに「やりたいこと」がたくさんあった石川が仕事を続けていたのは、夫に母の介護費用を頼ることが「絶対嫌」だったという部分が大きかったため、母の急逝を機に職場を早期退職する。退職して自由な時間ができた石川は、商店に遺された大量の商品を片づけるため、泊まり込みで佐沼へ通い、店を開くようになる。さつよは石川が店を開けると必ず来店した三人の「おばあちゃん」の一人であった。

当時、石川は商店の仕事と並行して、聞き書き本の第一作となる佐沼集落の専業農家・名生《みょう》家の人々への聞き書きを行っていた。そのきっかけは石川が一九八六（昭和六一）年第二回千三忌の席上で、戦死した父の遺した

「陣中日誌」について報告したことだった。参加していた朝日新聞編集委員（当時）藪下彰治朗が後日書いた記事がきっかけとなり、「日誌」は『潜水艦伊一六号通信兵の日誌』（草思社、一九九二）として出版されることになる。その出版祝いを主催したのが名生家であった。草思社から次作として米作りに関する聞き書き本の執筆を打診されていた石川が名生家へ取材を申し込んだところ、了承を得、それからは昼間は商店で「おばあちゃんたち」と交流し、夜は名生家にて聞き取りを行い、その内容を「おばあちゃんたち」に確認してもらい、さらなる情報をもらうというスタイルで聞き書きが進む。そのときの聞き書きが『名生家三代、米作りの技と心』（草思社、一九九八）として出版されるまでの約五年間の商店通いの結果、石川は「おばあちゃんたち」の「絶大なる信頼」という「宝物」を得ることになった。

その後、石川はさつよの聞き書きを始め、『さつよ媼《おばば》——おらの一生、貧乏と辛抱』（二〇〇六）を書きあげる。「あとがき」によれば、それまで「無口で、控《ひか》えめで、みんなの話を黙って聞いている人」であったさつよが、あるときを境に「一気に噴《ふ》き出すように」語り始めたのだという。そのさつよの話に重ね、集まった「おばあちゃん」がそれぞれ子ども時代のことを語り出し、商店は「おばあちゃんたち」が「おのおのの一代記を吐露《とろ》する不思議な場所」となった。

石川：その時に、常連で来てくれたのが、Mおばと T おばと、さつよおばあちゃんなのね。必ず来てくれたのこの三人は。それで、さつよおばあちゃんの話はずーっと聞いてきて、いつもメインになってたんだけども〔略〕特にMおばなんかが、「さつよさんの話、何回聞いてもいっちゃなぁ。ほら語らん語らん。」とかって、こう言ってくれて、こうしんみりとね。

「農婦」のサバルタン性を考えた際にもっとも重要なのが「沈黙」の問題である。〈語る―聴く〉相互作用のモデルで見たように、「沈黙」には位相がある。第一に、言語やリテラシーの問題で「話せない」ということである。さつよは公に発話する際に適切だとされる標準語で話すことができない。義務教育をほとんど受けられなかったため、ひらがな、カタカナの読み書きもままならず、第一章で見たような生活記録などの「書く」という表現方法を取ることもできない。また、第二に、これまでさつよが語る場が、直接対話が成立する場と印刷物のような間接的場のどちらもなかったという問題である。第三に、聞く側がさつよに抱く偏見や社会通念が問題になる。

**石川**：（さつよと同じ集落の男性に）「今度何やんのさ純子さん、何書くのしゃ？」「いやぁ、あすこのさつよおばあさんを今度書くんだ」っつったっけ、たまげてさ、（彼は）集落のひたち〔人たち〕の元地主だから、「いやぁ、アフガンの難民みたいな人書いてなじょすのしゃ？」って、こう言うのね。〔略〕郷土史家の、なかなか話分かる人でさえもさ、「うーん、平板になるんでかなぁ」って。〔略〕（さつよは）正面切って男の人なんかさしゃべる人でもないから、わからないんだっちゃ。

このように重層的に「沈黙」していた（させられていた）さつよが、「一気に噴き出すように」語ることができるようになったのはなぜだろうか。

第一に、石川が五年にわたる商店通いのなかで得た信頼関係により、さつよの生活語である「方言」で「話せる」関係性を成立させることができたことが挙げられる。石川は「この聞き書きは、母の店に集まってくれたお婆さんたちみんなのおかげでできたのである」と振り返る（石川 二〇〇六：三〇八）。ひらがなも満足に書けないさつよにとって、口頭で「話せる」関係性がまず必要であった。さつよは以下のように述懐する。

あのときは、店に通ううちにみんなと仲よくなり、みんなのとこ《(ママ)》信頼したから、しゃべったんだよ。でなきゃ、しゃべらないよ。〔略〕しゃべりだしたら、弱《がお》った身体が生き上《いあ》がった（息を吹きかえした）ような気持ちだったでば。〔略〕しゃべると、気持ちがうんと愉快になるの。〔略〕だから、おら、店《ここ》に来るの楽しいよ。だれにも気ぃつかわなくともいいもの。ほかの家なら、語りたいことも語られないよ。それに、ほれ、純子さんと、お婆《ばん》つぁんたちが加勢してくれたからしゃべったんだよ（石川 二〇〇六：三〇六―三〇八）。

第二に、さつよが「語る場」が直接成立する物理的な場、うめのが遺した石川商店の存在がある。石川は、「抜け出たい」と願った佐沼の農村に母が遺した商店を、「農婦」が語ることのできる場として再構築したのである。

第三に、「孕み」を通じて既存の価値を転換し、さつよの語る言葉と経験そのものに価値を見いだす石川（およびお商店に集う「おばあちゃんたち」）という聞き手の登場が挙げられよう。石川には高い聞き書きのスキルに加え、前項までに見てきたような「農婦」の「言語圏」を探りたいという強い内的動機があった。

**石川**：そしてやっぱりね、人はね、心の高さですよ。そんなねぇ、先生したとかさ、大学を出ましたとかさぁ、そんなんでないですよねぇ……。大体（さつよは）人と比較しないって言うでしょ。「オラ人と比較しないもん。」ってさ。全然エゴイストでないし欲張りでないしさ。〔略〕それこそ、あの、ほんっとに自力でね、自分で頑張った人だけども、どこかで他力の人だねぇ、やっぱりね、生かされてるんだってさ。〔略〕つまり貧乏でね、どうしようもない姿だけ見てさ。アフガンの難民の人たちだって心だって高いかもしれないのにねぇ。こういうひたち〔人たち〕の言葉に出会うと、私ら木っ端みじんだよね。(16)

石川の言葉でいえば「疎外の極地」にあったさつよは、従来の価値観においては、価値のある「言葉」をもっ

間くせとも（人間だとも）思ってなかったんでないの」と語るさつよは、つねに性的嫌がらせや性暴力の危険にさらされ、「びでえ（男に逆らったりする女をののしることば）」、「女奴《おなばす》」といった言葉を投げかけられつつも、「きかなくならなきゃって（気を強く持たなきゃ）」生きてきた（石川 二〇〇六：二四四）。そうした「疎外の極地」にあるからこそ、「孕みの思想」を経た石川にとって、さつよの言葉は「書物の『罠』」（江原 二〇〇九：六—七）にはまらないような「女の原型」、「農婦」の言語圏を垣間見せてくれるものであった。

これら三つの位相において、石川の「鍵」でさつよの「沈黙」が破られたことにより、聞き書きというプロセスを通じて、さつよは〈語る主体〉となり得、サバルタン状態を抜け出したのである。

「農婦」の聞き書きにおいて〈聴く主体〉〈語る主体〉を考えるうえでは、異なる文化の世界をどのように読み取り、語っていくことができるかを問題にする「翻訳」（坂本 二〇〇五：二〇三）という概念も重要になる。聞き書きにおける〈聴く主体〉は、同時に〈書く主体〉でもある。〈聞き書きの場〉を作ることによって、「農婦」を〈語る主体〉として、自らを〈聴く主体〉として構築し、「農婦」の語ったその言葉を、〈聴く主体〉であり〈書く＝語る主体〉でもある石川は、「聞き書き言葉」として「翻訳」した。

石川による聞き書きのテキストは聞く者と語る者が渾然《こんぜん》一体となった文体をもつ。聞き書きの現場はインタビューがまさに行われている時空間だけではなく、声を文字として書き起こすという行為、その結果書かれたテキストも含まれるだろう。聞き書きの現場としてのテキストは、語り手／聞き手という主客が混交《こんこう》した集団的創作物である。近代的自我とは対極的な、自他の境のなくなる、集合的な「語り」の主体が提示されているともいえよう。

ここで、今一度、石川の「根っこ」が「農婦」であるという発言を、聴く―書くという行為との関連において考えてみたい。屋嘉比《やかび》は、他者の問いかけにより自らの枠組みを繰り返し内省する持続的な思考行為としての「聴くという行為」の重要性を指摘する（屋嘉比 二〇〇九）。自らの「根っこ」が「農婦」であるとの認識から始まった石川の聞き書きは、「農婦」として、あるいは「農婦」について／「農婦」に代わって語ることを目指していたわけではない。石川が聞き書きをしようとするモチベーションは、サバルタンの声を表象＝代弁する欲望に支えられていたというよりは、あくまでも石川自身にある。「近代主義者」で「エゴイスト」でもあるという自己認識をもつ石川にとって、「農婦」の語りを聞くことは、彼女らが保持しているだろう知恵や内面的豊かさによって自己の枠組みを捉え返して内省し、「自らを寛く」する試みの一環であり、「孕みの思想」の実践であったといえよう。

自らもまた「農婦」であったという認識から始まった石川の「聞き書き」のプロセスは、「農婦」という固定的なアイデンティティを回復しようという試みではなかったのではないか。「農婦」とは、石川が求めた新しい女性主体――「母」や「妻」「主婦」あるいは「娼婦」といった近代的ジェンダー役割に細分化されない「本当の女」のありように与えられた名前でもあったと捉えられるだろう。石川は、聞き書きのなかで自己破壊的に〈聴く主体〉を構築し、聞き取った声を「翻訳」する作業を通じて〈書く＝語る主体〉をつくろうとしてきた。それは一度捨てた「母語」を再獲得するプロセスを通じて、「農婦」、言い換えるならまだ見ぬ「女の原型」を模索する旅路だったのではないだろうか。

## 注

（1）うめのは農家の一二人きょうだいの八女として登米郡に生まれる。郷里の隣町付近で見習い看護婦として働きながら、助産婦を目指していた。その頃小学校の同級生だった幸太郎と恋愛関係になり、助産婦の資格を取るや、横須賀へ配置された幸太郎を追って上京。東京の産院で働きながら、独学で看護婦の免許も取得する。

（2）石川には三歳上の姉がいる。姉は結婚の許しが出ないまま生まれた非嫡出子であったため、生後一歳ほどで養子に出された。そのため、戸籍上は石川が長女となる。姉の存在は入籍後に誕生した石川らにも秘匿されていた。一九九〇（平成二）年に母うめのが交通事故で急逝した後、実家の整理を行う最中に偶然発見した父の日記により、石川は初めて姉の存在を知ることになる。

（3）厚生省調査によれば、一九四七（昭和二二）年五月現在、「戦争未亡人」の数（戦没者未亡人、戦災者未亡人、外地引揚未亡人の合計）は五六万六四〇五名にものぼった（井上 一九五六：一八）。

（4）石川（一九八二）には「春」（一八八九）と記載されているが、絵画の内容説明から「思春期」（一八九四）を指すと推測される。

（5）母娘の関係は悪化し、菊夫婦は家を出ていく。すでに夫と長女を亡くしており「何もなくなった」伸は、「同じ貧乏するなら田舎より都会の方がいい」と上京を決意する。労働に次ぐ労働で、「毎日寝る以外、モンペのひもをほどいたことの無かった」伸は、娘時代に作ったまま行李にしまっていた「鴇色の裾回し」の若作りな着物に身を包み、「真っ白い肉と肉が、雲のような柔らかさでもって、ふっくらと触れ合っている」感覚に「女というもの」を感じながら、農村を去っていくところで物語は終わる。

（6）この四ページほどの小説は、石川の夫・千葉満夫が彼女のために作成した印入りの原稿に書かれていることから、結婚後、出産以前の時期に書かれたものだと推察される（千葉編著 二〇〇九：一五五）。

（7）当時、学内のサークルのほとんどは民青・反民青に色分けされており、石川の入ったセツルメントは民青の拠点であった（佐藤 二〇〇九：一七〇）。なお、一九六一年の東北大学における女子学生の割合は一一％、比較的女子学生が多い教育学部でも三五％程度であった（東北大学百年史編集委員会編 二〇〇九：六九六―六九七）。

（8）これらの個人誌は詩、私信、手記などをまとめたものである。第一号の本文や奥付には「千葉純子」と結婚後の姓が記載されているが、これ以降、旧姓の石川純子を筆名として執筆活動を行っていく。

（9）向学図書編『日本方言大辞典（下巻）』（小学館、一九八九）。

（10）残存したのが「もぞい」という、「どちらかといえば悲しみの方に傾斜したことば」であったのも、「女性敗退」の歴史のなかで象徴的であるとも述べる。

（11）注8参照。

（12）一九三九年東京に生まれる。お茶の水女子大学大学院・大阪大学大学院に学ぶ。在学中から学生運動に入り、一九六〇年の羽田ロビー闘争などに参加。一九六六年、東京大学ベトナム反戦会議立ち上げに参画。一九六八年没。主著に『わが愛と叛逆』（一九六九）。

（13）リブの大きな特徴は、従来の「婦人運動」がタブー視してきた「性と生殖」（セクシュアリティと母性）の問題を重視し、性が両性関係の核心にあること、その性関係が男性主導の社会と文化の産物にほかならないことを批判した点である（天野 二〇〇五：二三四）。リブにおいては「女解放」と「性解放」が分かちがたく結びつけられ、「産む性を個的にも社会的にもハンディにしたり、反対に母性として神聖化したりしないで、生きるものすべてを肯定する思想をあらゆる分野で貫きたい」（『女・エロス』編集委員会 一九八二：一九一）という言葉に過不足なく表現されているように、女性のセクシュアリティーが「母」と「娼婦」に分断される「性否定の体制」を変革し、「総体としての女」の性を取り戻そうとした。

（14）一八九四（明治二七）年岩手県胆沢郡南都田村（現 奥州市）の裕福な家に生まれる。高等小学校を終了後、一九一〇年岩手師範学校女子部に進学。教育家ペスタロッチに憧れ、貧しい農村の子どもたちを救いたいという思いから、東京高等女子師範への進学を目指していたが、校則を破って岩手山へ登山したことをとがめられ、断念することになる。師範学校卒業後、教育による農村近代化の理想に燃えて、郷里南都田村の小学校に赴任。教員生活二年目に、周囲の反対を押し切って農家の男性と恋愛結婚（好き連れ）する。当時、「好き連れは泣き連れ」といわれ、「犬だの猫がくっつくように」見られる「御法度で、最高の罪悪」だった（石川 二〇〇一：二七―二八）。学校教員を続けるかたわら、農家の嫁づとめの「地獄」を味わう。一九五一（昭和二六）年には小山村（現 奥州市）村会議員に当選し、婦人会長として農村問題などに力を注いだ。

（15）詳しくはスピヴァク（一九八八＝一九九八：一六）を参照。

（16）『さつよ媼――おらの一生、貧乏と辛抱』は「なかばんちゃん」（大姑・姑・嫁の三世代が同居する農家において、当時五〇代から六〇代の姑世代の女性。石川も「なかばんちゃん」世代に該当する）たちからの反響が大きかったという。

石川：（なかばんちゃんたち）何人かがね、なんとこれ（『さつよ媼』）を読んでね、すんごく感激したんだって。しておばあちゃんね、「オラ抱きつかれた」つんだっけ。「おばあちゃん苦労したのねぇ」ってさ。そしてね、ぬいぐるみもらったりね、ハンカチもらったりね。いや、誰のお嫁さんも誰のお嫁さんからもしてもらったって。

「頭ばり〔頭ばかり〕古くて、そして嫁のこと扱《こ》き使う」「どうしようもないおばんちゃん達、お姑様」との「なかばんちゃん」への見方が、「おばんちゃん」（姑）世代の経験した「貧乏と辛抱」を知ったことにより、変化したのである。

第三章

# 麗ら舎の〈おなご〉たち

## エンパワーメントの視点から

第一章および第二章で見たように、小原麗子と石川純子は、岩手と宮城の地において、それぞれまったく異なる青年期を経て、独自のフェミニズム思想を形成していった。小原と石川は一九七〇（昭和四五）年前後に岩手で出会い、その後活動をともにしていくことになるが、お互いのもつフェミニズム的な問題意識に共鳴し、思想的にも影響しあっていく。

本章ではまず、小原と石川の出会いから「おりづるらん読書会」の結成にいたるまでを概観したうえで、「おりづるらん読書会」を母体とし、一九八四年に結成された麗《う》ら《ら》舎読書会の活動の軌跡を振り返る。続いて、小原によって創設され、石川が中軸となって支えてきた麗ら舎読書会と、読書会の拠点である麗ら舎に集う女性たちに焦点を当て、彼女らの活動をエンパワーメントの観点から検討し、〈化外〉のフェミニズムの形成と展開を探っていきたい。

## 一．麗ら舎設立前史

### ――〈おなご〉同士の出会いと「おりづるらん読書会」の結成

小原は「自活」を目指した女中奉公から帰郷して二年目の一九五六（昭和三一）年春、米俵検査の手伝いをきっかけとして飯豊農協（北上市）での勤務を始める。二九歳のときに花巻市内の市街地にアパートを借り、生家を出て独立、「六畳一間」の〝自分だけの部屋〟で、「（家賃）一万円で買える自由」を手に念願の「自活」を実現した。青年団活動を終了したあとも、北上の図書館を拠点とした「北上読書連絡会」会報『ベン・ベロ・コ』（一九六五―）の「おなご編集長」や北上読書連絡会機関誌『くらし』（一九六九―）の編集委員として、多くの文集製作を行ってきた。また『微塵』（一九六一―一九六四）、『化外』（一九七三―一九八四）などの地域詩誌の編纂に携わる一方で、『サワ・ひとりのおんなに』（一九六七）を皮切りに個人詩集を複数上梓、一九七六年には個人誌『通信・おなご』を創刊し、生活記録派の詩人としても活動する。

小原と石川が出会ったのは、一九七〇年前後のことであった。当時、県下の教育界では男子生徒が「坊主頭」を拒否して髪を伸ばす「長髪問題」が取り沙汰されていた。石川は、水沢で詩の会をもっていた同僚の男性の妻を通じて、「詩を書いている、ちょっと変わった人」である小原が、この「長髪問題」に対して「人権問題で、自由じゃないの」と言ったことを知った。その言葉に「ピンッと来た」石川は「その話聞いただけで、その人にこそ会いたい」と思い、小原に電話をかけ、北上駅で初対面した。

**石川**：日傘を差して、脚のきれーいな女の人がね、こう、スカートはいて来たのね、それだったの。それが（小原麗子との）出会い。

第二章にて見たように、石川は教師の仕事を続けながら、一九六〇年代より女性の身体性を考察するなど、フェミニズムの視点を強くもって文筆活動をしていた。

**石川**：語りたい。相手がほしくてねぇ、それで（小原）麗子さんとこ行ってしゃべったのね。先生（の仕事）とは関係ないことだよ。教師仲間は教師仲間でいろんなグループがあって、そこでいろんな実践を闘わせたり、いろいろしてたけども、そうでなくて自分がどう生きるかってこととか、女としてぶつかってる問題とか、そうゆの〔そういうの〕を語る人がうんっとほしかったわけよね。

**石川**：小さな子ども抱えて私立学校で働いてたから。なっちもない〔とんでもない〕学校だったんですよね。それで、夫もたまたま一緒に結婚しちゃったから、凄まじい日常のなかでね。彼女のとこに一ヶ月に一回くらい行ったのかなぁ。白味噌仕立ての味噌汁をご馳走になってね、夕方帰って来たったんだっけかなぁ。それが私にとっては充電でありね、癒しだったねぇ。

石川との交流は、小原にとっても影響をもたらす。第一章で見たように、小原は女性の可能性が「つぶされる」ような「家」とは何かを思索し、抵抗の実践を積み重ねてきた。一九五〇年代から一九六〇年代初めにかけて小原が参加した青年団活動においては「農家の女子青年」たちはよき妻・よき母となって「民主的な家庭」を築くことが女性の地位向上へとつながると捉えていた。小原にとって「結婚」とは「近代的」男女が「ちゃんと自分たちの意志で」するものであり、旧来の家と家が取り決め、「嫁にける〔やる〕」と表現される「嫁ぎ」とは根本的に異なるものとして認識されており、ある意味では日常から離れた言葉としてあった。そして進歩的な概念であった「家事も子育てもできて」、「重労働から解放される」「結婚」とは、「一つの夢」であり、「理想」であった。大学教育を受け教師となり、「結婚」により「家庭」を築き、共働きを続ける石川は「農家の女子青年が理想とした姿」であったはずであった。

**小原**：彼女（石川純子）にはあの「結婚」って言う言葉が身に付いてるわけでしょ。私の中には「結婚」って言う言葉はないですよ。知識としては知ってるのよね。だけどもね、「嫁に行く」とか、「嫁にける〔やる〕」とか、「あの家さける」とかって言うことでしょ。「結婚」じゃないんだもん。「結婚」て言うのはある程度対対だと思ってる訳ですよ、私なんか。

しかし小原は石川の書いたエッセイ「時計が狂い始めた――夫婦げんか試論」（一九七〇）を読んで、民主的であるはずの「家庭」にも「家」と同じ問題があると知る。

**小原**：家の中にはいるとね、妻と夫の位置ってのがね、ちゃんとあるっていうんですけもん。〔略〕まずそのことでしたね私。あぁそうか、結婚しても。結婚しても前の家と同じだ。

石川の「時計が狂い始めた――夫婦げんか試論」は、「近代家族」が形成する「家庭」のもつ本質を、子どもの迎えをめぐって発生した石川と夫の「夫婦げんか」の様相の分析から論じたエッセイである。石川はこのなかで、「結婚」によって築かれる「家庭」の「本質」は「家父長権を握つた夫とその支配下で家内労働をいつさい負っている妻とが構成する実に前近代的な形態」であり、「それが相互理解とか、協力とか、根本に於ては性愛につつまれていて、日常に於ては絶対に視えないようなしくみになつている」と分析する。石川の議論は、「家庭」は男性にとってもまた「桎梏《しっこく》」としてあることにも言及され、「けんかの原因は家庭を構成する人間の欠陥にあるのではなく、『家庭』形態そのものにあるということ、つまり敵は夫ではなく、『家庭』である」との結論に達する。そして森崎和江の「家庭否定論」を引き、「家庭」の「本質」に目覚めることによって「制度を超えた同志的な関係」を築こうと努力する以外ないと述べる（石川 一九七一所収）。

戦後改革で家族の民主化は達成され、家制度とともに、家父長制は過去のものとなったはずであった。しかしながら封建的・家父長制的な「家」と民主的な「家庭」の断絶を強調する通説に対し、「家」もまた近代家族の変種であり、戦前、戦後を通じて近代家族に固有の抑圧性が一貫して続いているという問題は家族社会学のなかで指摘されてきた（上野 一九九四：七六）。

石川のこのエッセイを通じて、民主的であるはずの「家庭」においても、「妻」は「嫁」として位置づけられ、「家につぶされてしまう」という問題が存在することを小原は知る。

一般的には、戦後の復興期から高度経済成長期を経て一九七〇年代前半までが近代家族が普及した時期であるといわれるが、岩手について見てみると、核家族世帯の割合は一九七〇年において五一・八％、一九八〇年でも五一・九％であり、全国平均の同年五六・七％、六〇・三％に比べて低く、核家族化の進みも緩やかである。祖父母が同居しているような「その他の親族世帯」の割合について見ると、岩手は三四・六％、三一・四％（全国平均二二・七％、一九・七％）と非常に高く、農村部に限定した場合には核家族世帯よりも数が多いと考えられる（大澤 一九八五：八二）。岩手は封建的「家」と近代的「家庭」が並存している地域性をもち、核家族化が急速に進んだ都市部とは異なる近代化の過程を経てきたといえる。石川が「家庭」のもつ問題性を暴露し、農村の「封建的家」がもつ問題について取り組んできた小原の問題意識と重なったことで、小原は「すんごく共鳴した」と語る。「家」と「家庭」が併存する地域性が、両者の分断ではなく連続性を照らし出し、通底する問題構造への批判的視座を形成するきっかけになったといえよう。

数年後には、石川の同僚の教師・佐藤恵美もこの語り合いに参加するようになる。石川が「すごく素敵に暮らしてる女性がいるから」と佐藤に小原麗子を紹介したのだった。佐藤は一九六四（昭和三九）年に結婚、三児をもうけた後も共働きを続けていた．佐藤は小原に対する印象を「麗子さんは、すきっと暮らしているようにみえた。彼女にならい、学校と家庭で毎日、ヤシャヤシャとしている私の愚痴を聞いてもらえると思った（「おんなが集う①」『朝日新聞』岩手県版一九九四・三・一二）」と語り、インタビューのなかで次のように回想している。

**佐藤恵美**：暮らし方というか、たたずまいというかね、こう、やっぱり少女の時に私たちが描いたような暮らし方を、あの人は結婚しないし、働いてはいるけども共稼ぎでもないし、そのまんまね、維持してるよっていう風なことで行ってみたら、やっぱりそうだしね。で、話してみればほんとに女性の生き方をしっかり考えてる人だしね。

佐藤を加えた語り合いの会は、麗ら舎読書会の前身となる「おりづるらん読書会」と名づけられる。オリヅルランを育てていた小原の部屋が会場であったことで名づけられたこの読書会は、森崎和江『闘いとエロス』（一九七〇）を読むことから始まった。女の経験を思想化しようとする森崎和江は、男仕立ての思想ばかりが蔓延《まんえん》するなかで「女のことば」を探したリブの女性たちにも大きな影響を与えた人物である（上野 二〇〇九：一八―一九）。また、この時期石川は『高群逸枝雑誌』（一五・一七・二六・二八・三〇号、一九七二―一九七六）に「高群逸枝論一〜一三」を連載し、小原は河野信子『無名通信』（第四二号、一九七七）に「『姉』の墓に向かう」を寄稿したり、高群逸枝の夫・橋本憲三や石牟礼道子のもとを訪れるなど、九州との交流をもっていた。

三名で始められた「おりづるらん読書会」だが、のちに北上市在住の渡邊満子が入会する。詩人で、北上詩の会を通じた小原麗子の知人でもあった夫・渡邊真吾に「おりづるらん読書会」への入会を勧められたのがきっかけだった。この後、北上市在住の彫刻家である児玉智江も読書会に入会、一九八四年一一月の麗ら舎読書会の結成へと進む。

## 二　麗ら舎と麗ら舎読書会

### 麗ら舎の設立――「ミカン箱」から麗ら舎へ

一九八四（昭和五九）年、小原は四九歳で勤めていた農協を早期退職し、退職金で北上市和賀町の新興住宅地に分譲地を購入、自宅を兼ねた一戸建ての麗ら舎を設立する。それをきっかけに「おりづるらん読書会」は麗ら舎読書会と改称される。生家の農家にも「自分の部屋」などなく、「一カ所くらい自分の部屋があれば良いもんだ」と思っていた小原は、「小さいミカン箱」で作った「本棚」に「自分の本」を並べていたという。それは自分だけの空間をもつことであり、「うんっと嬉し」いことであった。退職金によって建てた麗ら舎は、この「ミカン箱」の拡大だと語る。

**小原**：おっきな家にいたんですよ、私ね、農家のね。子どもの部屋なんて無いでしょ。座敷みたいなとこで、一カ所くらい自分の部屋があれば良いもんだって、そこでも思ってるのね。そしてね、ミカン箱みたいなとこにね、本ばり〔ばかり〕並べたときね、うんっと嬉しかった。その拡大が麗ら舎じゃないですか。勉強したいんだおん〔したいんだもん〕、ほら、まだやってるじゃないですか、みんなと。

**小原**：（女中奉公へ）行ったことが、麗ら舎までたどり着いてか。自分ではあんまり、分かんなかったけどもね。そっかぁ、私こう、勉強したり、話ししたり読書したりするところがね、欲しかったんだなぁって。

西に奥羽山脈を望み、周囲には田畑が広がる農村部の住宅地において、女性が家を建てるということは近隣住民の眼には奇異に映った。私が「ずっと農協で働いてこられて、この家を建てたんですよね。この辺りで珍しくないですか、女性一人で家を建てるって」と尋ねたところ、小原は「変にね、思われたこといっぱいありました。誰か男の人がお金をあれ（引用者注：援助）して」などと噂されたと答えた。独身の女性が自活し、土地を購入、家を建てるという行為それ自体が農村におけるジェンダー規範への抵抗であった。のちには「西日に向かって共に歩いていく」「パートナー」として、北上詩の会・山下正彦と事実婚・別居婚をし、制度に縛られない男女間の関係性の構築を実践してもいる。事実婚を機に麗ら舎は二階建てに増築され、第一六九回麗ら舎読書会では二人を祝う会が行われた(1)。

**小原**：（近所の人は私に）同情するんですっけよね。ほら、結局、（法律婚している）旦那もいないし、あれなのに、家一軒建てて、寂しくねんだべかって。（略）いつだか、「ほら麗子さんのところには友達も来るっけし、出かけて行くしなは、寂しくないのね」って言われたったのね。ああそうよね、世間ってね（笑）。いやーいや（笑）。

小原の「自活」思想に基づいて設立された麗ら舎は、小原自身の勉学の場というだけではなく、農村において女性たちが集い、ともに勉強できる場としても設計された。

**小原**：（麗ら舎を建てた当時）マンションっていう言葉が出始めたときで、マンションを買っても良いんだよって言われたことがあるの。そんなにね、一戸建てなんかしなくても。でも、私はここを女の人たちの何かにしたかったんだね、うん。でその退職金もらったからね。それで。だから、自分の部屋をもってそこでなにか読んだり、やっぱり女の人たちが結婚してからもそれができないのがほとんどなんですっけもんね、これも容易なことでない。純子さんなんかもその闘いやってきたんじゃないですか。

麗ら舎設立の経緯に関する石川純子へのインタビューのなかで、私は「麗子さんは農村の中に自分自身の生を生きられるような、新しい家を作ったのだと思う」と感想を伝えた。すると石川は小原の作った麗ら舎は「家」ではなく、「自由に来て悩みでも何でも話せるような場」である「おなご舎《やど》」であると強調した。

**石川**：おなご舎なの、あそこは。麗子さんおなご舎作るって言ったんだもん。うん。家じゃない、家じゃなくて、だから麗ら舎って名前付けて。おなごたちが自由に来て、悩みでも何でも話せるような場を作るって事で、おなご舎作ったのだから。

後日、石川純子から、彼女がかつて麗ら舎の開設に際して執筆した文章が郵送されてきた。

血縁しかいれない「家」とは違って、「舎」とはやどのこと。そこに集うものに何の制約があろう。「舎」とは、集う者誰にでも開かれた小屋のことなのだ（「おなごの『意志の舎《やど》』——麗ら舎」発行年不明）。

女主は自分の居場所を強調して集まったものたちをねぎらおうとする。決して小原麗子の家などというものではなく、あなたたちの座す場こそ、この建物の本分なのだと言おうとしているのだ（「おなごたちの舎——『麗ら舎』の出立」発行年不明）。

第一章で見たように、麗ら舎設立にいたるまでの小原のライフストーリーからは、「たかが読書もたたかい取らねばなら」（小原［一九八四b］二〇一二：一八二）ないものであったことがわかる。その「たたかい」の成果であり「さらなるたたかいの始まり」（同前）の場でもある麗ら舎は、ジェンダーを軸とした権力関係を内包する従来の「家」へのオルタナティブとしての意味あいももつ。前述したように小原は農協勤務時代にアパートでの一人暮らしの経験がある。アパート暮らし時代に書かれた詩「二階棲み」のなかで小原は、「母ほどの重労働もしないから、腰はビンとしているが、〔略〕宙づりであれば、ノドも手足もしびれてくるから、いい加減、元の場所に帰ろうか」とも考える。「元の場所」とは、「どっかりとぬぐめで〔温めて〕くれる囲炉裏《ひびと》」のある家である。農協勤務の現金収入を頼りに一人暮らす小原は、「囲炉裏《ひびと》をとりまく一家団らん」を恋う。しかし、小原はこのエッセイをこう締めくくる。

> 囲炉裏《ひびと》には「横座」があり、そのまむかいに「木尻り」があった。わたしはそこに帰らない（小原［一九七九］一九八二：三九八）。

「横座」とは囲炉裏を囲んで土間からもっとも離れた暖かい席で主人が座る場所であり、「おなごの座る場所」ではなかった。そんな「おなご」のなかでも「嫁ご」の座るのは「木尻《きじ》り」である。「木尻り」とは「立膝か中腰にかがみ込み、薪が良くもえるように、煮物が上手に煮えるようにと、気をくばりながらいる場所」である。農業と同様に、「囲炉裏の一家団《ひびと》らん」すらも、「嫁ご」の「労働」によって支えられていたのである。「一家団らん」という私的な空間領域をも支配する「家」の中のジェンダー権力関係を問題化する視点が、「おなご舎」・麗ら舎に結びついていく。

一九七〇年代、都市部のリブ運動において、同様の問題意識に基づいて形成された場がコレクティブである。当時、全国各地に女性たちが共同生活を送るコミューンが形成された。有名なリブ新宿センターのほかにも、子育ての共有化を目指した「東京こむうぬ」、「札幌こむうぬ」や「共同保育館ばく」、大阪の「庄内コレクティブ」、男女の対関係を保ったままの共同生活を目指した九州の「紅館」などがある。リブのコレクティブを調査した西村は、近代を批判する思想から生まれたコレクティブには近代を超えるというよりも前近代的要素が多いと指摘し、とりわけ空間的・時間的に「個」が保障されなかったために個人が疲弊してしまったという問題点を挙げる（西村 二〇〇六：一九三―一九四）。

コレクティブは長期にわたる女たちの共同生活の場であったのに対して、麗ら舎はそれぞれの地域に暮らす女たちが集う活動の拠点であるという違いがある。小原の「麗ら舎」が、「家」ではなく「舎《やど》」であることの意味はここにある。石川は麗ら舎の機能について以下のように語っている。

**石川**：小原さんのところでは、あそこはね、主軸を千三忌において、読書会において、あとはそれぞれがあそこで得た知恵と問題意識とそれから癒し、癒しっていうのか、日常があれなのにさ、そこで得た、和気藹々とした仲間意識というのかな、そういうのをもち帰って、バラバラで活動してるんだもんね。だからやっぱり拠点なんだろうね、そこを拠点にして、というようなことだな。

「家」は長期にわたる共同生活の場だが、「宿」とはそもそも、ある目的のもとに人々が集まる場所のことを指す言葉である。「おなご舎」麗ら舎においては、コレクティブのような共同生活の場、つまり「家」ではなく、〈おなご〉たちが「個」として生きるための「拠点」という意味で、単純な「前近代」への回帰ではない場の形成が目指されている。「木尻り」も「横座」もない「おなご舎」は、そこに集うおなごたちによって構成される「場」を「本分」とする。

リブやフェミニズムという言葉が存在しない時代から、経済的自立、読み書きできる時間と場所の確保、自らの生き方を決定できる自由の獲得を目指した小原の「自活」への希求に基づいて設立された麗ら舎を、石川は「意志の舎《やど》」とも呼んでいる。血縁に基づき、ジェンダーを軸として構成員を序列化する「家」とは異なるこの「舎」は、集う「おなごたち」の「選択縁」（上野 二〇〇八：九）の構築を企図し、「おなごたち」がともに学びあえる場として設計されたのである。

## 麗ら舎読書会の活動

二〇一四（平成二六）年に設立三〇周年を迎えた麗ら舎には今も岩手の女性たちが集っている。

麗ら舎の主な活動である麗ら舎読書会は、毎月第三水曜日に麗ら舎もしくは読書会会員宅で開催される（写真3―1）。

小原麗子を代表とし、事務局を石川純子（一九八四〜二〇〇六）、佐藤恵美（二〇〇七〜二〇一五）、児玉智江（二〇一五〜）が、会計を佐藤恵美（一九八四〜二〇〇六年）、佐藤弘子（二〇〇七年〜）が担当、年会費（正会員一万円、会友五〇〇〇円）を主な資金として活動している。北上市周辺の金ケ崎町、奥州市、花巻市等、県南部在住の会員が多い。筆者は二〇〇七年より会友、二〇一三年より正会員として読書会に参加している。正会員と会友の区別だが、読書会への参加頻度などにより会員たちが自主的に選択するものである。年度ごとの変更も自由であり、年齢、業績、在籍年数などによって決定されるものではなく、総会における発言権も平等である。また、総会にて配布される会員名簿には代表である小原麗子も正会員のひとりとして記載されている。本書においては正会員と会友を総称して会員と記載する。ここ一〇年ほどの会員数は二〇名前後で、二〇一三年度の会員数は正会員一三名（全員女性）、会友一〇名（内男性三名）であり、年齢層は主に五〇代から八〇代となっている。

写真 3―1　麗ら舎読書会の様子
（2013 年 4 月　会員宅にて筆者撮影）

読書会は二〇一七年九月で第三六二回を数えた。読書会への入会のきっかけとしては、現会員からの紹介のほか、北上詩の会などの他の文芸サークルや小原麗子らの著作を通じて読書会を知り、興味をもったことなどがあげられる。入会の動機としては、文章を書きたい、本を読みたい、女性としての生き方を考えたいという理由のほか、小原麗子の生き方に魅力を感じたことを理由にあげる会員も複数いる。年代・学歴・職業も多様な会員たちだが、女であるために進学できなかった、結婚における選択権がなかった、介護のために仕事を辞めざるを得なかったという経験、また、身近な人が性暴力の被害に遭ったという経験や、農家の嫁として重労働を担わされ自由に読書をする時間がもてないという悩みを抱くなど、ジェンダーの不平等性、性差別の理不尽に直面した経験をもっている。

毎月の読書会で取り上げる内容については、毎年四月もしくは五月に行われる会において会員の協議のうえで決定される。講読される文献のテーマは女性学や女性史、郷土史、詩歌、随筆などが多く、そのほかにも環境、教育など、広く時事問題について取り上げられている。とくに東日本大震災以降は、震災に関連した問題が主題となることが多く、小原麗子と青年団時代から活動をともにしてきた村上末子（陸前高田市）が被災し、行方不明となったことから、二〇一一年より陸前高田市を訪問、墓前参りをしている。そのほか、会員らが特技を活かして講師を務める学習会、登山や料理教室などのイベントも読書会の活動として行われている（表3―1）。

例年、一月には参加者が料理をもち寄り、参加者の男性が給仕をする「おなご正月」が行われる。「おなご正月」は当地の小正月行事である「女正月」の習慣から着想を得たイベントである。小正月は暮れから正月にかけて多忙な女性たちがひと息つける日であり「女の年取り」とも呼ばれる女の休日で、この日は男が炊事を担当し、女は裁縫や洗濯なども休むというところが多い（門屋 一九八六：三六）。麗ら舎で行われる「おなご正月」はこの農村の風習の現代版である。麗ら舎は水木団子で飾りつけられ、参加者が一人一品料理やお酒をもち寄って宴会を開く。このとき給仕するのは男性である。また、百人一首などのゲームを楽しむ。

また、第四章にて詳述するが、麗ら舎読書会の主要なテーマの一つに戦争がある。毎年一〇月には和賀町出身の戦没農民兵士高橋千三（一九二一―一九四四）とその母セキ（一八九二―一九六六）を弔う千三忌を主催し、一九八五（昭和六〇）年からは千三忌に合わせて戦争を主題とした年刊文集『別冊・おなご』を発行している（写真3―2）。

会員たちの寄稿からなる『別冊・おなご』は、二〇一七年度で三五号を数える。発行部数は二〇一三年一七〇

表 3—1　麗ら舎読書会の活動内容（1985、1996、2006、2013 年の例）

**1985 年**

| | 読書会（本・テーマなど） | 催し物など |
|---|---|---|
| 1 月 | 武田礼子編『わがのむかしばなし』（レポーター：武田礼子） | 第 2 部　女正月（駄句の会） |
| 2 月 | 千葉裕子『詩集 おりの中』 | |
| 3 月 | 門屋光昭『古代エジプトの女たち』（レポーター：門屋光昭） | 第 2 部　ひな祭り 人形をつれて |
| 4 月 | 佐藤春子『詩集 お星さまが暑いから』（レポーター：佐藤春子） | |
| 5 月 | — | |
| 6 月 | 高橋セキさんに学ぶ—千三忌のための学習その 2（レポーター：松平則子） | |
| 7 月 | 古代東北の星たち（レポーター：菊池敬一） | 第 2 部　銀河祭り 裁縫箱持参で |
| 8 月 | 高橋フサ、佐藤秀昭『母たちの戦争』出版祝い | |
| 9 月 | 私の読書から—女性の生き方（レポーター：川村愛子） | 第 2 部　お月見 野の花を持って |
| 10 月 | 千三忌のための文集検討会 | |
| 11 月 | 『別冊・おなご』第 1 号読書会 | 第 1 回千三忌（11/14）千三忌ごくろうさん会 |
| 12 月 | 渡邊満子・真吾『ベゴニアのひと鉢』をよんでたのしむ会 | |

**1996 年**

| | 読書会（本・テーマなど） | 催し物など |
|---|---|---|
| 1 月 | | おなご正月の宴 |
| 2 月 | 天野正子他編著『日本のフェミニズム　別冊　男性学』（レポーター：小原麗子） | |
| 3 月 | 天野正子他編著『日本のフェミニズム　別冊　男性学』（レポーター：小原麗子） | 第 10 回総会 |
| 4 月 | 渡邊真吾氏　岩手県芸術賞受賞祝いならびに自詩を語る | |
| 5 月 | 天野正子他編著『日本のフェミニズム 1　リブとフェミニズム』田中美津（レポーター：後藤忠子） | |
| 6 月 | | 焼石岳登山 |
| 7 月 | 男女共生社会を考える（レポーター：村上末子） | 焼石岳登山・ハバキ脱ぎ（慰労会） |
| 8 月 | | 宮沢賢治生誕百年祭「星めぐりの一座」観劇 |
| 9 月 | 天野正子他編著『日本のフェミニズム 2　リブとフェミニズム』主婦とリブ（レポーター：佐藤恵美） | |
| 10 月 | | 第 12 回千三忌 |
| 11 月 | 『別冊・おなご』15 号合評会 | |
| 12 月 | 私の好きな啄木の短歌（レポーター：渡邊満子） | |

**2006 年**

| | 読書会（本・テーマなど） | 催し物など |
|---|---|---|
| 1 月 | | おなご正月の宴 |
| 2 月 | 『別冊・おなご』第 24 号　合評会 | |
| 3 月 | | 第 20 回総会 佐藤恵美さんをねぎらう会 |
| 4 月 | ポーランドの生涯学習について（レポーター：田村和子） | |
| 5 月 | | スケッチしながら秀衡街道を歩く（講師：児玉智江） |
| 6 月 | 松井やより『愛と怒り　闘う勇気』（レポーター：佐藤弘子） | |
| 7 月 | 香山リカ『いまどきの「常識」』（レポーター：小原麗子） | |
| 8 月 | 岩手県地域婦人団体協議会『灯をみつめて：戦後六十年 語り継ぐ女たちの歴史』（レポーター：村上末子） | |
| 9 月 | | 花と陶器の満々二人展 渡邊満子、千葉満夫 |
| 10 月 | | 第 22 回千三忌 |
| 11 月 | 南川比呂史追悼、遺稿集を読む会 | |
| 12 月 | 上野千鶴子『老いる準備』（レポーター：佐藤恵美） | 忘年会 |

**2013 年**

| 月 | 読書会（本・テーマなど） | 催し物など |
|---|---|---|
| 1 月 | | おなご正月の宴 |
| 2 月 | 原発と放射能（レポーター：千葉ちたえ） | |
| 3 月 | 児玉智江『絵本 アイヌ ネノアン アイヌ』 | |
| 4 月 | | 総会 |
| 5 月 | 『別冊・おなご』31 号合評会 | 24 年度会計報告、25 年度予算案 |
| 6 月 | 東梅洋子『連結詩 うねり』著者と共に | |
| 7 月 | | 3 年次被災地 陸前高田訪問<br>故・村上末子宅跡、佐藤直志（映画『先祖になる』主人公）宅訪問 |
| 8 月 | 柳原恵のレポート その 4（レポーター：柳原恵） | |
| 9 月 | 佐藤秀昭『詩集 天の白い闇 地の黒い光』著者と共に その 2 | |
| 10 月 | 第 29 回千三忌 | |
| | 「原発の現場からの報告」（レポーター：橋本俊彦） | |
| 11 月 | 「女流漢詩人　原 采蘋について」（レポーター：宮崎俊彦） | |
| 12 月 | 小原麗子・児玉智江『36 人の詩編集・歌もよう』(2013) を読む | 忘年会 |

「読書会記録（「おりづるらん読書会」「麗ら舎読書会」）」、麗ら舎読書会年間活動予定表 (1984―2014) より作成

部、二〇一七年三〇〇部である。表紙には、児玉智江による版画が採用されている。収録されているのは会員たちの戦争体験を主題とする随筆、詩、自分史、ルポルタージュなどが多く、地域住民や家族に対する聞き書きも積極的に行われている。東日本大震災後に発行された第三〇号（二〇一一年一二月発行）、第三一号（二〇一三年三月発行）は「戦争・災害」特集として編纂された（第四章 表4―1参照）。『別冊・おなご』の発行は、第一章で見た小原の生活記録運動の系譜にある。小原麗子が成田青年会女子リーダーとして運動を牽引し、生活記録運動を通じて培った方法論が読書会の活動にも反映されている。

読書会が開始された当初は仕事をもっていた会員が多かったため、会は夕方から始まり、時には深夜零時におよんだ。そんななかでも「夜遅くまで話し合っても、疲れたとかなんとかそんなことはまったく無くてね、とっても張り切ってましたよ」と、最初期からの会員のひとりである渡邊満子は語る。女性同士で集い、学び、悩みを話し合える場が切望されていたのである。

女性会員へのインタビューからは、麗ら舎読書会が三〇年以上という長きにわたり継続してきた理由として、拠点となる麗ら舎という確固とした建物があり、さらに地域の女性が集う場、学ぶ場が求められていたからであることがうかがえる。ただし、麗ら舎読書会への参加動機について消極的な理由を述べる者もいた。

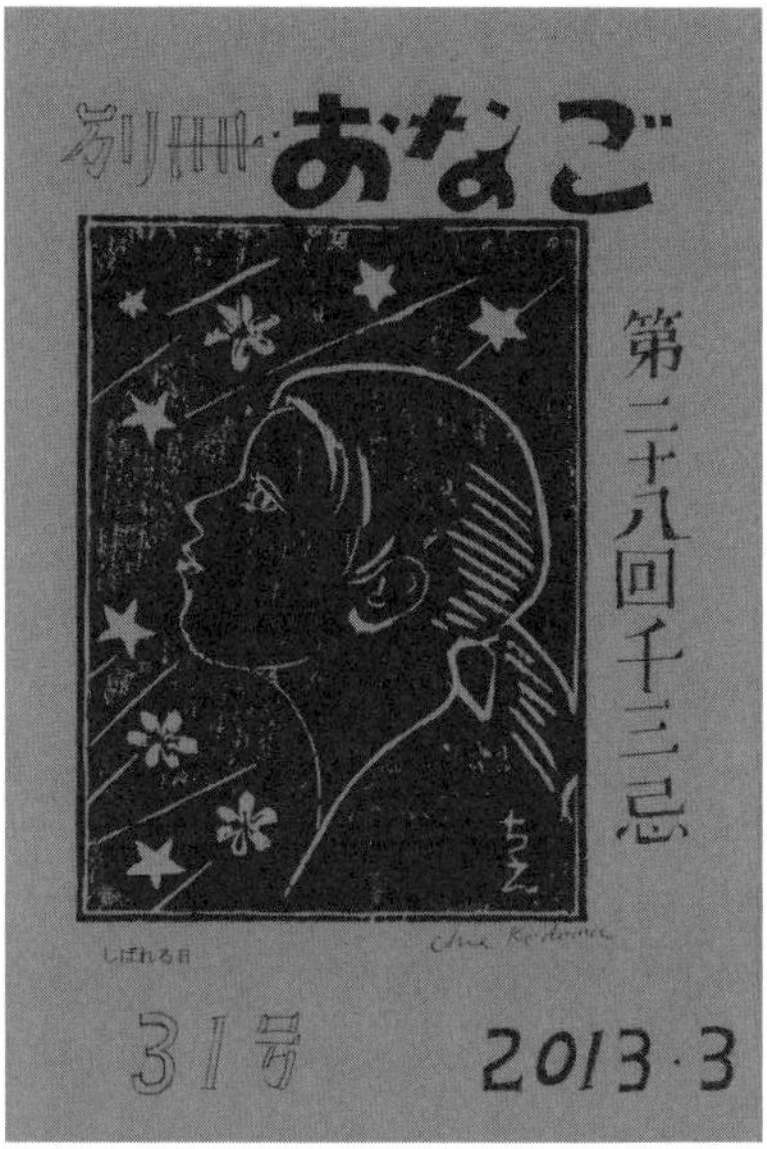

写真 3―2『別冊・おなご』31 号表紙
（版画・児玉智江）

例えば、アブドルカーダー・エイコ（二〇一三年まで岩手県金ケ崎町、以降は秋田県横手市在住）は、麗ら舎読書会への参加の理由として、岩手の農村部という、文化的なサークルの選択肢がほとんどない場において、唯一の読書会であったことをあげた。アブドルカーダーは、秋田大学を卒業後、東京で教師として働き、インド系マレーシア人の夫と結婚後はクアラルンプールやシドニーといった大都市で暮らしてきた経験をもつ。都市部であれば選択肢は多く、内部の意見の食い違い等により脱退しても、同種のサークルに再び所属できるだろう。しかし、岩手の農村地帯においては、女性たちが集う場や学び合える場はほとんどない。とくにフェミニズム的な意識をもったサークルの存在は都市部に多い傾向にある。例えば、「おりづるらん読書会」や麗ら舎読書会と同時期（一九七〇～八〇年代）にリブのサークルが存在した市町村の規模を見てみると、東京都区部と政令指定都市を含む「大都市」、人口一〇万人以上の「中都市」が九割近くを占めている。(2)

女性が出歩くことが歓迎されない農村のなか、女性が集える場や学ぶ場がなかったという、東北の文化的状況が、麗ら舎読書会の当地における重要性の背景にあるだろう。

## 三.〈おなご〉たちの語りから見るエンパワーメントの様相

ここからは、おなご舎・麗ら舎に集う女性たちのライフストーリーを中心に、エンパワーメントの観点からその活動を考察し、当地における麗ら舎読書会の位置を明らかにしていきたい。

## 女性のエンパワーメントとそのプロセス

エンパワーメントという言葉は、英語の原義においては「力を付与すること」や「権利や権限を与えること」を意味するが、開発領域を中心とする今日のエンパワーメント論においては、誰かが誰かに力を付与することではなく、何らかの要因で力が欠如した状態に置かれた人が「自ら力をつける」過程を指すことが多い（田中他 二〇〇二等）。女性のエンパワーメントとは、女性を単に社会・経済転換の〝犠牲者〟や〝受益者〟として見るのではなく、変化を引き起こす力をもつ存在と見て、その能力を備える過程を意味している（村松 二〇〇二）。

佐野（二〇〇八）は、途上国の女性が置かれた状況の変革を開発援助の観点から理論的・実践的に扱ってきたセン、ヌスバウム、カビールらの議論を整理し、エンパワーメントの過程において獲得する力を、問題の把握や目標、関心の意識化といった意識の変化に関わる「内側からの力（the power within）」（Kabeer 一九九四：二四五）、女性にとって男性支配を集合的に変革するための戦略となる、結束や連帯によって得られる「連帯する力（the power with）」（同：二五三）、力を奪われた女性が彼女たち自身の戦略的関心、実際的関心に依拠して状況変革のための資源の動員や障害への働きかけに関わる「はたらきかける力（the power to）」（同：二五六）に分類し、エンパワーメントの過程においてはこれらの力を獲得することが重要になるとする。

また、蜂須賀（二〇〇五）はエンパワーメントのダイナミックなプロセスを分析するためのツールとして、ローランズ（一九九七）がホンデュラスにおける女性教育プログラムの事例研究から提示する個人のエンパワーメントモデルを紹介している（蜂須賀 二〇〇五：三〇―三二）。ローランズの分析モデルによれば、エンパワーメントのプロセスは、エンパワーメントの「核」となる部分と、そのプロセスを「勇気づける要因」と「阻害する要因」に区別される。エンパワーメントのプロセスの「核」となるのは自信、自尊心、自分にもできるという感覚（sense of agency）など、自分の内面から出てくる心理的な力であり、「核」となる部分を獲得すると態度や行動に変化が起こる（蜂須賀 二〇〇五：三二）。

この蜂須賀（二〇〇五）の説明を参照しながら、前述の三つの力との関係を見ると、エンパワーメントプロセスの「核」が「内側からの力（the power within）」に相当し、「連帯する力（the power with）」、「働きかける力（the power to）」はエンパワーメントのプロセスを「勇気づける要因」となり、これらの力をつけた結果が態度や行動の変化となって表れる。ローランズのモデルにおいても、個人ないし集団はエンパワーメントの対象ではなく、「自ら力をつける主体」と考えられている。

また、佐藤（二〇〇五）は、エンパワーメントの三要素を「気づき」「能力獲得」「能力を活用・発揮する機会の獲得」であるとし、力の発現を阻害する要因は、心理的なものだけではなく、社会、経済、政治的な構造にあるという考えに基づき、エンパワーメントは結果ではなく、力をつけていく過程であり、当該社会内部の社会関係・社会制度を変革することが、持続的なエンパワーメントの獲得に必要であると述べる。久保田（二〇〇五）の述べるように女性のエンパワーメントは、ジェンダーの視点に立った社会関係の変革を最終目標とするのである。これらの議論を図式化したものが図3―1である。

以下、本書では、麗ら舎読書会の活動拠点である麗ら舎設立の背景を概観したうえで、このエンパワーメントプロセスのモデルを参照しながら、麗ら舎読書会における女性たちの活動をエンパワーメントの観点から考察していきたい。インタビュー対象者の主なプロフィールは表3―2の通りである。

図 3－1　女性のエンパワーメントプロセスのモデル

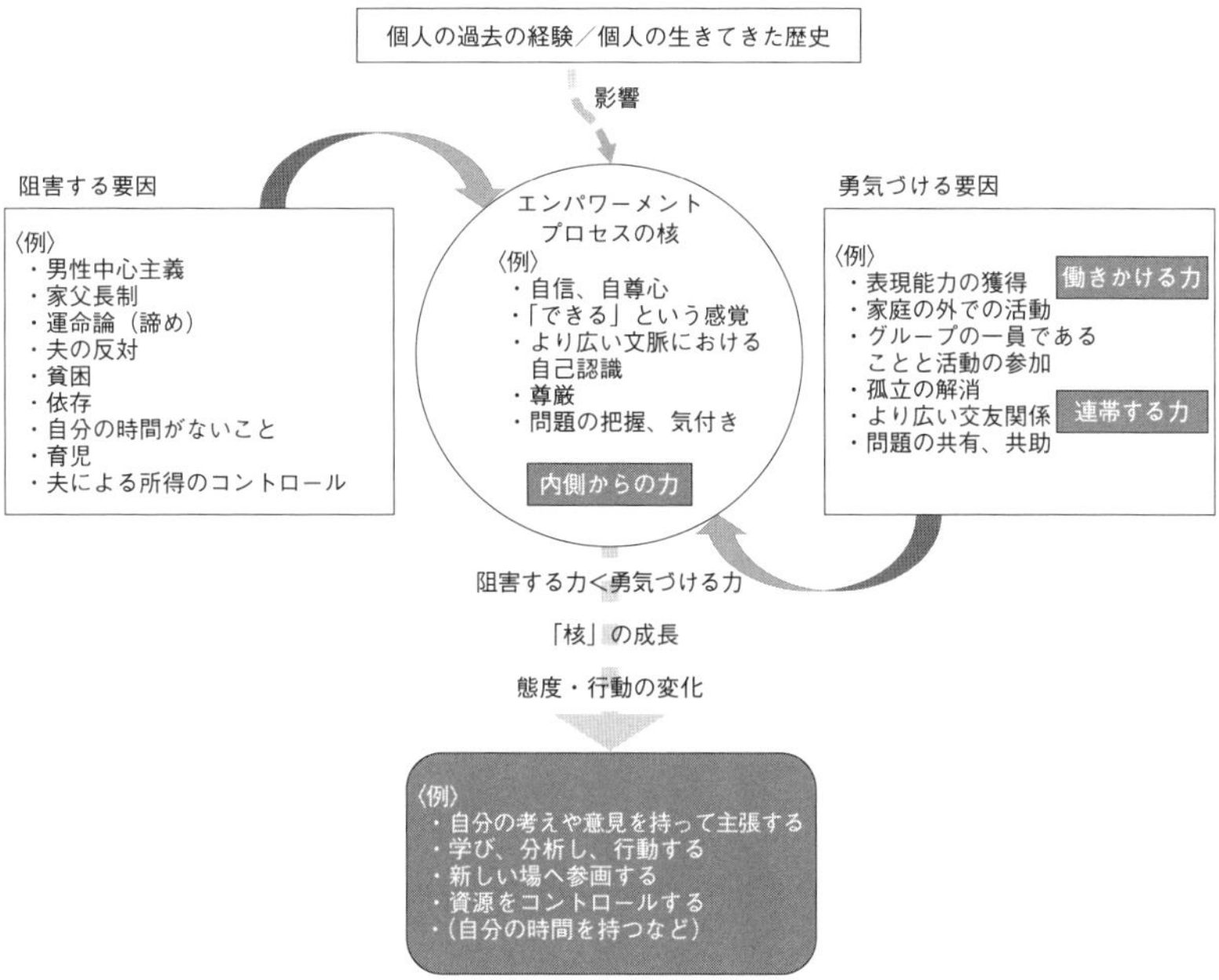


蜂須賀（2005：31）をもとに、Rowlands（1997：112）、佐藤（2005）、佐野（2008）を参考に作成

## 交流を通じたエンパワーメント

### 話すことによる「自信」の獲得

「何か会合あってもね、女の人は男の人たちの前ではしゃべっちゃいけない」（佐藤弘子）という語りが象徴するように、当地において女性が人前で発言する行為はディスエンカレッジされてきた。「角のない牛」として自分を殺して周囲に尽くすことがよしとされ、自己主張する女性には「きかないおなご（気が強い、攻撃的、反抗的）」というレッテルを貼り「嫁の貰い手がない」（児玉智江）と脅す農村のジェンダー規範のなかで、自分の意見を大勢の前で話すという行為そのものが女性にとってのエンパワーメントになる。

　読書会における学びは、講義形式で受け身の「承り学習」ではない。会員たちはも

表３－２　インタビュー対象者のプロフィール（生年順）

| 氏名 | 生年 | 出生地 | 居住地 | 学歴 | 職業 | 主な著作、活動など |
|---|---|---|---|---|---|---|
| 渡邊満子 | 1932（S7） | 岩手県北上市 | 岩手県北上市 | 公立短期大学卒 | 高校教師、華道教室 | 『帰帆場　母の詩』（鳥海洞、2008）<br>『回覧ノート「えなす」』（北上市地域婦人団体協議会江釣子支部16区婦人会、2004）<br>『ベゴニアのひと鉢』（共著・渡邊真吾、武蔵野文学舎、1985） |
| アブドルカーダー・エイコ | 1933（S8） | 秋田県横手市 | 岩手県金ケ崎町→秋田県横手市 | 国立大学卒 | 高校教師、日本語教師 | 『国際結婚バンザイ！』（イズミヤ印刷出版、1996）<br>『国際結婚バンザイ！―ありがとうアベデーン』（創栄出版、2013） |
| 小崎（阿部・宮崎）順子 | 1937（S12） | 岩手県奥州市水沢区 | 岩手県奥州市水沢区 | 医療系専門学校卒 | 柔道整復師 | 『病のかげに横たわるもの―「治す」と「治る」のはざまで』（農山漁村文化協会、1987）<br>共著『ひとりで操体法』（農山漁村文化協会 2005）<br>『楽しくおいしく雑草クッキング』（農山漁村文化協会 、1990）<br>『雑草レシピ元気読本』（無明舎出版、2001） |
| 佐藤恵美 | 1939（S14） | 岩手県奥州市水沢区 | 岩手県奥州市水沢区 | 私立短期大学卒 | 私立水沢第一高等学校教師 | 「詩の集い・蘭」主宰<br>詩誌『季刊・みのむし』（2011年創刊） |
| 阿部容子 | 1940（S15） | 岩手県北上市 | 岩手県北上市 | 公立高校卒 | 北上市農協 | 朗読講師、朗読会 |
| 児玉智江 | 1941（S16） | 神奈川県横須賀市 | 岩手県北上市 | 美術系専門学校卒 | 広告デザイナー、彫刻家 | 『アイヌ・ネノアン・アイヌ 人間らしい人間』（デザイン・コダマ、2012）<br>『水澤鉱山ものがたり　甲谷要作さんの和賀仙人』（和賀仙人水澤鉱山を探求する会、2009）<br>『秀衡街道ものがたり　瀬畑から仙人峠まで』（岩沢地域振興協議会、2004） |

| 氏名 | 生年 | 出生地 | 居住地 | 学歴 | 職業 | 主な著作、活動など |
|---|---|---|---|---|---|---|
| | | | | | | 『空洞のはな　詩画集』(悠研究所、2002)<br>『青い空　山の神』(岩手出版、1990)<br>『青い空　詩・版画』(自費出版、1984) |
| 田村和子 | 1944(S19) | 北海道札幌市 | 岩手県金ケ崎町 | 国立大学卒 | 翻訳者(ポーランド語) | 訳書：M・ムシェロヴィチ『嘘つき娘』(未知谷、2008)、E.アダミャク『沈黙の存在—教会における女性の役割』(サンパウロ、2008)、ヘレナ・ドゥニチ・ニヴィンスカ『強制収容所のバイオリニスト』(新日本出版社、2016)<br>著書：『ワルシャワの春—わたしが出会ったポーランドの女たち』(草の根出版会、2003)、『ワルシャワの日本人形—戦争を記憶し、伝える(岩波ジュニア新書)』(岩波書店、2009) |
| 佐藤弘子 | 1946(S21) | 茨城県日立市 | 岩手県奥州市前沢区 | 医療系専門学校卒 | 臨床検査技師、農業(野菜・米) | 奥州市男女共同参画推進委員会<br>奥州♡絆の会(復興支援団体) |
| 後藤忠子 | 1947(S22) | 岩手県北上市 | 岩手県北上市 | 公立中学校卒 | 京成電鉄市川営業所、農業(米) | 絵本館「プチタイム」元主宰 |
| 小平玲子 | 1954(S29) | 北海道江別市 | 岩手県奥州市水沢区 | 公立高校卒 | 北海道新聞社、農業(リンゴ) | 宇佐見英治『明るさの神秘』(小平林檎園、1996) 編集・出版 |

注）所属などはインタビュー時のもの。

ちまわりで講読文献のレポーターとなり、ときには自分の特技や関心に基づいたテーマで講師を務めることも求められる。また、読書会の終わりには、会の感想や近況報告、最近考えていることなどを話す「ひとりひとこと」の時間が設けられ、参加者は必ず発言することになっている。「最初はほら、みんなの前でしゃべるの嫌だとか言って緊張する人もいるけれども、その人も自信が出てきて、いろいろとしゃべるようになってくるもんだよね」と渡邊満子が語るように、集まった女性たちの前で話すという行為、そして自分の意見をみんなに聞いてもらうという経験により、エンパワーメントの「核」としての自信や自尊心が育まれ、堂々と意見をいうという行動の変容へとつながるのである。

農村部の女性たちが本当にいいたいことをいい合い、書き合うには、まず「秘密を守れるふところ」が必要であり、そこでは秘密の守れる関係が成り立っていることが不可欠である（山代［一九六九］一九七三、辻 一九九八）。農村部の狭いコミュニティにおいては、「私がしゃべったことが、もう、方々に伝わって……というとあるけども」、麗ら舎には「信用していい人たちだけが集まってる。だからそういう悩みもしゃべれる」のだと渡邊はいう。先に見たとおり、麗ら舎読書会の前身である「おりづるらん読書会」は、石川と小原が女として生きるうえで直面した問題を話し合ったことから始まっている。現在にいたるまでこの性質は失われておらず、日々の生活におけるさまざまな悩みや心情を吐露《とろ》できる場であるということを読書会の魅力のひとつとしてあげる会員も多い。読書会では課題本や学習会のテーマに触発される形で、個人的な経験をベースとした話し合いがなされる。内容には妊娠や出産、育児、夫との関係、嫁姑関係、介護問題などのプライベートな悩みも含まれる。

高校教師だった渡邊は、銀行員の夫と結婚したのちも「職業婦人」として生きることを希望し、三人の子どもを育てながら仕事を続けていた。しかし、当時五〇代だった義母が脳溢血により倒れた際、「嫁」である渡邊が介護を担当するのが「当たり前」だと、渡邊に「相談」することもなく決められてしまう。「結果的にそうなるにしても、私の意向も聞いてもらいたかった」との思いをもちながら渡邊は退職し、夫の実家に越すことになった。それから長年にわたる介護に明け暮れた日々を振り返り、麗ら舎読書会での「素晴らしい人との出会い」があり、悩みを相談できなければ「行き詰まっていた」と渡邊が述懐するように、読書会は女性たちの「駆け込み寺」（佐藤恵美）として機能してきた。

なぜ麗ら舎は女性たちが安心して語り合える「秘密を守れるふところ」になりえたのだろうか。その理由としては、「あそこに行って、何言ったって、誰も外に語って歩く人いない。ね、そういう軽い気もちで物聞いてないっていうの分かるじゃないですか。やっぱりなんとか普遍化しようとか、これは共通の願いだってことで、みんな聞いてるって事が分かるから」という石川の語りからうかがえるように、女性が抱える個人的な悩みや経験を、より大きな社会関係のなかに位置づけて捉え直し、分析し、解決しようという意識が会員たちの間で共有されているという点が指摘できる。麗ら舎読書会の運営について小原は、「来る者は拒まず去る者は追わず」というスタンスを基本にしているという。思想・意見の相違を理由として入会を拒否したり、脱会を求めることはしていない。しかし、読書会においてはプライベートな事項が話題にのぼるため、会で知ったプライバシーを口外した人の参加を禁止にしたこともあったという。農村部において「秘密を守れるふところ」たるためには必要な配慮になろう。

会員のなかでは若い世代にあたる小平玲子は、小原麗子の著作や読書会での話し合いから、「年代は全然違うんだけど、私が小さい時から感じてきたこととほとんど同じように感じている」という感想をもったという。小平は北海道江別市に生まれ、高校卒業後は北海道新聞にて事務職として働くなかで社内勉強会に参加し、婦人問題について学んだ。女であることを理由に大学へ進学できなかった経験をもつ小平は、子どもの頃から「女であること、女だからとか女のくせにとか、さまざまなものに縛られるっていうこと」に「生きにくさ」や「不自由さ」を感じてきた。小平は、一九八五年に新聞社を退職したのち、観光業の住み込みアルバイトなどを行いながら北海道各地を転々とした。同時期、宮沢賢治『農業概論』を読んだことで農業を志すようになった小平は、農業関係の雑誌に掲載された水沢市（現 奥州市水沢区）のリンゴ農家・小平範男のエッセイを読み、感想の手紙を出したことがきっかけとなり彼と結婚、一九八七年水沢に移り住んだ。夫を若くして病気で亡くしたのちも、双子の娘を育てながら家業のリンゴ農家を切り盛りしている。

女であることにより選択肢が閉ざされるという経験は、小原麗子や渡邊満子ら、多くの会員に共通する。読書会での語り合いにより、個人的な悩みや経験がジェンダー間の権力構造に起因するものだと認識されていく。このようなプロセスは、一九七〇年代、都市部のリブ運動のなかで行われたコンシャスネス・レイジング（意識改革、意識高揚運動）と同様の形態を取っている。女同士の語り合いを通じて「目が開かされていく」（佐藤恵美）という「気づき」の感覚は、自分の位置や問題を把握し意識を変化させるエンパワーメントの「核」となり、後述するような社会関係の変革に向けた行動の契機となるのである。

## 出会いによる「勇気づけ」

農村部のジェンダー構造のなかで、差別や抑圧と闘ってきた女性たちと読書会で出会うことは「気づき」を促し、さらなるエンパワーメントへともつながっていく。母親の勧める見合いにより、結婚を約束していた恋人と別れ、北上市内の農家に「嫁いだ」後藤忠子は、二〇代から三〇代にかけて、「嫁ご」として個人の自由を抑圧された生活を送っていた。臨月まで田に出て働く過重労働の日々であり、自分の時間と空間をもって読書を楽しんだりできるのは、一年に一度、姑に「休みを頂いて」里帰りする二日間だけという状況であった。このような生活に疑問をもちながらも、「立派な嫁ご」になろうともがいていた頃、知人に小原麗子を紹介され、読書会に入会した後藤は、初参加の読書会の席で彫刻家である児玉智江と、彼女の「へったれ嫁ご」という言葉に出合った。それは「嫁ご」としての自縛から「解放」されるきっかけとなった言葉だったと後藤は語る。

児玉智江は、「嫁ご」でありながら子どもがおらず[3]、「おなごのくせに」芸術家として活躍する自分を「くされ嫁ご」、あるいは「へったれ嫁ご」と呼ぶ。女性が子どもを産み育てることを高く価値づけるジェンダー規範のなかでは、子どもがいないということは憐みと非難の対象であった。「くされ嫁ご」と自嘲することで、ようやく「世間」は「許してくれる」のだと児玉はいう。「くされ嫁ご」という自称は、周囲との軋轢《あつれき》を避けながら自尊心を保ちつつ生きるための「知恵」であり、児玉の戦略的な自己定義である。

地域の規範に従わない女である「くされ嫁ご」、「へったれ嫁ご」として自分の能力を活かして生きる児玉との出会いは、農村部に根強い封建的「家」意識に基づいた「いい嫁ご」であろうとする自縄《じじょう》自縛《じばく》からの解放を促した。「私だって、私で生きたい」と思うようになった後藤は、自分のように自由になる空間をもてない「嫁ご」のための居場所として、自宅の二階を利用して「絵本館プチ・タイム」を設立する。後藤は麗ら舎において会員たちの生き方から「風習から抜け出」るための力を得、自らの人生の選択の幅を広げていったのである。

## 書くことによるエンパワーメント

### 詩と生活記録の土壌

小原は農協での勤務と並行し、北上市労働組合や農協労働組合の会報や、農協の広報に組合員の聞き書きを連載したり、河野信子『無名通信』や雑誌『岩手の保健』にも連載をもつなど、健筆を振るってきた。女性が何か創造的なことをしようとするとき、「結婚」し「子ども」を産んだあとで取り組むのならば「許される」社会で、小原は結婚した女性が経験する類の「辛さ」や「苦しさ」を「分からないで何を書いてるの」というような皮肉をいわれることも少なくなかったという。

何らかの差別や抑圧を恒常的に受ける立場にある人間にとって、書くことは、自分自身および自分をとりまく状況を把握し、生きるための力を身につけていく重要な手段として位置づけられてきた（木村 二〇〇〇：三八―四一）。生活記録運動のなかで育った詩人である小原が主催する読書会においても、書くことは社会との関わりのなかで自分自身と社会との関係を認識し、思考を形成していく行為として重視されている。

一九八四（昭和五九）年に木村書店（北上市）で行われた「案内はがきミニ個展」[4]において、読書会は「ちょっと芸のあるフェミニストたちの集まり」と紹介されている。読書会会員のうち約半数が北上詩の会などの文芸サークルにも籍を置き文芸活動を行っており、インタビュー対象者のプロフィール（表3―2）からもわかるように、著書をもつ会員も多い。これは読書会を主宰する小原が詩人であることとも関係するが、詩運動が盛んな北上という地域の歴史的・文化的特性も反映しているだろう。

序章で見たように北上では一九六〇年代より多くの詩の会が設立され、現在でも活発に活動している。当地の詩の特徴としてあげられるのが、方言を重視した生活記録的な作風である。北上の詩運動を牽引してきた斎藤彰吾（一九三二―）は、農民詩誌『微塵』上で生活記録と詩の発展的な融合を提言している。『微塵』には小原も参加しており、女性たちは嫁づとめの経験、母の記憶、農作業でのひとこまなど、身のまわりの出来事を当地の方言で表現し、生活記録詩とも呼べる作品を書いている。

## 聞き書きによる意識変容と人間関係の改善

農村部の女性にとっては、書かれたものや内容だけでなく、「生活を書く」（あるいは「書こうとする」）行為そのものが、もうすでに自分と周囲の関係を否応なく意識させる作業にならざるを得ない（辻 一九九八：八三）。後藤忠子にとっては『別冊・おなご』への寄稿のために姑の半生を聞き書きするという経験は、憎しみすら覚えていた姑へのまなざしが変化する契機となった。姑が送ってきた生活や人生に耳を傾け、それを書くという経験を通じ、「敵」であり支配者であると思っていた姑は、かつて嫁として個人の生を抑圧され、若くして夫を亡くしてからも跡継ぎの「嫁」として家を存続させるために生きざるを得なかった「同志」だと認識するにいたる。

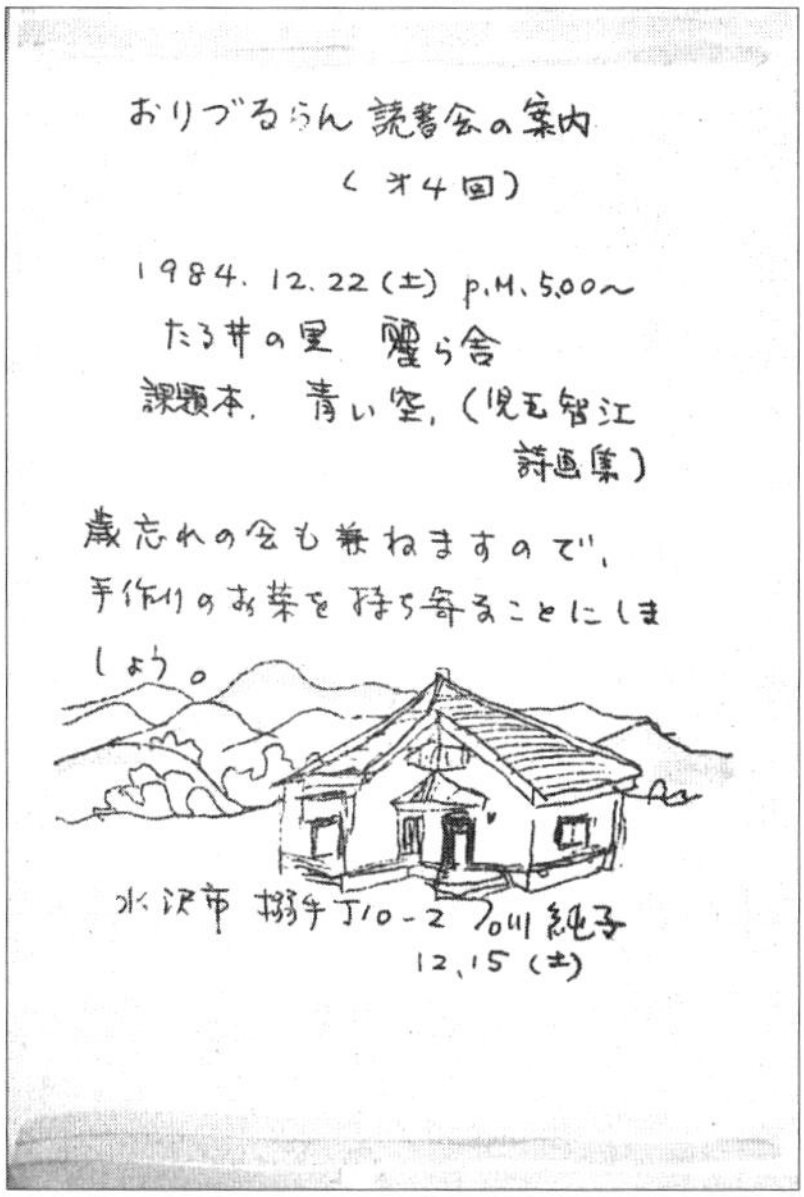

写真 3―3 第 4 回おりづるらん読書会案内はがき（1984 年）

この聞き書きをきっかけとして長く確執が続いていた姑との関係は急速に改善し、後藤は「おばあちゃん（引用者注：姑）を大尊敬するようになった」のだという。地域のなかで「風習から抜け出たい」ともがいていたなか、聞き書きを通じて姑の人生に向き合うことで、姑との確執は個人的な悩みではなく、「家」という社会システムのなかに組み込まれたジェンダー問題なのであるとの認識を得たのである。「嫁」や「姑」という「部分」としての女ではなく、個人として、「総体としての女」として姑に向き合い、女同士として経験を共有することによって対話が可能となり、両者の間に新しい人間関係が生まれたのである。

現在、かつての「姑」の位置にいる後藤は、長男の妻のことを「嫁」ではなく、「息子の妻」と言い表す。これは単なる言い換えではなく、言語を使用すること自体が社会的行為であり、社会的権力の行使であるという考え方に基づいた変革実践として位置づけられよう。前項で見たような「出会い」を通じて「気づき」を得、麗らかで学んだ生活記録や聞き書きという方法を用いて、家庭内の人間関係というもっとも基礎的な社会関係を変革させたのである。

## 地域におけるエンパワーメント達成に向けた実践

### 「対話」を通じた性別役割分業の変革

先に確認したとおり、女性のエンパワーメントは、ジェンダーの視点に立った社会関係の変革を最終目標とする。高校教師であった佐藤恵美は、「共稼ぎ」であったが家事や育児を主に担い、読書会に参加するにあたっても夫や子どもたちのために食事の準備をして出かけていた。夫と同様に家の外で働いているのにもかかわらず、家事や家族のケア労働の役目も負うという「矛盾」に気がつき、「辛くなっていった」が、辛さを感じることが「わがままなのかなんなのか分からない」という思いを抱えていた。その状況は夫の定年退職後も変わらなかった。佐藤の夫も詩歌をたしなみ、佐藤が読書会へ参加して勉強することや書くことに関しては積極的に応援していたが、「女は作る人」という意識が強固で、夫婦間の性別役割分業を変えようとすることはなかった。佐藤自身も家事や育児は妻の役割だという価値観を内面化しており、家を留守にすることにも抵抗感や後ろめたさを覚えていた。

石川は麗ら舎が設立された当時を振り返り、「女だけで集まるってこと自体が難しいんだよ」（石川）と語る。核家族化の進行がゆるやかで、封建的な「家」意識が根強く残る岩手において、女性が婦人会やＰＴＡ等の性役割に基づいた会合以外で自由に集まることや、外泊することが批判的な目で見られる地域性があった。「でも『麗子さんの家に泊る』と夫にいえば、仕方がないという風に納得するらしいわ。」（横浜女性フォーラム編 一九九一：二五〇）と小原が述べるように、麗ら舎は詩人として文芸活動を続け、一定の地位を得た小原の功績により、女性が集うことが可能な場となりえていた。しかしそれだけでは地域のなかに例外的な場が生じただけに過ぎない。小原は「本当は、それでは問題の解決にはならないのね。農家が依然多いこの土地は、特に女が主体的に家事以外で学んだり、集まったりすることに抵抗があるのよ」（同前同頁）と続ける。このような「抵抗」は、女性たちに内在する力の発現を阻害する要因である。この「問題」を「本当」に「解決」するためには、ジェンダー関係を含めた社会関係の変革が必要となる。

佐藤は、自分の「わがまま」かもしれないと悩んでいた家事労働の負担感について、麗ら舎読書会にて話したことで、「同じように思っている人がいる」ことを知り、それは個人の「わがまま」ではなく、性別役割分担というジェンダーのありようの問題であるということに気がついていく。問題意識を共有した仲間たちとの語り合いと、麗ら舎読書会で講読した女性学の本から「理論」を学ぶことで、「ねばならないと、いうのが客観的に理論的にぶちこわされてきた」のだと語る。佐藤は麗ら舎読書会で「女の自立みたいなの一生懸命勉強」したことを通じて、「自我」が育ち、女性自身が内面化したジェンダー規範によって「自分を縛ってる」ということに自覚的になっていった。

定年退職後に家事をするようになったという他の読書会会員の夫らを事例として引き、夫に対して「思い切って言った」家事分担の提案により、固定的だった私的領域における役割関係に変化が生じた。当初は家事の分担に否定的であった夫も、徐々に掃除や後片付け、料理などを行うようになっていった。こうしたやりとりは単なる会話ではなく、社会関係の変革を最終目標とする女性のエンパワーメントにとって不可欠な、意見や価値観がぶつかり合う「対話」（久保田 二〇〇五：三三）である。「対話」を通じて互いが置かれた状況の違いに気づき、問題解決を図っていったのである。さらに、佐藤が家を留守にすることについて感じていた後ろめたさを夫に伝えたところ、「いやぁ、俺もひとりでいるのもいいことなんだよ」という予想外の返答があったという。

**佐藤**：それでね、ああ、ひとりになりたいこともあるんだってね（笑）気楽になったね。

現在、佐藤は読書会への参加はもちろん、女友だちとの宿泊旅行にも自由に出かけているという。麗ら舎での学びを通じて、佐藤自身も強く内面化していた「おなごはこうしなければいけない」という自縄自縛から解放されたことが、「対話」というジェンダー関係の変革実践へと展開し、互いの自主性を認め合い「共に支え合って生きていこう」という意識に基づく夫とのパートナー関係の改善にもつながったのである。

### 「夫唱婦随」という規範への挑戦

渡邊満子は麗ら舎読書会入会後、小原をはじめ、さまざまな分野で活動する会員たちに影響を受け、自らも文章を本格的に学び始めた。岩手県詩人クラブの会長であった夫との共著『随筆集 ベゴニアのひと鉢』（武蔵野文学舎、一九八五）を出版した際、表紙に妻である自分の名を先に書くという、慣習に逆らうアイデアを実践した（写真3—4）。渡邊は「え、奥さんの方が名前上で、旦那さんが下なの？　って、このことだけでもね、随分喧々囂々《けんけんごうごう》いわれたもんですよ」と述懐する。

読書会では会員や関係者が本を出版した際には出版記念会を開催するのが通例であり、このときも渡邊の出版を祝って「『ベゴニアのひと鉢』をよんで、たのしむ会」（一九八五年一二月二四日）が開催された。この会に寄せて、小原麗子はいわば「婦唱夫随」のタイトルについて以下のように述べる。

……なるほど、なぜいつも男が先に呼ばれる「男女」なのかと女は疑問に思いつつも、半歩下がって男の後ろからついて来たのでした。

そんな、ちゃちなことに、いちいち目くじらを立てるなと言われる向きもありましょう。「そんなちゃちな」変革こそが「変革」なのだと思ってしまうのですが、皆さんはいかがですか（小原［一九八五］二〇〇三：一七）。

渡邊は読書会での学びを通じて身のまわりにある性差別に気づき、書くことを通じてジェンダー関係への異議申し立てを試みた。学びや交流から得た心理的力が既存の力関係の変革につながるかどうかは、当事者の意識や能力の向上だけではなく、当事者をとりまくアクターがどの程度エンパワーメントの阻害要因を排除し、勇気づける要因を支援できるかに

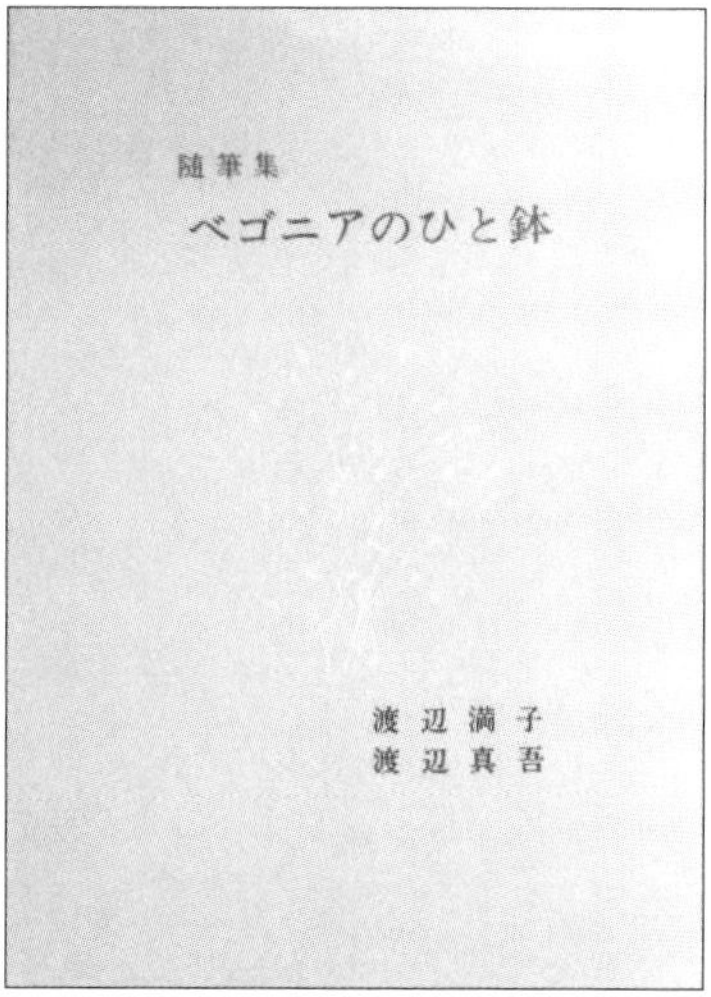


写真 3—4『ベゴニアのひと鉢』表紙

かかっている（蜂巣賀 二〇〇五：四五）。このような「ちゃちな変革」が、日常のなかにごく自然に存在し、それゆえ強固なジェンダー規範を揺るがす「変革」につながる実践であるという意識が、小原の文章から読み取れる。この意識は読書会会員に共通する認識である。さらに渡邊の実践は共同執筆者である夫の協力がなければ実現し得なかったであろう。渡邊に小原を紹介し読書会への参加を勧めた夫は麗ら舍読書会の会友でもある。規範を逸脱する言語行為によって社会関係を変革しようとする意図を汲み取り、鼓舞《こぶ》してくれる仲間たちの存在は、女性を勇気づける大きな要因となる。そのような人間関係が麗ら舍読書会の活動を通じて形成されているのである。

## 政治への参画

これまで見てきたように、麗ら舍読書会の活動を通じてエンパワーメントされるのは主に社会的、心理的側面であるといえる。しかし、麗ら舍で得た「気づき」を「核」として、政治の領域へ参画する会員もいる。佐藤弘子は、麗ら舍において女性学の文献を講読したり、戦前・戦中・戦後を生きてきた岩手の「普通の」女性たちのライフストーリーを聞いたりするなかで、女性の置かれた立場や状況が変わっていないことに気づかされていったという。もともと、女性問題や男女共同参画には「全然関心がなかった」という佐藤だが、麗ら舍で得た「気づき」を契機に、もりおか女性センターや国立女性教育会館の研修にも参加し、ドメスティック・バイオレンスやセクシャル・ハラスメントなどの問題にも関心を抱くようになった。

二〇〇六（平成一八）年二月、市町村合併により奥州市が誕生したことを機に、新たに奥州市男女共同参画推進条例が作成されることが決定された。奥州市在住の佐藤は、公募がかけられた奥州市男女共同参画推進本部ワーキングチームの市民メンバーに応募し、二〇〇六年七月よりワーキングチームの一員として、市の男女共同参画推進条例案の作成に携わることになる。読書会にて竹内智恵子『鬼灯《ほおずき》の実は赤いよ――遊女が語る廓むかし』（未來社、一九九一）を講読し、ホオズキの根を使って堕胎していた遊女の経験に大きなショックを受けたという佐藤は、快楽（娼婦）と生殖（主婦）とに分断されてきた女の性の歴史を踏まえ、女性にとって、性の問題や「産む問題、産めない問題」は「興味半分じゃなくて」、人権と強く結びついた問題であるとの認識をもち、性と生殖の権利という概念やセクシャル・ハラスメント、ドメスティック・バイオレンスの禁止を盛り込んだ条例案を提案した。読書会で育んだ問題意識を条例としてどのように表現するかについて、また行政側との折衝方法など、実践的な側面に関してはもりおか女性センターの平賀恵子、田端八重子らの専門家から教えを受けたという。

現在、佐藤弘子は奥州市内の男女共同参画サポーター組織である「男女共同参画〝おうしゅう〟」（二〇一一年現在　会員三三名）にて、男女共同参画社会の実現に向けた取り組みを継続している。また、二〇一一年に起こった東日本大震災のあと、男女共同参画事業を通じて知り合った女性たちと「奥州♡絆の会」（会長・渡邊明美、二〇一二年現在　会員一六名）を結成し、陸前高田市での復興支援活動を行っている。麗ら舎読書会でのジェンダー問題学習や女性同士の語り合いを通じて得た「気づき」を「核」として、男女共同参画社会の実現や震災からの復興を目指す実践的活動が展開しているのである。[5]

麗ら舎に集う女性たちが直面してきた生きづらさは、地縁や血縁というしがらみが強固な農村部という地域性に起因するところも大きい。都市部に出ることでそうしたしがらみから解放されることで、一定程度の自由を獲得するということも可能だったかもしれない。しかし彼女たちはそうはしなかった。麗ら舎読書会の女性たちは、しがらみが力の発揮を阻害する地域のただなかに身を置く〈おなご〉として生き、〈おなご〉同士が集い、互いをエンパワーし、ジェンダーを含む社会関係の変革を目指してきた。農村部の女性が抱える問題は、日本近代のジェンダー構造から切り離せない。〈おなご〉たちは〈化外〉の地から、日本の近代を問い直すのである。

この視座は、次章で見る和賀のフェミニズムにおける戦争とジェンダーという問題意識にもつながっている。

注

（1）児玉智江は、小原麗子が「山（下）さんと同居しはじめた」ことで彼女を「余計（に）好きになった」と振り返り、以下のように語る。

**児玉**：（同居していることを）嫌だったっていう人もいるけど、私はそれからだね、ベールが剝がれた。私が（彼女を）おっかなく思ってたのが、（そう）思わないで、麗子さんとすらーっと話せるようになった。誰とも付き合わない、男を知らない、そういう人だと思って、すんごくこう、堅く思ってたけど、そうじゃない、かえって素晴らしい人だって思ったね。

（2）『資料・ウーマンリブ史』（全三巻）に掲載されたグループの所在地を使用。人口は『国勢調査』（一九七〇）より。

（3）児玉智江は長子を死産し、第二子、第三子も生後まもなく亡くしている。子どもを産み育てることが「女の仕事」であるという価値観を内面化していた児玉にとって、それは「生き方」を失うことと同義でもあった。しかし児玉はこの経験を転機として「おなごの生き方」を「リセット」することになる。家のために子どもを産み、育て、忍従するという嫁としての生き方を転換することを決意した児玉は、通信教育でデザインの勉強を始め、市内の百貨店等で広報・デザインの仕事に携わったのち、デザイン事務所を設立する一方で彫刻家・丸山震六郎氏に師事、芸術家としてのキャリアも築いていく。読書会への参加も詩・版画集『青い空』（一九八四）の出版がきっかけだった。さらに北上詩の会、岩手県詩人クラブに所属し詩人としても活躍している。

（4）読書会事務局は毎月案内はがきを作成している。おりづるらん読書会時代から、石川が体調不良のために事務局担当を辞するまでの間、美術教師だった石川の夫による挿絵付きの絵はがきが作成されていた。

（5）岩手県では男女共同参画をリード・サポートする人材の育成事業として、二〇〇〇年度から男女共同参画サポーター養成講座を実施し、修了者をサポーターとして認定、知事が認定証を交付している。認定サポーターは男女共同参画社会の実現を目的として各市町村で活動している。

第四章

# 千三忌から見る〈おなご〉たちと戦争

小原麗子をはじめ、戦争を経験した世代の会員が多い麗ら舎読書会は、「戦争」というテーマを活動の基軸のひとつとしてきた。麗ら舎の〈おなご〉たちは、〈化外〉という場所性と関わりのなかで、どのように自身や家族の戦争経験と向き合い、戦争、国家、ジェンダーをめぐる問題系を捉え、批評してきたのか。これらを検討することは、〈化外〉のフェミニズムとは何かを考えるうえで重要な課題となる。

本章では、麗ら舎読書会の主たる活動のひとつである、戦没農民兵士・高橋千三（一九二一―一九四四）と、その母セキ（一八九二―一九六七）の年忌・千三忌を事例として、〈おなご〉たちの戦争について考察していきたい。

## 一．岩手県和賀地域の戦中戦後

### 「開拓民／皇軍兵士の供給地」としての岩手の農村

まず、小原たちの活動の舞台である岩手県北上市およびその周辺地域（旧　和賀郡。以下、当地域を和賀と総称する）の戦争に関する歴史を概観してみたい。

和賀には戦時中、国産軽銀工業株式会社岩手工場、中島飛行機地下工場といった軍需工場や、最北の特攻隊出撃基地として知られる岩手陸軍飛行場（後藤野《ごとうの》飛行場）が位置していた。そのため、太平洋戦争末期には軍需工場や市街地への空襲を経験する。

「日本のチベット」と呼ばれた岩手県北上山系一帯の農山村は、日本中で一番甲種合格者を多く出した地方であり、「国宝」師団と称された第八師団歩兵第三一連隊を構成していたのは岩手の貧しい農山村出身の農民であった（小原　一九六四：二七）。岩手県の兵士の戦没者は約三万三〇〇〇人（全国の戦没者は二五〇〜三一〇万）とされるが、太平洋戦争における第八師団（岩手・秋田・山形・青森県の壮丁で編成）の総員一万八三一一名、うち戦死一万四八七五名（八一％）、このうち岩手県の壮丁だけで編成された歩兵第三一連隊の総員二九九七名のうち戦死は二五一六名（八四％）という数字にのぼっている（松本　一九六三）。和賀郡藤根村（現　北上市和賀町藤根）では延べ七二七人が出征、男子村民の約三分の一にあたる一三五人が戦死する。「都市化されない東北の純朴な農民こそ強い軍隊の供給源」という「一種の『伝説』」（赤澤　二〇〇〇：九）と、農村の生活の貧しさと閉鎖的な社会システムによって、岩手の農村は「従順で忠勇な皇軍兵士の供給地」（小田嶋　二〇〇三：一二）となったのであった。

## 戦後平和運動――一九五〇年代から二〇〇〇年代まで

こういった戦時中の状況を背景として、戦後、和賀では平和運動が活発化した[1]。その中心的人物の一人が高橋峯次郎（一八八三―一九六七）である。和賀郡藤根村（現　北上市）の小学校教師であった峯次郎は、戦時中「兵隊バカ」と呼ばれるほどの軍国主義者で、多くの教え子を兵士として志願させた。出征先に村の様子を記した機関誌『眞友』を送り、返信として約七〇〇〇通にものぼる軍事郵便が届いた。敗戦後、戦争協力によって多くの生徒を戦死させてしまったことへの贖罪《しょくざい》の念から、一九五一（昭和二六）年には私財を投じ「平和観音堂」（北上市和賀町藤根）を建立する。

一九六〇年代には和賀町婦人団体協議会の主催で「農村婦人の戦争体験を語る集い」（第一回一九六一年〜第

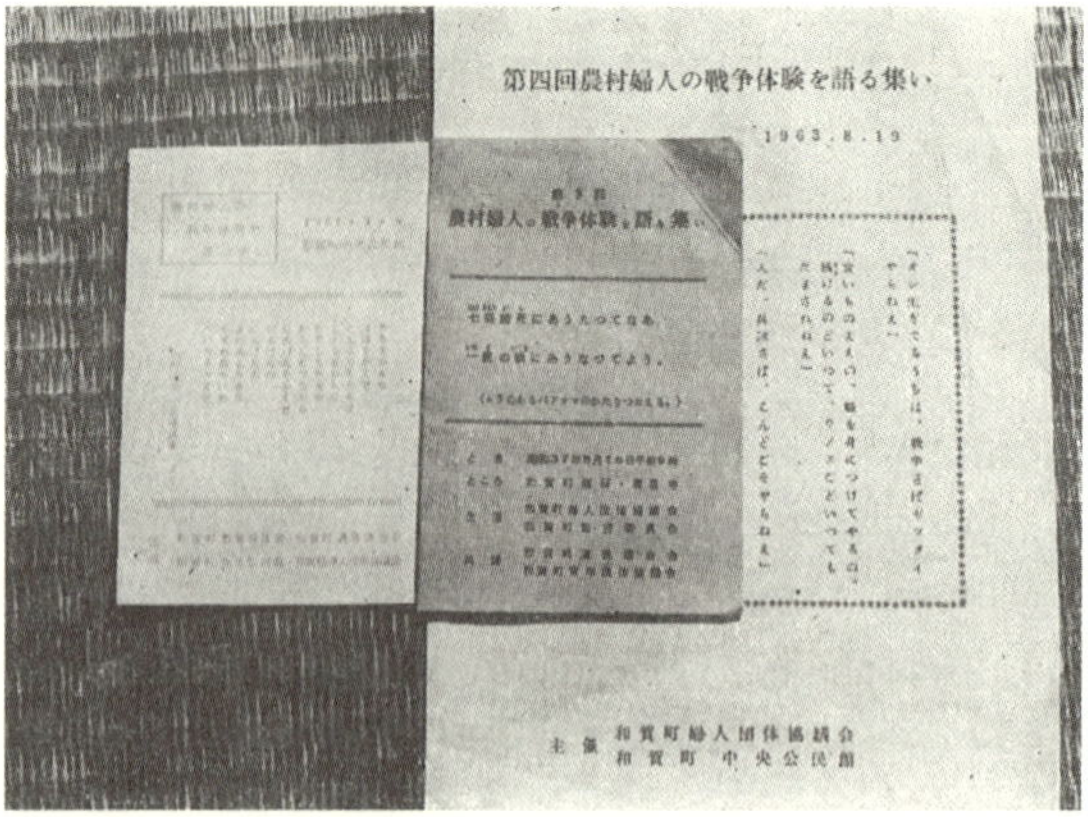

写真 4—1「農村婦人の戦争体験を語る集い」パンフレット（小原 1964より）

四回一九六三年、和賀町中央公民館）が開催され、「子どもを戦争で亡くした母親たちを中心にしたグループ」などの分科会に分かれ、和賀の女性たちが自らの戦争体験について語り合った（写真4—1）。ここでは原民喜「原爆小景」、与謝野晶子「君死にたまふことなかれ」など戦争にちなんだ詩が朗読された（小原 一九六四）。

さらに、和賀からは農村の人々が経験した戦争を記録した多くの書籍が生まれた。一九六一年には岩手県農村文化懇談会が岩手県を中心として集めた戦没農民兵士の手紙を編集した『戦没農民兵士の手紙』（岩波書店）を出版、一九六四年には小原徳志が戦没兵士の母や妻、遺児への聞き書き集『石ころに語る母たち――農村婦人の戦争体験』（未來社、一九八一復刊）を、大牟羅良と菊池敬一が「戦争未亡人」に関するルポルタージュ『あの人は帰ってこなかった』（岩波書店）を出版する。その後も、高橋峯次郎に送られた軍事郵便を取り上げた菊池敬一『七〇〇〇通の軍事郵便――高橋峯次郎と農民兵士たち』（柏樹社、一九八三）、岩手・和我《わが》のペン編『農民兵士の声がきこえる――七〇〇〇通の軍事郵便から』（日本放送出版協会、一九八四）が上梓された。また、二〇〇二（平成一四）年には北上平和記念展示館（北上市和賀町藤根）が開館し、高橋峯次郎に送られた軍事郵便や、軍服、銃、教科書など和賀の戦時資料約四〇〇点が展示されている。

## 二、千三忌を営む視座

### 原点――「家」と「国」に詫びて自死した姉の存在

麗ら舎読書会が主催する千三忌は、小原麗子の発案によって一九八五（昭和六〇）年に始められた。小原は、これまで本書で見てきたような家と女性の問題に加え、国と戦争というテーマについても思索し、書き続けてきた。第一章でも触れたように、その原点となるのが終戦直前、小原が一〇歳のときに鉄道自殺した姉、セイ（一九二三―一九四五）の存在である。筆者が行ったインタビューにおいて、小原の千三忌についての語りは、姉の自死の記憶から始まった。

**小原**：私は、姉のことにね、囚われてたんですよね。というのも姉は、昭和二〇年六月二日にね、あの、鉄道自殺したんですよ。二三、数えの二三（歳）ですよ。でその時の遺書になんかはね、国のために死んでいくのは申し訳ない、あの戦地で戦っている兄《あに》さん、ていうのが自分の夫ね、（兄さんに）申し訳ないとかって。〔略〕それがこのセキさんに結びつくわけですよね、道ばたに墓を建てたって。

「川で洗ったよう」な「色白の美人」であり、「村の演芸会」の「花形」だったセイは、数え年一九歳のとき、熱心な誘いを受けて同じ村のYの家に嫁いだ。村の人々は二人は「好《す》き連《づ》れ」、つまり恋愛結婚であったと噂した(2)。結婚後まもなくYは海軍へ入隊、単身横須賀へ行くことになる。その後セイは病気療養のため隣町の病院へ入院するが、入院中、夫戦死の報（誤報であった）を受け、「死んだであろう夫、病気、希望の持てない世の中、

写真 4―2（左）『小原麗子散文集 稲の屍』（1982）
写真 4―3（右）「姉のこと」（1960）

〔略〕二カ月後には、敗戦になる一九四五年六月、三キロの道の夕暮、足をひきずり歩いて、自らの命を絶った」（小原　一九六〇c：三五）のであった。

　遺書は、婚家の姑に宛てた「母上様お許し下さい。私は馬鹿な心になってしまいました。」（同前：三四）という言葉から始まり、実家の母[3]には、「世間の話の通り、嫁の私の態度が悪かった」こと、「母さんは決して泣くことはない」こと、「死ねば痛くもないし、世間の話も耳に入らない」こと、そして末尾には「戦地で戦っている兄《あに》さん（夫）に申し訳ない」「国の非常時に死んでゆくのは申し訳ない」としたためられていた（小原　一九七七a）。小原が一〇歳のときである。小原はこれまで「姉のこと」（一九六〇）をはじめ、姉の自死をテーマとしたエッセイを多数残している。

　姉の自殺は、小原にとっての転機（エピファニー）[4]となっている。小原の戦争の記憶は、戦時体制下、女性に期待された「報国」のため兵士として国に奉仕する男児を産み育てる母として、男の留守をあずかり国家に尽くす「銃後の守り」としての役割（牟田　二〇〇六a：一三七）を十全に果たせなかったことを詫びて、姉が自死した記憶と密接に関わっている。

　そして小原が姉と「結びつく」と語るのが高橋セキと、彼女が建てた息子・千三の墓である。

**小原**：ここ（和賀町）にたまたま（引っ越して）来たら、そこに（千三の墓が）あったからね。それで、んじゃせめて、一年に一回は、千三忌って。有名な人たちの忌はありますよね。でも、あの、日手間取り（日雇い労働）をしながらですか、筵《むしろ》をつるして暮らしてらったんですってセキさんは。そういう人がね、建てたお墓を。貧しい貧しい農婦が建てたお墓を、私たちは、冗談にですよ、俳句なんか全然誰もやらないけども、季語になるようにやりましょうっていうように。だから千三〝忌〟なんですよ、うん。そしてね、ここ（麗ら舎）で毎年千三忌やる時ね、カラオケの代わりに、みんなで俳句をね。なーんにも窮屈な集まりじゃないですよ。こないだの（聞き手が参加した読書会と同じ）ように。もちろん（千三の）お墓に行ってきて。そのあとにひとつ映画を観るとかね、誰かを頼んできてちょっとお話ししてもらうとか、みんなで一人一言とかって、そしてご馳走食べて。そして過ごした最後にね、詩を書く人はいますけど、誰も句を詠む人なんかいないけどもね、五七五でみんなで「駄句の会」をやるんですよ、カラオケの代わりにって。それがね、なかなか。日本人って五七五で生きてるんでしょうね。「長沼の古墳を抜けて墓参り」とかね、「槐の実のある小道千三忌」とかね、「今日のご馳走旨かった」とかなんとか（笑）いっぱい書いたのがね、それを（『駄句はじける』等に）残していくので。

セキは七人きょうだいの長女として和賀郡藤根村（現 北上市）の貧しい農家に生まれた。和賀郡鬼柳村（同 北上市）の農家に嫁ぎ、千三をもうけるが、二八歳のときに夫が病死する。当時、夫に死別すれば子どもがあっても婚家に残すか、子どもを連れて出ていかなければならなかったために、幼い千三を連れ実家に戻るが、すでに兄弟が嫁を迎えていたために居場所はなく、庭先の薪小屋に筵をつるして住居とし千三を育てた。千三は高等小学校を卒業後、和賀仙人鉱山（和賀郡西和賀町）で働き母を助けたが、一九四四年二月に徴兵され、一九四四年一一月四日、ニューギニアで戦死する。戦後もセキは薪小屋に住みながら、農業の「日手間取り」で生計を立て、三〇円の日給から貯金し、一九五五年四月、千三の墓を建てる。(5) その墓は路傍の往来側に正面を向けて建ち、「南無阿弥陀仏」とのみ彫られていた。(6)

一九七〇年、小原麗子は『石ころに語る母たち』(一九六四＝一九八一)を読んで、セキと千三を知ることとなり、墓参りをする。一九八四年、「終の住処」として北上市和賀町に新居・麗ら舎を設けて移り住んだ小原は、以前訪ねたことのある千三の墓がすぐそばにあることに気がつく。そこで小原は、自身が千三の「墓守」(7)となると決意し、麗ら舎読書会の行事として、毎年千三の命日付近の土曜日に、千三とその母セキを弔う千三忌(第一回一九八五年)を開催することになる。芭蕉忌や桜桃忌のように、千三忌が季語になるほどまで続くように、との思いが込められている。

## 千三忌の概要

千三忌を始める意図について、小原は「昨日、今日、この国の政治の当事者は、次々と戦前にあったものを復活させつつあります(防衛費増、靖国公式参拝、スパイ防止法などなど)。ならばわたしたちも負けじと、この地に根を下ろすばあさまたちに、ご登場願う次第です」(麗ら舎読書会編 二〇〇三：一三)と説明している。麗ら舎読書会では千三忌に併せて、戦争を主なテーマとした読書会会員たちの寄稿からなる年刊文集『別冊・おなご』を発行している(表4—1、第三章二．参照)。第三回「農村婦人の戦争体験を語る集い」(一九六二)のパンフレットにも記された、和賀の農婦高橋ハギ(一八七四—一九四七)の「七年饑渇《けがつ》にあうたってなあ、一度の戦争《いくさ》にあうなってよう」という語り伝えは麗ら舎読書会の「合い言葉」(麗ら舎読書会編 二〇〇三：一三)として位置づけられており、千三忌では女性書家・小田島周子（北上市）による掛け軸が会場に掲げられる（写真4―4）。千三忌は戦後和賀における平和運動の軌跡上にあるのである。

ここで、千三忌の具体的な内容について説明しよう。参加者は千三忌当日、午後一時に麗ら舎へ集合する。麗ら舎の玄関外にある大きな花瓶には墓参用の花が準備されている。下駄箱の上には千三の写真が飾られてい

写真 4―4 千三忌にて挨拶する小原麗子　奥に掛け軸が飾られている（2008年10月第24回千三忌にて筆者撮影 岩手県北上市）

写真 4―5 麗ら舎の玄関に飾られる千三の写真（同上）

る（写真4―5）。参加者は参加費（一〇〇〇円）を支払い、参加者名簿への記帳を済ませる。名簿は数年分をまとめて小原が和綴じで製本している。受付で配布される式次第は挿絵も含め小原が作成している（写真4―6）。その後、参加者は連れだって、麗ら舎から徒歩一〇分ほどのところにある、高橋セキと千三の墓参りをする（写真4―7）。読経と焼香を終えたあとは再び麗ら舎へ戻る。会場は麗ら舎二階にある二間続きの部屋である。壁には小原の手書きの式次第と掛軸が飾られている。参加者がそろったところで小原による開会の辞が述べ

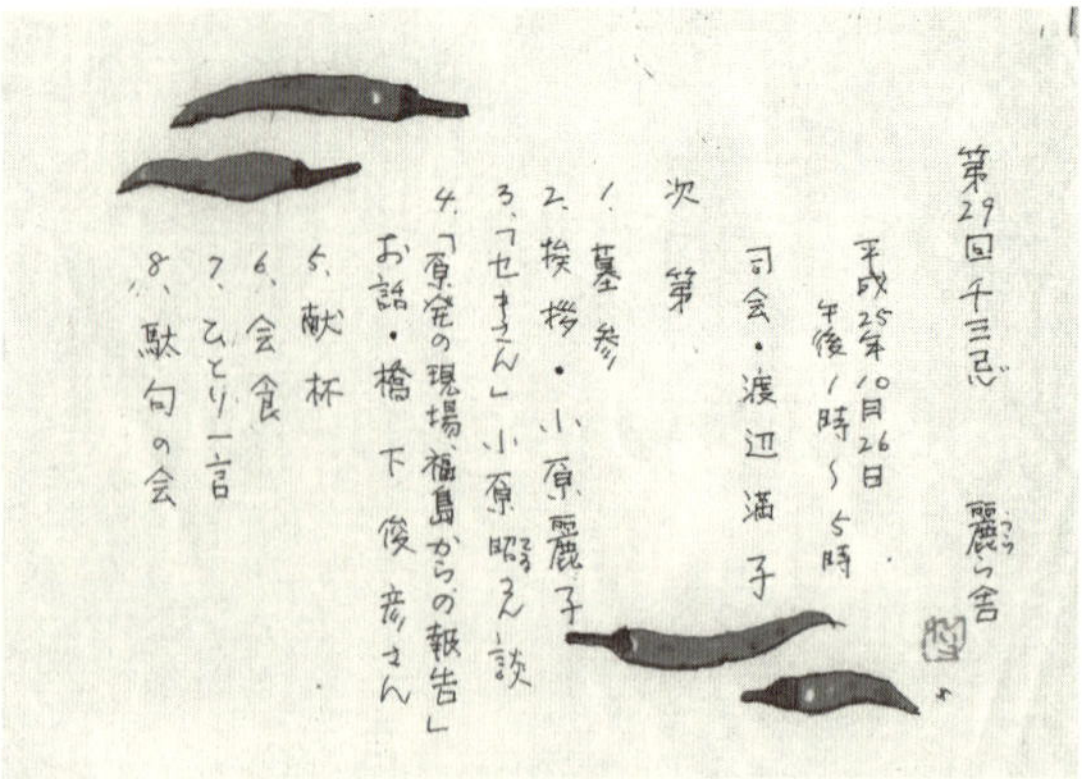

写真 4―6 千三忌式次第（2013年）

写真 4―7 県道沿いに建つ千三の墓（2008年10月第24回千三忌にて筆者撮影 岩手県北上市）

られる。司会は、二〇〇六（平成一八）年まで石川純子が、二〇〇七年から二〇一〇年まで村上末子が担当し、二〇一一年からは渡邊満子が担当している。続いて、生前の高橋セキを知る女性、小原昭《てる》[8]によるセキを偲ぶ詩「セキさん」が朗読される。

　セキさんはネ　ホントに／背の高い　ガラーッとすた人でナ／見れば頑丈な／いつもニコニコてナ／いや味　言われでも／その場でおさめでナ／えっつも　ごんど／ぼうぼうど　燃やすて／眼《まなぐ》めちゃめちゃどすてる人だったどモ／煙りばりでなぐ／息子征《だ》して／息子に戦死《しな》れで／泣いでるんじゃないがど／子ども心にも／そう　思ったった〈小原昭さん談〉。

この詩は毎号の『別冊・おなご』にセキの写真とともに添えられる（写真4―8）。

続いてゲストによる戦争にまつわる一人芝居（二〇〇七年度）や朗読（二〇〇八年度）、北上平和記念展示館見学（二〇一三年度）、和賀の戦争に関する講演（二〇一四年度）などの催しものが行われる（表4―2）。その後、参加者が各自もち寄った郷土料理や小原の「パートナー」である山下正彦が麗ら舎で作る料理を楽しみながら、近頃思うことなどを語る時間となる。

最後に「駄句の会」と称して参加者一人ひとり

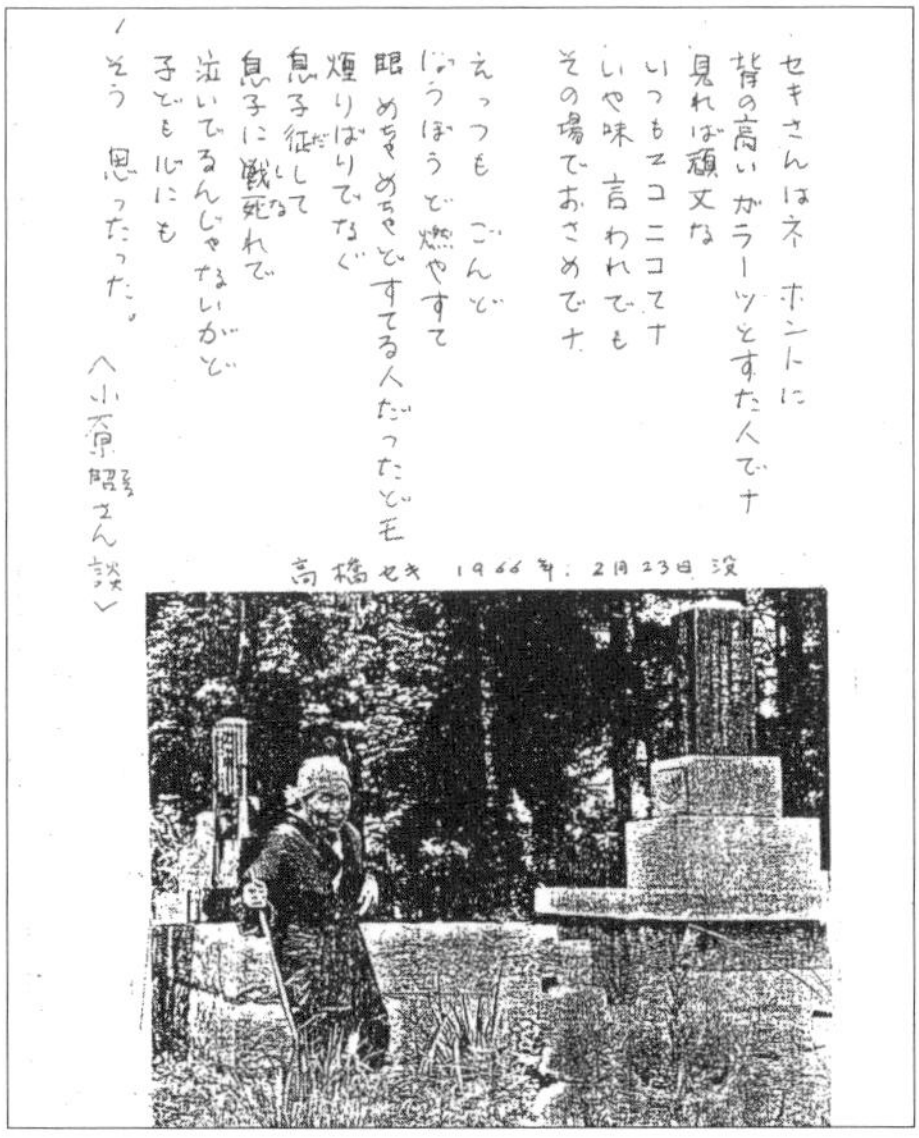


写真 4―8　髙橋セキを紹介する頁（写真は千三忌の墓と髙橋セキ　『別冊・おなご』創刊号より）

表 4—1 『別冊・おなご』書誌情報

| 号数 | 1号 | 2号 | 3号 | 4号 | 5号 |
|---|---|---|---|---|---|
| 発行年月日 | 1985/11/4 | 1986/11/9 | 1987/6/20 | 1987/11/8 | 1988/9/5 |
| 備考 | 46頁 | 62頁 | 108頁<br>特集「お産」 | 66頁 | 82頁<br>特集「嫁ご」 |

| 号数 | 6号 | 7号 | 8号 | 9号 | 10号 |
|---|---|---|---|---|---|
| 発行年月日 | 1988/11/6 | 1989/11/5 | 1990/11/10 | 1991/9/5 | 1991/11/30 |
| 備考 | 48頁 | 58頁 | 50頁 | 116頁<br>特集「米」 | 74頁 |

| 号数 | 11号 | 12号 | 13号 | 14号 | 15号 |
|---|---|---|---|---|---|
| 発行年月日 | 1992/11/28 | 1993/11/27 | 1994/10/29 | 1995/10/29 | 1996/11/2 |
| 備考 | 88頁 | 56頁 | 56頁 | 72頁 | 50頁 |

| 号数 | 16号 | 17号 | 18号 | 19号 | 20号 |
|---|---|---|---|---|---|
| 発行年月日 | 1997/10/28 | 1998/10/30 | 1999/12/20 | 2000/12/8 | 2001/12/20 |
| 備考 | 50頁 | 56頁 | 64頁 | 122頁 | 98頁 |

| 号数 | 21号 | 22号 | 23号 | 24号 | 25号 |
|---|---|---|---|---|---|
| 発行年月日 | 2002/12/20 | 2003/12/18 | 2004/12/30 | 2005/12/30 | 2006/12/30 |
| 備考 | 106頁 | 116頁 | 98頁 | 112頁 | 168頁 |

| 号数 | 26号 | 27号 | 28号 | 29号 | 30号 |
|---|---|---|---|---|---|
| 発行年月日 | 2007/12/30 | 2008/12/31 | 2009/12/30 | 2010/12/30 | 2011/12/30 |
| 備考 | 138頁 | 124頁 | 112頁 | 117頁 | 110頁<br>特集「戦争・災害」 |

| 号数 | 31号 | 32号 | 33号 | 34号 | 35号 |
|---|---|---|---|---|---|
| 発行年月日 | 2013/3/31 | 2014/3/31 | 2015/3/31 | 2016/10/31 | 2017/12/31 |
| 備考 | 90頁<br>特集「戦争・災害」 | 98頁 | 102頁 | 70頁 | 161頁<br>農民文学賞受賞記念特集号 |

表 4—2　千三忌活動年表

| 回（年月日） | ゲスト・内容等 |
|---|---|
| 第 1 回（1985 年 11 月 4 日） | ・テレビドラマ上映『あの人は帰ってこなかった』(1965)<br>・おりづるらん読書会メンバーによる構成詩「あの人は帰ってこなかった」朗読 |
| 第 2 回（1986 年 11 月 9 日） | ・牛崎志津子・敏哉による朗読<br>・武田礼子「“広島” を語る」 |
| 第 3 回（1987 年 11 月 8 日） | ・牛崎志津子・渡邊真吾による朗読<br>・ビデオ絵本上映『ひろしまのピカ』(1987) |
| 第 4 回（1988 年 11 月 6 日） | ・琴演奏（佐藤惠美、石川純子）<br>・麗ら舎読書会会員による朗読（菊池敬一『おそべっこ』より）<br>・ビデオ上映『火垂るの墓』(1988) |
| 第 5 回（1989 年 11 月 5 日） | ・琴演奏（佐藤惠美、石川純子）<br>・自作詩朗読（小田島重次郎、有原昭夫、渡邊真吾、斎藤充司）<br>・ビデオ上映『風が吹くとき』(1987) |
| 第 6 回（1990 年 11 月 10 日） | ・琴演奏（佐藤惠美、石川純子） |
| 第 7 回（1991 年 11 月 30 日） | ・琴演奏（佐藤惠美、石川純子）<br>・自作詩朗読（渡邊真吾、児玉智江、八重樫コメ、小原昭） |
| 第 8 回（1992 年 11 月 28 日） | ・麗ら舎読書会会員による詩朗読<br>・小原徳志編『石ころに語る母たち』より長篇詩「高橋セキの場合」南川比呂史 |
| 第 9 回（1993 年 11 月 27 日） | ・琴演奏（佐藤惠美、石川純子）<br>・ビデオ朗読劇「あの人は帰ってこなかった」劇団文化座 |
| 第 10 回（1994 年 10 月 29 日） | ・琴演奏（佐藤惠美、石川純子）<br>・御詠歌奉詠　平和祈願御和讃（村上末子）<br>・ビデオ上映『農民兵士の声がきこえる』(NHK 特集 1982 年 9 月放送) |
| 第 11 回（1995 年 10 月 29 日） | ・課題本 加藤昭雄『最北の特攻出撃基地—和賀町後藤野』（講師 加藤昭雄） |
| 第 12 回（1996 年 11 月 2 日） | ・追善供養　御詠歌詠唱（村上末子）<br>・ビデオ鑑賞 鈴木光枝朗読劇『あの人は帰ってこなかった』 |
| 第 13 回（1997 年 10 月 25 日） | ・ビデオ鑑賞『NHK スペシャル映像記録史 太平洋戦争 前編』(1992) |

| 回（年月日） | ゲスト・内容等 |
|---|---|
| 第 14 回（1998 年 10 月 22 日） | ・ビデオ鑑賞『NHK スペシャル映像記録史 太平洋戦争 後編』（1992） |
| 第 15 回（1999 年 10 月 23 日） | ・ビデオ鑑賞『あなたのまわりに周辺事態？！―とっても危険な日米新ガイドライン』（1999）<br>・講演「花巻が燃えた日」講師 加藤昭雄 |
| 第 16 回（2000 年 10 月 21 日） | ・ビデオ鑑賞『青い目の人形物語』（1995） |
| 第 17 回（2001 年 10 月 27 日） | ・宮静枝先生を囲んで<br>・宮静枝『詩画集　さっちゃんは戦争を知らない』を参加者で朗読 |
| 第 18 回（2002 年 10 月 30 日） | ・講演「ポーランドのユダヤ人」講師 田村和子 |
| 第 19 回（2003 年 10 月 25 日） | ・講演「アメリカで被爆の実像を訴える」<br>講師 齋藤岳丸 |
| 第 20 回（2004 年 10 月 23 日） | ・南川比呂史（詩）、柴田和子・貞雄（画）絵本『石ころに語る母たち―高橋セキの場合』出版祝い、朗読会 |
| 第 21 回（2005 年 10 月 29 日） | ・簾内敬司『千三忌』（2005）出版記念会、朗読 |
| 第 22 回（2006 年 10 月 28 日） | ・講演「岩手の戦争遺跡を語る」講師 加藤昭雄 |
| 第 23 回（2007 年 10 月 27 日） | ・一人芝居「陸上自衛隊陸曹長は語る」<br>演者 星鴉宮 |
| 第 24 回（2008 年 10 月 25 日） | ・絵本『石ころに語る母たち』<br>朗読　瑛子語り草子の会・高橋瑛子 |
| 第 25 回（2009 年 10 月 24） | ・講演「岩手に残る青い目の人形」<br>講師 加藤昭雄 |
| 第 26 回（2010 年 10 月 16 日） | ・絵本『石ころに語る母たち』<br>スライド上映 加藤昭雄<br>朗読 阿部容子 |
| 第 27 回（2011 年 10 月 15 日） | ・講演「和賀の 15 年戦争」 講師 加藤昭雄<br>・「戦争と震災」有志による詩の朗読 |
| 第 28 回（2012 年 10 月 26 日） | ・北上平和記念展示館見学、農民兵士の軍事郵便などの案内・説明　館長 高橋源栄 |
| 第 29 回（2013 年 10 月 26 日） | ・講演「原発の現場・福島からの報告」<br>講師 橋下俊彦 |
| 第 30 回（2014 年 10 月 18 日） | ・講演「第 2 回　和賀の 15 年戦争」<br>講師 加藤昭雄 |

が、先に引用した小原の語りにあるように「カラオケの代わり」に、千三忌や戦争、社会情勢などを題材とした川柳を二句ずつ用紙に記入して朗読、千三忌は幕を閉じる。

「駄句」は小原がとりまとめ、千三忌後に発行されるその年の『通信・おなご』に掲載される。二〇〇三年五月には千三忌と「おなご正月」（毎年一月に開催）で読まれた川柳が『駄句はじける』としてまとまった。千三忌は、小説（簾内敬司『千三忌《せんぞうき》』岩波書店 二〇〇五）などの作品の題材となり、二〇一五年六月には劇団「Zの風」（岩手県奥州市）による舞台「千三の墓」が公演された。

## 「戦争未亡人」は戦前にもあった――「戦時」から「平時」を問い直す視座

家と国に期待された女性役割を果たすことができないことを詫びながら、自ら命を絶った姉の存在が、小原を家と国、そして戦争について考え続けることへと向かわせた。小原が始めた千三忌は、戦後和賀の平和運動と密接な関わりをもっているが、小原は当地の平和運動の潮流を無批判に継承しているわけではない。例えば大牟羅良が「戦争未亡人」が置かれた悲劇的な状況は戦争が生みだしたものだと捉えるのに対し、小原はその考えに「不満」を感じるのだという。

**小原**：戦争未亡人は戦争があってできたものだっていう、大牟羅良さんの捉え方なんかもそれでしょ。で、私はなは〔私はね〕、戦前にもあったはずだ、っていうのが捉え方なの。

＊：戦前にもあった？

**小原**：うん、（戦争で）かえって際《きわ》だって。貶《おとし》められたんですっけもんね、戦争未亡人は。清く正しく生きよっていうことで、名誉ある家の女だったらそのように生きろとか。〔略〕（その一方で、）みんなに、ほら若いから、「オレ今夜（夜這いに）行くぞ」とかなんとかって、何をやるにもおなごだから意見も言われないし、おなごだからって貶《けな》されて、何をやってもあれなんだっけもん。して片っ方では戦争未亡人だからちゃんと生きろって言って、片っ方では貶《けな》してるわけですよね、おなごだからって。〔略〕戦争未亡人は戦争があって生まれた、戦争の犠牲者って言うけども、私はその根本は戦前にもあって、それを克服できないから、より現れてしまった、より形を現してしまった（と思う）のね。普段だったら当たり前のようで。戦争の犠牲の上に成り立った戦争未亡人じゃなくて、より際だたせた存在っていうの。恵さんなんかもこれからね、勉強してってもらいたい、そういう問題をね。

＊：元からあった、農村の女性の置かれていた立場によって。

**小原**：犠牲者であるのはもちろんだけども、犠牲者だけども、戦争によってより際だたせたのが、こっちにもあったんだと。あの戦争の犠牲者だからって言う事じゃないんだっけもん、私は。どこか不満だったのよ。どっこか、こういう風にされてしまうと、何か。んじゃ前の女の人の暮らしってどう、ね。全然相手もわけ分がねとこに（嫁に）来て。だからね、二重の犠牲者なったんだね。ね、二重の意味で。だからそこのところを、多分。それはこの問題ばかりでなく、尾を引いてるって言ってますよ。あらゆる今の、この女の問題ばかりじゃなくて。私たちのものの考え方とかなんとかっていうのに。戦前があれだったからつこと〔ということ〕じゃなくて、ずっと、それを未解決にしてきてね。もちろんそうだと思うね、靖国問題だってなんだって、考えてみたらね、そうですよね。

「戦争未亡人」は戦死者の名誉を傷つけぬよう「清く正しく生きよ」と貞節を求められる。一方で、「夫を誘惑し他所の家庭を壊す」存在として危険視され、性暴力の危険にも曝《さら》される両義的な状況に置かれた（菊池・大牟

羅　一九六四）。こうした状況は「戦争」によってのみ引き起こされたのではなく、戦前から続くジェンダーの問題なのだというのが小原の視座である。近年、戦争や災害といった非常時における性暴力と、平時の女性への暴力を連続する地平で捉え、問題化する視点が注目されているが[9]、こうしたジェンダーの視点に立った女性に対する暴力への問題意識と従来の平和運動への疑義は、小原が一九七七（昭和五二）年に書いたエッセイ「『姉』の墓に向かう」のなかにすでに見ることができる。

（戦争未亡人が）背負った「不自由」さなり、「軽視・蔑視」は、戦前にはなくて、「戦争」が終結したのちに背負ったものではないとしたら、「戦争拒否」とは「戦争体験の悲惨」さのみを継承しても歯止めとはなりがたいのではないか。という疑問を持たざるを得ない（小原［一九七七a］一九八二：三八三）。

こうした視座から、「普段」から存在した植民地主義、民族差別、性差別と戦争の重層的犠牲となった「従軍慰安婦」も同じ構造にあると小原は捉えている。一九九三年、政府は「従軍慰安婦」に関する調査結果を受けて、公式見解となる「河野談話」を発表、公的に日本軍の関与と強制性を認めた。それを受けて小原は『別冊・おなご』第一二号（一九九三）にて「わたしにとって従軍慰安婦とは『火焔の娘、氷柱の娘』です」と「思いを吐露」し、詩「火焔《かえん》の娘・氷柱《つらら》の娘」を発表する。

海にかこまれた国に生まれ／父たちよ　わたしはあなたの娘だ／兄たちよ　わたしはあなたの妹だ⫽わが娘わが妹を守ると言って／銃を持ち／海の向こうの国々に征った／父たちよ　兄たちよ⫽あなたたちは／異国の娘たち　異国の妹たちに／何をしたのだ⫽父たちの年齢をはるかに超えて／兄たちの年齢の二倍は生きて⫽かの地の火焔の娘／氷柱の娘を抱けば⫽父たちよ　兄たちよ／あなたたちは／実の娘　実の妹に／銃を向けている（小原　一九九三：五六）

この詩において小原は、「わが娘　わが妹」を「守る」という大義名分を掲げた戦争において、「異国の娘たち異国の妹たち」への性暴力を恒常化させる、性差別と植民地主義、民族差別の構造へ鋭く切り込んでいる。また、一九九六年八月二日に和賀公民館で開催された韓国人元「従軍慰安婦」李容洙《イヨンス》(10)の講演会に出席し、「わたしたちの日常の暮らしの延長として、軍隊慰安婦が派生したのでしょうか。それとも『戦争』が軍隊慰安婦を生み出したのでしょうか」と問う（小原　一九九八：四八―四九）。このような構造への視座をもつ理由として、小原は「女性」という立場に立っているからだと答えた。

**小原**：私はね、やっぱりね、女性っていう立場に居るからですっけ。女性。女性っていう立場にいるとね、韓国の女性も、世界中の女性が、女性なんですよ、私にとっては。ほら、国じゃないもんね。そこじゃないですか。あくまでもやっぱり女性っていうとこから見ると、むずっこい〔可哀想な〕妹たちだもんね。

日本／人というナショナリティやエスニシティに立脚するのではなく、「女性」という立場に立つことで、「世界中の女性」が「むずっこい妹」に思え、「私を守ってくれる」という「父」や「兄」も「敵」になってしまうのである。「むずっこい」という方言は「可哀想」という意味だが、感情を向ける対象に同一化する、共感するというニュアンスがある。元「従軍慰安婦」が感じただろう「火あぶり」、「氷詰め」にされるような苦痛を、同じ「女性」という立場から身体感覚として「むずっこ」く思い、日本の女性を「守る」という大義名分を掲げながら他民族の女性らを蹂躙《じゅうりん》した「父」「兄」を告発する。戦時性暴力の「根本」――性差別・性的二重基準・農村女性の貧困は、「普段だったら当たり前のよう」にあったものであり、「それを克服できない」からこそ、「戦争」によって「より形を現してしまった」ものとして小原は捉えている。

小原らが問う「戦争」の射程は、十五年戦争にとどまらない。例えば麗ら舎読書会の「合い言葉」である「七年饑渇にあうたってなぁ、一度の戦争にあうなってよぅ」という語り伝えの起源は、近代日本の始まりとなる戊《ぼ》辰《しん》戦争（一八六八―一八六九）にまでさかのぼる。戊辰戦争においてもっとも凄惨《せいさん》であったのが東北戦争である。そのうち白河口の戦い、二本松の戦い、会津戦争、秋田・庄内戦争、北越戦争はいずれも苛烈をきわめ、勝者となった薩長軍が列藩同盟勢力を反逆者として扱い、生存者にも過酷な待遇を強いた。戦乱のなかで新政府軍・列藩同盟軍双方による焼き討ち、捕虜の処刑、味方への制裁、略奪、暴行、放火、強姦《ごうかん》や殺戮《さつりく》のような戦争犯罪が多く発生し、政治支配者層での確執ともあわさって、各地に複雑な怨恨《えんこん》の構造を残した。膨大な数の一般民衆が、軍夫として双方の側で強制徴発され、あるいは戦火にまきこまれて、大きな被害を受けた。近代的な兵器が用いられた銃砲戦が中心の戦争であったにもかかわらず、首取の慣習が広範に残っていたことなど、この時期に特有の残虐性もあった。また新政府軍側が、終戦後にも列藩同盟軍側の戦死者の遺体の長期間にわたる放置や蹂躙を行ったことは、とくに地元の人々の記憶に強く焼きついた（保谷 二〇〇七）。

以下で、戊辰戦争とこの「合い言葉」に関する石川純子の語りを見てみよう。

**石川**：あの、日本の明治の夜明けの時に、ここらへんでは秋田戦争って言うんだけっどね、それで、秋田が朝廷側に付いたので、幕府側の盛岡とか仙台だとかが、秋田さやっつけに行くんだけども、盛岡の人たちが秋田さ行く途中、和賀を通って行くわけだ。兵隊たちが。その時に、あっちから押したの押されたのって。ちょうど（和賀は南部藩と伊達藩の）境じゃないですか。〔略〕そしてね、その時に、戦争だから、こっちの兵隊も食わなきゃないから、物を、あすこらへんの湯田だの沢内だの、あの辺の、そもそもが飢餓の土地なのね。和賀だのね。寒さの酷いとこだから。そこからものすごい収奪して食ったり、それから強姦したり。それがあっちの兵隊こっちの兵隊、両方からやられるわけよ。大変なことでね。女も山に逃げる、そうやって、秋田戦争終わるんだけど、その時以来、そこの和賀の奥の方のあるおばあちゃんが、「七年饑渇にあうたってなぁ、一度の戦争にあうなってよう」って。分かりますか？　七年ね、食わなくても、飢饉って、大変なんだけども、それでも一回の戦争に遭いたくねぇと。〔略〕

で、それを小原徳志さんって、『石ころに語る母たち』書いた人の、おばあちゃんかな、ひいおばあちゃんかな、いずれその親族です。その系列に関わる（髙橋）ハギばあさまが、それを自分のばあさまに聞いて。ハギばあさまって明治の半ばの人だから。その秋田戦争はもっと前だから。だから、江戸時代に生きてたおばあさんから、ほんっとに、耳鳴りスズメって言うんだけど、ここで何回も何回も聞かされてきて、それを伝承してきたわけよ。んで私らあれを標語にしたわけね。なかなか良いでしょう？

そして、そのハギばあさまが、ずうっと言ってきて、こないだの太平洋戦争の最中まで、その戦争反対なこといっちゃいけねっつのに、ね、いっちゃ非国民になるのに、ハギばあさまはいい続けてきたんだって。そして戦争終わってすぐ亡くなったのかな。

で、なぜそのハギばあさまが、そういうのをいい続けてきたのかっつうと、それもあれがあるのよ。ていうのはね、日清戦争だと思うんだけど、ハギばあさまの旦那様だかが戦死しちゃうわけ。で次一〇年後に日露戦争があるじゃないですか。で今度ね、Mさんだかっつうね、ハギばあさまの嫁御かな、その人の旦那様も、日露戦争に行って死んじゃうわけだ。たっけ（そうしたら）そこに、お母さんと嫁御とが、未亡人二人できるわけ。男二人、長男と次男だか死んじゃったわけだね。そこに旦那殿《だなどの》っていう男が残されたのさ。

＊：ダナドノ？

**石川**：旦那殿《だなどの》っていうのは、おじいちゃんだな。ハギばあさまの旦那さんと、Mさんの旦那さん死んじゃったから、おじいちゃんが残された。粟《あわ》まきが行われたの。知ってる？

＊：『まつを媼』で読みました。

**石川**：舅が、嫁や、孫嫁だっちゃ、に手を付けると。それで、ハギばあさまとMさんだかが、一緒に子も生む羽目になるんだよ。そういうことがあるんだよねぇ。そういう悲惨な事ってないじゃないですか。で、それを堕ろすために、なんだかホオズキの根を入れればいいとか、灰汁を飲めばいいとか、何々やっても、結局堕りねかったのかな。〔略〕だから、ハギばあさまはその昔の「七年饑渇にあうなてなぁ、一度の戦争にあうなってよぅ」ってのは、もう我が身なんだよ。何も秋田戦争で行ったり来たりした人の強姦よりも、我が身だえっちゃ。兵隊に強姦されるより辛いことだえっちゃ、舅にね。しかも、妹嫁だか、孫嫁だか、その辺ちょっとごっちゃになってるけど、いずれ家のなかで二人がそういうことになったの。で、それで、一所懸命伝えてきたわけよねぇ。

当地では、舅が嫁に対して性行為を強要することを「粟《あわ》まき」と呼んだ。粟は麦畑の畝と畝の間に種を蒔いて作付けすることから、「前のタネの間、間に別のタネを付けるということで」（石川　二〇〇一：八九）生まれた表現だという。とくに夫が出征中に行われる戦時下の「粟まき」は、伊藤まつをが会長を務めた愛国婦人会の小山村支部（胆沢郡小山村：現 奥州市）が解決に取り組んだ問題でもあった（伊藤　一九七〇）。

小原徳志によれば、「ハギばあさま」こと高橋ハギは和賀の農家に嫁ぐが、夫は日清戦争にて戦病死した。三人兄弟の長男であったハギの夫が戦死した高橋家では三男に嫁を迎えて家の跡継ぎとし、ハギは二〇代の若さで姑となった。ハギは口癖のように「七年饑渇にあうったってなぁ、一度の戦争にあうなってよぅ」と孫たちや隣近所の子どもに言い聞かせていたという。小原徳志は、明治生まれの自身の母にこの言葉を聞いたことがあるかどうか尋ねたところ、「昔の年寄たち、よくそう言うてたもんだっけ。誰から聞いたともおぼえてねエどもよう」という返答があり、「明治の頃から昭和のはじめ頃までにかけて、村人たちはかなり広くコトワザのようなこのことばを口にしていたのではなかったか」と述べる。そしてハギがこの言葉を「口ぐせ」にしていたことについて、「戦争未亡人だったハギは、誰よりもこのことばの持つ教訓を理解し、大事に考えていたのではないでしょうか」とその理由を推測する（小原編 一九六四：一三五）。

それに対し石川は、ハギも経験した女性への性暴力「粟まき」に着目することで、戦争と性差別の「二重の犠牲」になった「ハギばあさまの実体験から出てきた言葉」であり、戦時性暴力の被害者の声だと捉えるのである。戦時下に発生する暴力は、平時の社会構造が抱える問題が先鋭化したものであり、女性たちが犠牲となる構造を認識しそれを解消しないのならば、「『戦争体験の悲惨』さのみ」を語り継いだとしても根源的な解決にはならない。小原と石川は「戦争未亡人」らを性差別、性的二重基準、農村女性の貧困といった要因が複雑に絡み合った複合差別(11)の構造に位置づけて捉える。千三忌を営む背景には、戦時と平時を地続きとして捉え、女性たちの戦争体験を通して平時の構造を問う視座がある。

## 三．千三忌のフェミニズム的側面

### 戦後女性運動における戦争とジェンダー認識

ここでは、千三忌とフェミニズムの関係を考えるにあたり、まずは戦後日本における女性運動において、女性たちは戦争と国家をどのように受け止め、向き合ってきたのかを概観してみたい。戦後の女性運動を代表するのが母親運動である。一九五五（昭和三〇）年六月、豊島公会堂（東京）で開催された第一回日本母親大会開催には全国各地から約二〇〇〇人の参加者があり、会場は「戦争未亡人」らの「涙の訴え」により、もらい泣きにあふれた。ジャーナリズムからは「涙の大会」と呼ばれたこの大会において、母親たちはわが子を戦争で失った「犠牲者」として、再軍備化を進めようとする国家政策に反対した。大越愛子はこれら母親運動を通じ、母親はつねに犠牲者で被害者であり、国家は弱者を虐《しいた》げる加害者であるとする構図ができあがり、女性自身も荷担した、戦争の加害責任の問題は忘却されていったと指摘する（大越 一九九六：一二六）。

女性運動は従来、戦時と戦後に断絶するかのように語られてきた。しかし、戦前は戦争の遂行への協力、戦後は民主国家建設のためという、一見正反対に見える目的を掲げながら、そこに流れていたロジックの根本には、家庭の中心者である妻・母としての女性の性役割があり、「母」という立場が国家と女性とを切り結ぶ結節点として構築されていたという連続性がある（牟田 二〇〇六a：一三六―一三八）。

一九六〇年代末から七〇年代にかけて隆盛したリブは、このような戦時と戦後の女性運動の連続性を問題化した。リブは「女性は体制の最大の犠牲者であるとともに、最大の共犯者であった」（亜紀書房編集部［一九七〇］一九九二：二九二）との認識をもち、近代国家の建設と総力戦遂行のために再編成された「母」「妻」という近代の女性規範は、民主主義の衣に替えたまま戦後においても差別と侵略を支え続けているとし、「母」「妻」としての役割を保持したまま展開される「婦人運動」の限界を指摘した。例えば、札幌で結成されたリブグループ・メトロパリチェンは、「日本母親大会」の「生命を生みだす母親は 生命を育て 生命を守ることをのぞみます」というスローガンを「現体制を支える者としての母の検証などは一切ありえず」「戦中の『靖国の母』が白骨の息子に涙するのと大差ないものとしてある」と批判している（メトロパリチェン［一九七〇］一九九二：一四九）。

自らの被害者性のみに依拠し平和を祈る母親運動に、リブは日本帝国主義と侵略を支えた「貞女」の戦後民主主義的姿を見、激しい疑義を投げかける。飯島愛子の「体制がわ《ママ》も革新がわ《ママ》も利用できるだけ利用してきた母親性について問いなおしてみよう」（侵略＝差別と闘うアジア婦人会議［一九六九］一九九二：二七）という言葉が示すように、リブは「母性」を批判的に検討してきた。リブは自らを母でもなく妻でもなく「女」として規定し、女の性が生殖（母、主婦）と快楽（娼婦）、とに分断される近代のジェンダー観を「性否定体制」として概念化し、「娼婦」化されるアジア・沖縄の女性の境遇に「同じ女」として、心を痛めると同時に、彼女らを搾取する「日本の女」という、特権的で加害的な自らのポジショナリティを自覚し、差別と抑圧の二重性と侵略との関係性を指摘している。

序章で述べたように、一般的にリブという運動はリブ新宿センターの閉鎖とともに終焉を迎えたというのが定説となっている。しかし、リブの提起した問題はその後の女性運動にも引き継がれており、例えば、日本の女性が負う加害性と戦争責任を直視し、「帝国のフェミニズム」を越えようとするリブの問題意識は、女性国際戦犯法廷(12)などの実践へと結実していった。

## 「自己表現」としての「意志の墓」——母の軍事化への対抗

女性が担う平和運動は母親運動に代表されるような母性主義と結びつけられがちである。「女性」という立場からジェンダー構造を問い直す視座をもつ千三忌も、「戦争被害者」であるセキの息子を思う母性愛を強調するモデルストーリーとして回収されてきた。

＊：（女性としての立場という）そういう見方が、千三忌でのセキさんへの思いにもつながってくるんですよね。

**小原**：そうなのね。でも、母親がウエイトですっけもんね、みなさんは。母の愛。母の愛がウエイトなのね。〔略〕母親の愛情ですっけ、問題は。こんっなに母親は。そうすとみんなも納得するっていう感じ。〔略〕（千三忌のテレビ番組[13]を見たという女性に）「あの人（セキさん）は幸せですよね」って言われたの。電話ももらいましたったよ、あの頃。「家のお墓も拝まねよな今のひたちに〔人たちに〕、おめさん本当に」って、泣きながら。

このような周囲の千三忌認識に対して、石川は「母ひとり子ひとりで、その子どもさえ奪われてしまった〔略〕セキさんが建てた墓」を拝むといえば、「美談」として皆感動するが、石川はその点を「あんまり強調されると〔困る〕」と語り、「被害者」としての母親像に依拠した平和運動といった、既存の枠組みで千三忌を捉えられることへの懸念を示す。

**石川**：母ひとり子ひとりで子どもを奪われたね、被害者だけのお母さん、セキさん。もちろん被害者だけどもね、だけどもその被害者でもあった日本の女性たちがね、加害者でもあるわけでしょ、向こうからみたらね。そういう視点もはっきりもってる人だからね麗子さんはね。だからそういう意味でもね、ただ千三忌だけをね、やってる麗子さんでないからねぇ。あのねぇ、つまり被害者だけで、あの母親運動なんかやってる平和運動ってあるね。そういう視点だったら千三忌は続かなかったと思う。そういう視点じゃないもんねぇ。やっぱりあの人は、自分は家を作らないと。家を作らないっていうところからのね、そこでセキさんに出会った人だから。

＊：家を作らない。

**石川**：作らない。麗子さんは知ってますよ。〔略〕家にも国家にもお詫びしてそして死んでいかなければならなかった姉とは何なのかっつうことがね、あの人の原点だからね。結局それは家だと、国だと。国とは何か家とは何か、っつった時に〔略〕家には入らないし作らないっつった人だからねぇ。

でも私は（セキの墓と）出会ってないと思う、多分。だって私家作った人だもん。観念的には家越えたいってのはあるよ、観念的には。だけどあの人（小原麗子）は、ほんとに、実践した人でしょ。

石川は、家や近代家族のあり方を批判しながらも、結婚し、家庭生活を営んできたという、自身の生き方としてのフェミニズム実践の限界を指摘する。そして、「家」に属さないで生きるという選択をした小原と、家制度から排除されたところで墓を作ったセキは、「家」を越えた場所で「出会った」のだと考えている。石川は千三忌こそ小原の思想の「真骨頂」であると評価し、千三忌を行う小原の「視点」について次のように語る。

**石川**：だから、いわゆる母ひとり子ひとりになって、拝んでもらいたいから、それはそうなんだけど、もうちょっとね。家もしがらみも全て越えたいために、（墓を道ばたに）押しだした。それが、セキさんがみんなに拝んでもらいたいってことであり、麗子さんと出会ったとこなんだよねぇ。そこがね、理解してもらえないと、でないとちょっとね。いや、そこ理解してる人誰もいないと思うけどさ、うん。誰も。して〔そして〕、なかなかそういうの説明すんのも大変だし、理解するのも大変だけど、でも、リブを書かれる方だからさ、その辺をね。何か母ひとり子ひとりで、こう、なんていうのかな、子孫をあれするとか家とかね、そういうのを越えたいってのかな。セキさんに意識的にそういうな言葉もそういうのも無かったんだけども、そうじゃないかって彼女（小原）は想像して、それをセキさんの意志として。で、家を越えたいと思ってたね、自分が墓守になろうっていう風にしたんですよ。〔略〕ほら、お姉さんのことを思って来た人が、だから、セキさんのそのお墓にね、こう、なんて言うのかな、そこに、セキさんの意志をね、セキさんの意志を汲み取り得たんじゃないかと思う。〔略〕あの辺の親族の人たちにからしてみれば、聞いてみたらね、人の墓なんであんなことす〔する〕って、初めは思うんだよ誰も。そこじゃないですか。人のお墓ぞろぞろ来てっさ、勝手な。それで去年テレビで、千三忌が放映されたのよ。それで初めて「いやぁ小原麗子さんってスゴい人だ」ってなったわけよ。それ美談よ。でもそのレベルでも良いのよ、せめてわかって、親族の人たちだけでもね。〔略〕そう、だってね、（千三忌は）今から二三年前のね、まさに私らがリブをね、一所懸命考えてるときに出発したのでね。今始まったのじゃないんだものねぇ。まさにリブです。リブのね、考え方のなかで、出会ってね。そして、彼女の意志、セキさんの意志じゃなくて彼女の意志だと思うんだけども、それをセキさんの意志と受け止めてね、そこのとこがね、見事ですよ。そして読書会をね、延々と続けてきてねぇ。(14)

ここで、石川が繰り返す千三忌は「美談」ではないという語りとともに、筆者に向けられた「リブを書かれる方だからさ」という発言を手がかりに、千三忌の意義について検討してみたい。序章で述べた通り、私は東北地方のリブ運動の調査の過程で麗ら舎読書会に出会った。石川と小原への初回のインタビューは岩手におけるリブ運動の実態を調査するために申し込んだものであった。

石川は、千三忌は石川と小原が「リブをね、一所懸命考えてるときに出発し」たのだという。リブは、ジェンダーを軸に編成される婚姻や家族という制度のもつ問題性を告発し（天野 二〇〇五：二三四）、近代総力戦を支えた「母」という概念を問い直した。「軍国の母」そして「九段の母」「靖国の母」という理想化された女性のあり方は、日本の戦時体制を支えた「女性の軍事化」（エンロー　二〇〇〇＝二〇〇六）の策略のひとつである。そして「世界無比の美の極」として讃えられた母の、また女性の自己犠牲によって育まれた心性は、ナショナリズムの「精髄」となり、「死ねと教える皇国日本の母の愛」を説く「日本婦道」は実質をもった実践思想として機能した（川村　二〇〇三）。

セキは「これまで、千三をオレの子どもだ、オレの子どもだ、と思っていたが、間違いだったス。兵隊にやりたくねえど思っても、天皇陛下の命令だればしかたねエス。生まれた時がら、オレの子どもでながったのス」（小原　一九六四：五六）と語りながら、息子の徴兵、そして戦死を受忍した。セキのもとに届けられた千三の遺骨は小指の骨片だけだったという。セキの姿は「社会にとって都合のよい抽象の体現物」である「靖国の母、軍国の母」として「沈黙しつづけ、とまどいながらその呼び名に従うかのように過してきた」（河野［一九六九］一九九二：九一―九二）軍事化された母そのものであるかのように見える。

姉の自死を原点として戦争について思索し続けてきた小原は、「平和な日本で」「今更戦争のことを語って何になる」という「雰囲気」を感じることがあったという。しかし、今日セキのように息子を戦争で亡くす母親は世界中に存在すると指摘する。そして息子の戦死を受忍したセキとは対照的に、イラク戦争で息子を亡くしたアメリカ人女性シンディー・シーハンが、ブッシュ米大統領（当時）に息子の死の理由を問うため面会を要求したという「違い」について語る[15]。

**小原**：ところがね、今世界の戦争ですもんね。だから当然（シンディー・）シーハンさんなんていう戦争反対した人は（当時の）セキさんと同じ年齢で、死んだ息子も大体同じ年齢ね。世界中にセキさんが出てしまうっていうのが。それで、やっぱり古い問題ではないんですもんね。〔略〕セキさんっていうのは、日本だけにいるわけじゃないっていうのが、シーハンさんを見て、私思いましたね。今現にね。

そして違いますっけもん、セキさんはただ天皇陛下の命令だれば、天皇の子どもだったんべがって、こう、内向するでしょ、日本人は。天皇に訴えるなんていうのはとっても恐ろしくて。未だかつてね。でもシーハンさんは違いますもんね。大統領へ会いに行ったでしょ、ほら、訴えに。すっごい違いますっけ。訴えに行ったたっていう、違い。

私たちはセキさんを克服できるかですよ、やっぱり、問題は。結論はそれよね。千三忌をやる意味って、本当は。そういうな〔そういう風な〕ことは決して私、(千三忌の)会場では言いませんよ。ただ思ってるのはそういうこと。姉を越えられるか。私が姉を越えてく生き方をできるかどうかだったんですよね、結局ね。姉は自殺してしまったでしょ。私はそのあとに生きた人間だから、弔いの世代。拝んでる世代ですもんね。ところがね、話飛ぶけどね、会社で悪いことしたとか何かって言うときにね、会社に詫びて死ぬんですよね。同じですっけよ。姉と同じ(年)頃の人たち、何かの事件の時、自殺したんですよね。その時に私、何だ、姉が国に詫びたけども、未だ会社に詫びて、誰かが犠牲に。だから私たちってね、こういうこと克服できるもんなんだろうかって、思いますよ。〔略〕そのための、やっぱり姉だったんです、私にとって。姉を私が克服できるかどうかっていうこと。

家族国家観のイデオロギーを用いて息子の徴兵と戦死を受け止め「内向」したセキと、家と国に詫びて自死した姉という、二人の当地の女性が象徴する女性のあり方を「克服」できるかという問題に取り組むことが千三忌の「意味」なのである。

しかし、セキは、「九段の母」「靖国の母」として完全に軍事化された存在であると捉えられているわけではない。河野信子は『無名通信』のなかで、「小指の骨」となって帰ってきた千三にかぶりつき、遺骨を舐《な》めたセキに、「社会にとって都合のよい抽象の体現物」である「靖国の母」を否定した「ひとりの『生んだ女』」の姿を見た（河野［一九六九］一九九二：九二）。

和賀の「戦争未亡人」たちは自分を性の対象として見る周囲の男たちに向かって、「オレハきかねぇ（気の強い）女《おなご》だっちゃ」、「寝床さ鎌入れて寝てるんだからナッス。おっかねぇ女《おなご》なんだっちゃ」といい、「蛇の皮、頭からグレグレとむくって（むいて）」見せ（菊池・大牟羅　一九六四：四一）、「男たちの好奇心をはね返」（小原　一九八六：一〇二）す強さをもっていた。小原は、セキもこのような「きかなさ」をもって戦後を生き抜いた女ではなかったかと述べる。

……再婚を断わり、自分の意志で墓を建てようとすれば、気も強く、めごみのない（かわいげのない）女《おなご》になるだろう。セキさんは、身内の葛藤、所有の垣根から自分も千三も解き放とうとした。それが、万人にむけての「南無阿弥陀仏」であり、墓石の位置が路傍であることの意味なのだ（小原　一九八六：一〇一）。

そして小原は、戦後一〇年をかけて道端に息子の墓を建てたことを、「天皇の赤子」であった千三を自分の手元に取り戻す行為として読む（小原　二〇〇六）。これは戦争によって暴力的に切断された「生んだ子供」との連続感（河野　同前同頁）を回復する行為であるともいえるだろう。

小原は千三の墓をセキの「意志の墓」と呼び、それは「身内のない者」の「モニュメント」[16]でもあるという。

**小原**：で、墓自体にね、ほんとは拘ってるわけじゃないのね。セキさんのように拘ったわけじゃない。ただ、セキさんの墓は自分では意識してなかったけれども、墓そのものの意味を越えてるもんね。記念碑みたいなものですっけもん。墓自体は私、無くたってどうってことないって思いあるんですよ。〔略〕セキさんの墓は、普通の墓を越えたために、そして私のような、身内がない者、女性にとってはもう、モニュメントみたいなもんでね。それが重なってるんですよ、あそこ。

＊：モニュメント。

**小原**：うん、モニュメント。記念碑みたいなもの。あの、じゃなきゃ先祖代々で囲えばいいんですよね、私たちの一族の墓ですよって。じゃないもん、セキさんは道端に出してね、それも南無阿弥陀仏だもんね、どうぞみなさん拝んでください。

ここで重要なのは、今日では一般的な代々墓が明治民法によって定められた近代の産物である家制度と不可分だということである。家とは「同じ墓に入る人」の集合体であり、明治民法下の家制度を「ビジュアル化」したものが代々墓なのである（斎藤 二〇〇六：二一六）。また、牟田の整理によれば、近代日本の家族国家観のイデオロギーは、「家族」と「家」の接合により天皇・国家に対する民衆の忠誠を動員・正統化することを意図し、日本の伝統的祖先崇拝の観念を国家神道と結びつけ、天皇家の神話的祖先の傘下に国民の「家」の先祖を組み入れて天皇と国民の一体化を図った（牟田 二〇〇六a：一六四）。このような忠孝一本論と祖孫一体論の家族国家観は、民衆の個別的・非政治的な先祖観・先祖祭祀を標準化することで、国家に霊魂を一元化し管理する役割を果たした（川村 二〇〇六）。近代日本の代々墓は家族国家観イデオロギーを体現する存在でもあるといえよう。

小原は麗ら舎設立一〇周年を記念した文章のなかで、「自己表現と自由は、一体です。つまり、わたしの姉のように国や夫に詫びて死ぬことのないよう自分の人生は、自分で編むために、ということになりましょうか。」（麗ら舎読書会編 二〇〇三：一四六）と述べる。千三の遺骨にかぶりつき、家制度の埒外《らちがい》で、戦死した息子の墓を路傍に建てること、それらの行為はセキがなしえた家と国を超える「自己表現」であり、自己犠牲と沈黙のうちに戦時体制を支えた「軍国の母」「靖国の母」像のほころびを意味する。

一九九七（平成九）年と一九九九年に、千三忌を報じた新聞記事を読んだ自衛隊の現役幹部が千三の墓を拝んでいった。彼らは「戦死した後にもこうして、手厚く扱われることに打たれた」と語り、「戦死者を、このように手厚く供養するとは、その任にある者をも尊敬していると受け取っているよう」だったと小原は印象を述べる。しかし小原は「これは違います。／わたしたちの『千三忌』は、二度と千三（のような若者）を作らないための墓参りなのです」（麗ら舎読書会編 二〇〇三：一九二）といい切るのである。戦時体制において、岩手の農民男性たちは、我慢強さや純朴さ、肉体労働に由来する頑強さなど、「特有」のものであるとして語られる性質、いわば東北の農民性が「皇軍兵士」として求められる男性性と強く結びつけられることで軍事化されていった。路傍の墓に、戦後東北農村からひとりの〈おなご〉が為しえた抵抗を読みとり、男らしさや女らしさを動員しながら日常のなかで進行する軍事化に反対する言挙げとして千三忌がある。

戦争に関する記念碑は戦争というものがいかに記憶されるべきか、戦争では誰が記憶されるべきなのかという戦争の歴史化と再歴史化にも重要な役割を果たしている（本康 二〇〇三）。この意味で、セキが路傍に建てた千三の墓は、和賀の〈おなご〉の視座から、農民兵士とその母の人生を和賀の戦争を象徴する存在として記憶し、権力の網の目のなかで家や国へ抵抗する行為主体として和賀の〈おなご〉の歴史を継承しようとする記念碑として再構築されているのである。

## 隠し念仏と「おなごたちの千三忌」

第二章で述べたように、石川純子は一九七〇年代より個人誌と麗ら舎読書会を拠点として東北の農婦たちの聞き書きを始め、『まつを媼――百歳を生きる力』(二〇〇一)、『さつよ媼《おばば》――おらの一生、貧乏と辛抱』(二〇〇六)を上梓した。石川は晩年、小原をはじめとする千三忌に関わった女性たちを中心としたルポルタージュ「おなごたちの千三忌」(未完)に向けた調査を行っていた。「おなごたちの千三忌」の執筆は「極貧の農婦」であるセキが、なぜ当地にはほとんど見られない「南無阿弥陀仏」とだけ彫った墓石を、道ばたの往来に正面を向けて設置するという「不思議な墓」を建てることができたのか、という疑問から始まった。

セキがこの「不思議な墓」を建てた理由について、小原徳志は以下のように説明している。

セキさんは、私たち人間が、だんだん戦争を忘れていくであろうことを、とうに見ぬいていて、母親らしい知恵を働かせていたのでした。このことばに私はハッとさせられ、おそろしいような気さえおぼえると共に、われわれ人間のゆく末までの生き方をしみじみと教えられた思いがしたのでした。

セキさんはなかなかの仏教信者といえるようです。セキさんの父親は信仰心の深い人であったと、私の父はいっていましたが、その影響をうけていたものと思われます(小原 一九六四:六二)。

小原徳志はセキが道ばたに墓を建てた理由を、「父親の影響」で「仏教信者」であったセキの、自分亡き後も息子を弔ってもらうための「母親らしい知恵」であると捉える。これに対して、石川はその説明は「わかりやすい」ものではあるが、セキが慣例に背《そむ》くような墓を建てられた理由として不十分であると考えた。

**石川**:で、この千三忌を、セキさんの意志ってのは一体どっから来てね、なぜさ、ひとりの農婦がだよ、学校行ったわけでもない、それこそ、化外の地のね、何にも分からない極貧の農婦がね、自分が死んだら戦争のことも千三のこともみんな忘れてしまうだろうと道路に向けて、しかも「高橋千三の墓」って表に書かないで横に書いて、（表には）「南無阿弥陀仏」と書いて。そして、ここ通る人が、戦争を忘れないで、千三のことも忘れないでほしいって。なぜこういう不思議な墓を建てたんだろうってのが、私にとっては謎になったわけ。

**石川**：何でこんなさ、墓をさ、不思議な。田舎であればあるほどさ、ちょっと変わったことすると叩かれるでしょう。ね、そしてだから女のひたち〔人たち〕は、いわれない前に黙っちゃって何も行動起こさないでしょ。それとっても不思議で、それでまずね、それを調べてたのさ、そこから始まって。〔略〕戦争を忘れてほしくねと、だからここ拝んでく人が、手を合わせてけると〔略〕。その願いはセキさんの本当の願いだっつうのは分かるのね。だけども、忘れてほしくねって思ったって、みんな従来の墓にしてしまうじゃないですか。日本中の女の人たちが忘れてほしくねぇってセキさんみたいな墓作ってたら世の中変わってたと思うよ。

息子と息子を奪った戦争を「忘れてほしくね」というセキの願いは、同様の経験をした女性の多くが抱いた思いであっただろう。しかし、彼女らは道端に墓を建てず、「従来の墓」を建てているのである。和賀にも戦後、戦死した夫の墓を建てた女性たちの事例があるが、これらの墓の正面には先祖代々の墓、あるいは戦死者の氏名や官位・勲功などが記され、いずれも墓地内に建てられている（関沢 二〇〇三）。石川の母もまた、戦死した夫の墓を建立したのだが、それは「石川家之墓」と記された「従来の墓」であった。

この疑問の解答を見つけるため、石川は生前のセキを知る和賀の人々への聞き取り調査を行い、その成果は

『別冊・おなご』において「千三忌前史」として連載された。取材を進めるうちに、石川はある男性に出会う。彼の母親Hはセキの近所に住んでおり、セキと交流があったのだという。「ムスコの霊《ホドゲ》に手ッコ合わせることだげァ生甲斐《イキゲエ》なのス」（小原　一九六四：五三）と語り、息子の墓を建てたいと願うセキに対し、Hは「南無阿弥陀仏って、おめ〔あなた〕は誰も拝んでくれる人いねんだから、道ばた通る人たちさな、拝んでもらう方いんだ〔いいんだ〕」と助言したという。この聞き取り調査を通じて、Hのほかにもセキへ同様の助言をする地域の女性たちがいたことを石川は知る。彼女らは隠《かく》し念仏《ねんぶつ》を信仰する同行《どうぎょう》の女性たちであった。

　隠し念仏とは、岩手県南部が発祥の地といわれ、岩手県や宮城県の一部に分布する在家の念仏信仰である。人々の生活に根を下ろし、地域に密着して土俗化・民俗化した民間宗教の一つで、現代では主に女性が担い手となっている。隠し念仏は浄土真宗から異端とされ排除の対象となり、幕藩体制下においては厳しい弾圧を受け、殉教する者もあった（安藤・谷川　一九七二、岩手県立博物館編　一九九一）。近代においても官憲による言われなき弾劾は続いた（門屋　一九八九：二二一―二二三）。セキに関する取材のために石川が和賀の「おばあちゃん」たちの家を訪ねると、隠し念仏を信仰する彼女らは、「ナマンダンス、ナマンダンスって迎えてくれ」、石川が帰るときも折に触れて「ナマンダンス、ナマンダンス」と口にしたという。「ナマンダンス」というのは「南無阿弥陀仏」がなまったものである。セキも隠し念仏の熱心な信者であった。和賀地方は「念仏と食い物は一口でもありがたい」という言葉が残る「隠し念仏の里」（門屋　一九八九）であった。それは「うちの母たちが農婦だとすれば、初めて近代の教育受けた、観念のお化けみたいな」石川には、「全然見えない世界」であった。

　石川はセキが「不思議な墓」を建てられた理由を、この和賀に根づく民間宗教とそれを信仰する女性たちのつながりに求める。(17)

石川：（セキに助言した人たちも亡くなり）誰も（墓を）継ぐ人がいなくなった時に、小原さんつう人が現れたんだよな。小原さんもあの土地の人なんだよね。〔略〕で、私はそれが書きたいのよ、女たちの千三忌に。関わった女の人たちいっぱいいるじゃない、私たちの世代で、今麗ら舎に関わってる人、もちろんだけども、その前、ずーっと、セキさんまでずうっと、つながってきたおなごたちにウエイト置いて書きたいっつう事なんだよねぇ。私の思いはね。〔略〕セキさん像をだよ、ただのね、極貧のね、おばあちゃんにはしたくないなぁと思ったの。

石川はセキが生まれ育った土地に根づく「隠し念仏」の文化を知るにつれて、「（貧しい農婦があのような墓を建てるというのは）とんでもないことでもなんでもなくてさ、そこの村に建てられるべくして建てた物」だと感じるようになる。実は小原自身も「オトリアゲ」（入信の儀式）を受けた隠し念仏の同行である。石川は、小原の千三忌を、隠し念仏の倫理観に支えられた里に生まれ、何百年も昔から「つながってきたおなごたち」によって担われる「おなごたちの千三忌」と捉え直す。

日本国家は軍隊発足の初期より、国が兵士の死後も身体と霊魂双方を支配・統制下に置くことを志向してきた（波平 二〇〇三）。この「霊魂」の支配制度の最たるものが、「お国のため」の死者を「英霊」として祀《まつ》る国家主義のシンボルである靖国神社である。路傍に息子の墓を建てたセキは、靖国神社という国家制度のなか、「英霊」として死後も支配される息子の霊魂を、和賀の「おなごたち」がつなぐ土着の反体制的民間宗教をもって国家から奪還した行為者でもあったのだ。

## 四．千三忌と「戦争経験」

### 参加者へのアンケート調査から

ここまでは、主に千三忌を考案し主催する、小原と石川を中心に論じてきた。ここからは、千三忌に参加する側に視点を移してみたい。

千三忌参加者名簿（一九八五～二〇〇六年）によれば、例年、千三忌には北上市内を中心に、岩手県内外から一〇名から三〇名程度の参加者がある。参加者は読書会会員に限定されず、一般の参加者も多い。千三忌に集う参加者のプロフィールと千三忌に対する意識を把握するため、二〇一二（平成二四）年の千三忌にて、参加者を対象とした千三忌に関する意識調査を行った。筆者を除いた参加者の一六名のうち、一三名（男性五名、女性八名）から回答が得られた。単年度の調査のため、過度の一般化はできないが、参加者の特徴の傾向としては以下のような点があげられよう。

①　高齢者が多い（平均年齢六九・五歳、最年少五八歳、最高齢八〇歳）。

②　高学歴者が多い（短大・大卒以上：七名）。

③　継続して参加している者が多い（平均参加回数一四・四回）。

④　何らかの文化社会活動に参加している者が多い（一一名）。

⑤　麗ら舎読書会の会員・会友（旧会員・会友）以外の参加者が半数程度（五名）を占める。

回答者が行っている文化的・社会的活動の内訳をみると、文芸活動が七名、平和活動関連が三名となっており、文芸活動および戦争・平和問題への関心の高さがうかがえる。

千三忌に関する意識について見てみると、参加理由としては、「戦争・平和問題に関心があるから」(六名)がもっとも多く、「麗ら舎読書会の行事だから(五名)」、「文芸活動に関心があるから」(五名)が続く。また、千三忌に対する認識としてもっとも多いものは「戦争体験を語り継ぐ行事」(九名)、であり、次に「高橋セキさん、千三さんを偲ぶ行事」(七名)となる。

千三忌に関する情報は、麗ら舎読書会の案内状や『通信・おなご』、『別冊・おなご』などの発行物、小原麗子・阿部容子(麗ら舎読書会会員)の講演・朗読会から得ていた。小原が講師を務める詩の会の関係者のほか、簾内敬司『千三忌』(二〇〇五)やマスコミ報道を通じて千三忌を知り、県外から訪れた参加者もいる。

千三忌のプログラムのなかで重要なものは何かという問いに対する回答は、「墓参」が八名と最多数であった。筆者が二〇一二年に行った読書会会員に対するインタビューにおいては、田村和子のように、「(ほかの家の墓を拝むことへの)違和感はないですよ。やっぱりセキさんの思いをまず麗子さんが受けついで。母親の思い、同じ女性としての思いっていうか、それを引き寄せて拝んでいこうって。だから全然他人の墓って感じはしないですね」と、とくに抵抗を感じない会員もいれば、当初は血縁関係にない他所の墓を拝むという行為への抵抗感をもっていたと答えた会員も複数いた。

**佐藤弘子**:ちらっとはあったよ。千三の墓を拝むっていうのには抵抗あった。でも話を聞いてるうちに、千三の墓ではなく気もちを拝む、思いを伝えていくんだ、こういう母の形っていうのもあるんだと考えが変わった。よその人の墓を拝むというのは薄れてきてる。伝えていくものなんだなと。〔略〕遺された母の思いだとおもうの。セキさんにすれば、我が子を忘れてほしくないっていう、戦争でわが子を亡くした女の人の立場っていうのはこうなんだよと語り継ぎたい。〔略〕墓を建てたことで自分も慰められたし、訴えるということも形にできた。墓を建てることができなかった女の人たちのことも見えてくるものが私はあった。

**佐藤恵美**：最初のころは、他人の墓参りに抵抗を感じたが、千三さん母子のことを知るほどに、個人の問題ではないことが分かり、理解が深まった。千三忌として戦争のことを考える日としての、『別冊・おなご』の作成や、講演や、演劇、映画などなどに取り組むようになった（二〇一二年アンケートより）。

当初は抵抗感を覚えたという会員も、千三忌を通じて墓を拝むという行為をそれぞれの解釈で意味づけ直していた。千三忌が始まってから二八年がたった二〇一二年において実施したアンケートの結果では、参加者の「墓参」に関する意識については、「高橋セキさんの思いに応えることだ」、「戦争体験を語り継ぐ機会になっている」、「戦争を繰り返すまいと誓う機会になっている」が多数を占め、おおむね肯定的に捉えられていることがわかる。

## 和賀の戦争を「経験」する

ここでは、千三忌参加者である麗ら舎読書会会員たちが、千三忌を通じてどのように戦争と向き合っているのかを、インタビューを中心に検討していきたい。

千三忌特集として発行される年刊文集『別冊・おなご』には、戦争をテーマとした詩やエッセイ、聞き書きなどが麗ら舎読書会会員、会友、その他関係者から寄せられる。東北からの満州へ渡った者が多かったという歴史を反映して、麗ら舎読書会の会員にも、満州からの引き揚げを経験した会員が在籍している。佐藤恵美もそのひとりである。

**佐藤恵美**：生まれてすぐ私はね、満州へ連れてかれたんですよ。満州で育ったのね。私の下三人はみんな満州で生まれてるのね。そして、一年生の時に引き揚げてきたの、戦後。そういうのなかでね、引き揚げてくるときも、私が六歳かな、四人の子どもを連れて、二八歳の母が、一人で来たわけですよね。父は捕虜になって、シベリアに抑留されたの。だから私が六歳で、昭和二〇年に生まれた子が四番目で、一歳の子をおんぶして、リュック背負ってね。引き揚げてきて、そういう体験あるわけですよ。

満州にいたときは「満人」、なんてすごく下に見たりして、汚いとかなんかいってね、やっぱり日本人はいい気していたのね。で終戦と同時に追われる身になってね、まったく難民になって、それこそ雨の日とか夜とか、貨車を動かして、昼間来ると暴動に遭うからってね。逃げるような感じで。貨車でね、ギュウギュウ詰めでね。で、引き揚げてくるときは、私しか頼りがいないわけですよ、六歳のね。母はね、私を頼りにして、内地へ帰ろう、内地へ帰ろうっていってね。で、あれだおね〔あれだもんね〕、石炭を積む貨物船で引き揚げてきたんですよね。四五年が終戦ですよね、四六年の九月に引き揚げてきてね。その翌年父は帰ってきたんですけどね。もう死んだか生きたか大騒ぎしてたんだけどね。〔略〕

（父は）役場に勤めてたので、役人として満州にわたったんですよね。もうあの頃はみんな満州に行け行けだからね。もう中学校か高等小学校の頃、私の家なんかも、就職は満州っていうね、そうふに〔そういう風に〕指導されたったの。だから私の父の兄弟、男三人いるんだけども、三人とも満州に。一人は義勇軍でね、開拓団に行ったし、一人は満鉄に行ったし、でうちの父は役人として。でそこで全員抑留になったんですよ。でも全員帰ってきたんですよ、みな向こうで結婚してね、バラバラになって帰ってきて。

佐藤は一歳で満州へ移住し、一九四六（昭和二一）年九月、六歳のときに引き揚げてきた。この幼少時の引き揚げ体験は、無意識のうちに「満人」を「下に見」ていた自らの植民者としての、「日本人」としての立ち位置を自覚化させることになった。また、長女として母親を支えなければならないという責任感と、女であるゆえに満足にそれができないという葛藤として、女性であることの劣等感を覚える契機としても意味づけられている。

**佐藤恵美**：最初は長女だなんてちやほやされても、結局は。で、私は家の親たちは、男ならいいと思ってたわけよね。それが私も次の妹もって、女が二人。最初の子、亡くしたらしいのね、男の子だったけど。で、なんか親の力になりたいと思うと、男ならよかったって思うってさ。だからなんでも頼りにされるような風に、暮らしてきてるから。

また、小崎（阿部・宮崎）順子[18]も満州への移住と引き揚げを体験している。満州北部で国境を警備する警察官だった父は一九四二年に妻子を満州に呼びよせた。一九四四年二月、小崎は国民学校入学のために帰国、江刺（現 奥州市江刺区）の父方の祖母に預けられる。一九四六年秋、母と弟は江刺へ引き揚げてきた。母親は敗戦直後の混乱のなか、強姦被害を免れるため、肥だめに身を隠しながら逃げてきたという。満州で連合軍の捕虜となった父は同年一二月に射殺され、その遺体は野犬に食べられたということを、一〇年後に引き揚げてきた知人から知らされたという。戦後、小崎が長じてのちに母親が語ったというこの経験談は、「父は犬に食われ母は糞壺にかくれ」（二八号）、「私の目から見えたもう一つの戦後」（二九号）として『別冊・おなご』誌上に掲載されている。

**小崎**：（『別冊・おなご』に母のことを書いているが）あんまり書こうとは思ってなかったけど、ずっと心の中にあった。なんか、発表するんじゃなくて、書いて弟たちとか子どもたちに見せようかな、とか。そんな気もちはあった。機会があったから書いてみようかなって。したら、よくこんなギョッとするような題を書いたなと思って（笑）。このことが一番心にあったの。父と母を思うと、これが一番先にぐっと思い出すのね。

（母は）まだ二九歳だった。直接母から聞いたの。なんで便所の中に入ったのって聞いたら、やっと高校の時に教わって。その逃げたとかそんな話は言わないから。弟たちは小さいから知らないわけ。これ（『別冊・おなご』）読んで初めて、ふーんって。そんなことあったんだって、七〇過ぎの弟がそういってましたね。そうして命がけで守ってきた体だから、あんたも大事にしなさいって、母が死んでからね、私がお姉さんだから（笑）。

また、夫を亡くし「戦争未亡人」となった母親との生活についても記憶している。母は昼間は農作業、夜は提灯《ちょうちん》をもった幼い小崎を連れてマッチ売りをして生計を立てた。

**小崎**：私は日本にいたけど、帰ってきてから母と一緒に苦労したからね。苦労っていうか。こん中（『別冊・おなご』）に書かなかったけど、田舎だから、お風呂って別の建物なんですよね、母屋と。風呂小屋があって。ずっと年取ってから言われたの、母が入ってたら隣のおじさんが戸を開けてお風呂を覗きに来たんだって。田舎だから。夜這いみたいに来たんだって。お風呂のなかでびっくりして。お湯かけてやったって。したらびしょびしょになって帰ったっていう話聞いてね（笑）。あのおじちゃんって、役場に勤めた立派なおじちゃんなんだよね。でも私も大人になってるから、男はそうなんだろうなって……そうなんだろうっていうか、母も若かったし、未亡人だったから、そういう面でも苦労したんだろうなって思う。〔略〕じゃあ、そのおじさん、Ｉおじさん、びしょびしょになって家に帰ったんだろうって思っただけで（可笑しかった〉。川に入ったとでも言うんだろうかって思って。でも毎日顔合わせなきゃいけないから。同じ部落〈当地の方言で、「集落」の意〉だから。畑とか行くときとか。母も自分を守るのにね。女だからいっつも何かを分けるときに、一番最後に、一番悪い場所とか、ものとかしか分けてもらえないこといっぱいあったみたい。

＊夫がいないから。

**小崎**：うん。戦争で殺されてるのに、国のために犠牲になってるのに何だっていうんだけど、みんなそれを助けてくれるんじゃなくて、そういう差別みたいなのがあったみたいだね。そういうこと聞いてると、今のレバノン、シリアでも、どこの女性はそういうことあるんだろうなって思うよね。女性と男性の社会だとすれば。〔略〕

〈満州から引き揚げてきた母の経験が〉やっぱりあるかもしれないね。がっちり。ほんとにあると思うよ。満州での体験とか、祖母の家で暮らしたのとか、全部私の細胞になってるんだろうなっとおもうんですよね。〔略〕

まだ若い戦争未亡人で、母たちが〈戦争未亡人の〉平均〈年齢〉でしょ。そして内地で未亡人になったのとはまた違ってね、帰ってこなくてもいいのに帰ってきたっていうような言われ方して。国内が食べ物がなくて、物資がないのになんで帰ってきたっていうような見方。だからね、助け合いじゃなく、みんながみんなじゃないんだけど、子どもの私の目から見たら……生活が大変だったんだろうね。でも人って大変だから分け合うのと、大変だからやらないっていうので、線があるなって。私はなくても分ける方にいかなきゃって思うのは、やっぱりその体験があるからだと思う。それが尾を引いて、レバノンのほうに行ったんだと思うの。

柔道整復師である小崎は、医療従事者としてシリアやレバノンなどの紛争地帯へ赴き救援・支援活動を行った経験をもつ。東日本大震災以降は、放射能汚染が深刻な福島県内の地域に住む子どもを対象とした疎開事業に携わる。そのような自身の生き方を決定づける経験として、母親と自身が体験した戦争が意味づけられている[19]。

また、敗戦前後生まれの、戦争を直接経験していない世代が、戦争とどのように向き合っているかについても見てみよう。

ポーランド語の翻訳者である田村和子はフェミニズムに関する関心が高く、E・アダミャク『沈黙の存在――教会における女性の役割』（二〇〇八）などの訳書をもつ。フェミニズム的問題意識の「原点」は、「兄弟が兄と弟で、男に挟まれて、育て方が違うんですよね。どうしてなのかな、と考えるように」なったことだという。母は「女は勉強よりも花嫁修業」が口癖だったが、同時に「見栄っ張り」でもあり、田村に北海道学芸大学附属中学（現 北海道教育大学附属札幌中学）を受験させた（田村 二〇〇九：一二）。田村は一九六三年、北海道大学理学部へ進学する。在学中は同大の女子学生たちとサークル「女子学生の会」を立ち上げ、学内の女子トイレ設置のために運動し、ベーベル『婦人論』など、社会主義女性解放論の文献を講読した経験をもつ。大学時代に出会った夫と結婚後、ポーランドへの数度の留学を経て翻訳者としての仕事を始める。大学教員だった夫の退職を期に、一九九九（平成一一）年夫の郷里である岩手に居を構える。

**田村**：（夫は）故郷の岩手山が見えるところに行きたいって、前からいってたの。で、あちこち見て。（夫の出身地の）紫波町も見たし、大迫も見たけど、ここ（金ケ崎）がポーランド的な地形だったのね、丘陵地帯が。たまたま、親戚も誰もいないんだけど、ここに住むことにしたの。

岩手へ越してから二年目から四年間、金ケ崎町の教育委員を務めた。教育委員会でも男女共同参画の問題が取り上げられるようになり、条例作成の準備をしていた頃、石川純子の『まつを媼』に出合った。

**田村**：ぜひ彼女（石川純子）のお話を聞きたいということで、教育委員会とは別に小さな男女共同参画に向けての勉強会を作って、そのグループ主催の講演会に純子さんを呼んだんですよね。それが麗ら舎を知るきっかけで、近くにこういう会があるなら面白そうだから入れてもらおうかなって、純子さんに勧められて入ったのがきっかけでした。

田村は麗ら舎読書会をフェミニズムの学習サークルであると捉えていたために、千三忌で提示される戦争というテーマに当初は戸惑ったという。

**田村**：割とフェミニズム的な女性の生き方を学んでいく、討論するっていうサークルかと思ったら、麗子さんが戦争、戦争と女性の生き方というのを結び付けてきてるんですよね。だから私も最初はちょっとびっくりしましたね。戦争っていう問題が入ってくるし。『別冊・おなご』にも戦争に絡んだテーマを書くんだよって言われて、え、戦争にかかわっていないとダメなの？　という思いはありましたね。

田村は『別冊・おなご』原稿の執筆を戦争に向き合うきっかけとして捉え、専門性を生かし、「『わたしはテイコです』――ポーランド女性が獄中で作った日本人形」（三二号）など、ポーランドにおける戦争をテーマとしたエッセイを誌上に発表している。

また、佐藤弘子は『別冊・おなご』にて、「義父の一生とは」（三一号）、「位牌のない仏壇」（三二号）として父母や義父、親戚らの戦争体験を記している。興味深いのは、千三忌を通じて墓そのものへの「イメージ」が変化したという点である。

**佐藤弘子**：〔十三忌を通して墓というもののイメージが〕変わりましたね。〔婚家の佐藤家の墓に〕知らない人と入るのはやだやだって、最初は言ってたのね。セキさんの場合もね、入るために作った訳じゃないけど、伝える場合にあそこに墓があることで。〔佐藤家の〕おじいちゃんの墓に入ってる人たちのことを、孫たちに説明できるようにしようと。

一一代続く奥州市前沢区の農家の長男と結婚した佐藤弘子は、いつまでも「余所者」として扱われる農家の「嫁」としての立ち位置や、根強く残る「家」の観念に反発し、婚家の墓には入りたくないという思いを抱いていた。しかし、『別冊・おなご』の原稿を書くために家族のライフヒストリーを調査するなかで、家族という身近な存在が経験した戦争から大きな歴史を見るという視座を得た。そのことにより、墓というものを、家制度を象徴するネガティブな存在としてではなく、ユニークな歴史を有する祖先たちの記憶や経験を継承するきっかけとなる場だと意味づけ直したのである。

また、戦争に対する被害者／加害者という認識をめぐる、会員同士のあつれきも生じている。児玉智江は「おりづるらん読書会」時代からの会員であるが、海軍大尉だった亡父と、その娘である自分を戦争の「加害者」であると批判されたことをきっかけに脱会を考えた時期があったという。

**児玉**：〔麗ら舎読書会を〕辞めたくなったことあってね、三、四年ブランクある。〔略〕その時はね、海軍軍人のことで。父が、海軍軍人で、大尉だったたっつうことを〔読書会では〕言わなかったの。戦死した人はみんな石ころと同じだと思ってるから。戦死したんだから、そういう大尉とか何とか関係ないって思っていたのよ。

ところが〔略〕〔石川〕純子さんの〔父親の〕日記〔『潜水艦伊一六号通信兵の日誌』〕が出てきて、「お父さんの事書くんだけど、仙台に行ってくるから、児玉さんのお父さんも調べてきてあげるから」って（純子さんから）電話来たのよ。（父の）名前は八重樫次雄なんだけど、何号の潜水艦で死んだかも分からないしって。私聞いてみるって（言って）、姉に聞いて、伊の二六号だって（伝えた）。

次の読書会まで三週間くらいあったと思うよ。そして行ったらさ、（純子さんたちが）私の父の話してるの。そして（参加者の一人が）「謝れ」っつの、私に。「何で？」っていったの私。そしたら、「オメのお父さんは加害者だ」っていうのよ。「被害者だとばかり思ってたけど加害者だもんね」って。私は「何で？　被害者でしょうよ」っつったの。したっけ〔そうしたら〕、「だって偉いもの」って言うのよ。偉いとかなんとか関係ない、大尉より上の上の上の人あるじゃない、その命令で、うちの父は、偉い人になりたかったかも知れない、分からないけど、そういう軍人の道を選んだんでしょ。なーにもそうだからって、父に戦争せ〔しろ〕とか、人殺せ、って私いったわけじゃないって言ったのよ。ちょっとでも謝ればいいのにっていうけど、私こんなのやだっていったの。そしてその時からね、私脱会を決意したの、嫌だってこんなところって。なーにが謝れだって。〔略〕

（だから千三忌についても）心から行ってるようなところもないんだよ、実は。案外と、惰性で、また来たなぁ、と思って行って、拝んで。セキさんを心から自分の分身みたいにして拝んでるわけじゃない。〔略〕ひとつの、イベントみたいな感じに見てる。なんかね、冷たい目で見てるかも知れない。そういう面もある。[20]

児玉の父、八重樫次雄は海軍大尉として伊号第二六潜水艦に乗船、一九四四年にフィリピン沖海戦にて戦死している。石川の父・幸太郎も海軍軍人であったが、通信兵であったために、その場では戦争の「加害者」であるとは捉えられなかったようである。

児玉は、戦死者は階級に関わらず皆「同じ石ころ」だと捉えているのだという。「父だってね、嫌だと思いながらも、入ってしまったから命令に背くわけに行かないと思ってたみたいだけど、みんなに話したって仕方ない」とも語る。児玉は『別冊・おなご』二一号（二〇〇二）誌上に、「生きる」と題された短詩「潜水艦で戦死した父は／魚の餌食《えじき》になった／その魚を／私が食べて生きる／生きている」を掲載している。階級に関わらない「戦死」の無情さを強調するスタンスが見て取れよう。

父親の海軍軍人としての戦争責任を等閑視することの問題点を指摘することは難しくないだろう。しかし、戦争をめぐる加害性は、単純に軍人／民間人、指揮官／兵卒という立ち位置で自動的に決定されたり免除されたりするわけではない。児玉に対して謝罪を求めた読書会の参加者は、満蒙開拓団の一員として内モンゴルへ入植した女性であり、彼女は「自分が大陸に行ってひどい目に遭ってきたこと一所懸命話して」いた。そこにあるのはあくまでも「戦争の被害者」としての自意識であり、植民者としての自らの加害性は無視されている。

先に述べたように、小原が千三忌を営む背景には、フェミニズム的な意識が強くある。そこには自己主張せず、現状を忍受《にんじゅ》することで侵略戦争を支えたという、女性たちの戦争責任を問い、そのような生き方を越えようとする意図がある。しかし、そういった意識は千三忌参加者全員に共有されているわけではないようである。二〇一二年のアンケートで、参加理由として「女性史・ジェンダー問題に関心があるから」と回答した参加者が一名のみであったことからもそれは推測される。セキが墓を建てた意味を、母性主義的に解釈し、息子を思う母親の願いに重点を置く参加者もいるが、主催している小原自身はそういった側面を主眼とはしていない。しかし、積極的にその〝誤解〟を解こうともしていない。そのスタンスは、先で引用した、小原の「私たちはセキさんを克服できるかですよ、やっぱり、問題は。結論はそれよね。千三忌をやる意味って、本当は。そういうな

〔そういう風な〕ことは決して私、〔千三忌の〕会場では言いませんよ。」という発言にも表れる。

このような主催者側のスタンスは、千三忌という場にどのように影響しているだろうか。成田龍一（二〇一〇）は戦中から戦後にわたる戦争の語りの位相を探るうえで、当事者として自らの経験を語る「体験」の時代、特定の相手に対して経験の具体相を伝える「証言」の時代を経て、一九九〇年代以降を戦争の直接の経験をもたない人たちが多数を占める「記憶」の時代と区分する。経験者の高齢化が進んだ「記憶」の時代は、これまでに語られ書きとめられてきた戦争経験を手がかりに、非経験者がそれぞれ戦争を追体験し検証していくことが要請される時代であり、戦争像を体験／証言ではなく、あらたに社会における集合的な記憶として構成しなおす営み（＝戦争経験の歴史化）が試みられる時代である。

成田はさらに、体験／証言／記憶の三つによって構成される、他者と共有可能な「戦争経験」という概念を提示する。戦争の経験は、あらゆる意味においてその人の人生を規定するがゆえに、戦争を語ることは自らのアイデンティティを確認する作業となり、戦争とどう向き合い、どう受け止めるかによって「主体」が形づくられる。戦争の意味の探究がなされる「記憶」の時代において、千三忌の参加者たちは、墓参や講演、語り合い、そして『別冊・おなご』原稿の執筆などの一連の行為を含んだ千三忌という行事を通して、戦争を記憶し、歴史化している。小原がその意図をあえて言明しないことにより、千三忌は、参加者が和賀の戦争との距離を測り、戦争を「経験」しながらアイデンティティを確認していく場として開かれているといえるだろう。

注

（1）この理由について、大牟羅は、当地の生活綴方運動・生活記録運動と医療社会化運動（命を守る運動）が底流となって戦争への関心が自然に呼びさまされたゆえと述べる（菊池・大牟羅一九六四：一四七）。
（2）「好き連れ」については第二章注14参照。
（3）セイにとっては養母であった。小原がこのことを知るのは姉の入院中、近隣住民の噂話を耳にしたことからである。
（4）個人の人生についての意味構造が大きく変わる人生の危機を照らし出す概念である（桜井 二〇〇二：二一一―二一二）。
（5）藪下彰治朗による新聞記事「平和のあしもと（8）勲章は要らない 帰らぬ息子には墓を」（『朝日新聞』一九六五・八・一二 朝刊一四面）によれば、「出もどり女をかかえる家」は「ベゴ（牛）飼ってる」と呼ばれ、セキと千三は「二合で五銭のカンテラ油」が買えないこともあるほどの貧しい生活を送っていた。この記事をきっかけとしてセキのもとへは全国から多額の寄付金が集まったという（「老母に〝善意のあらし〟「屋根コ直せます」本紙「平和のあしもと」の高橋さん」『朝日新聞』一九六五・八・二七 朝刊一五面、「ニュース・グラフ せがれ、家っコ建つぞ 高橋セキさん喜びの日」『朝日新聞』一九六五・八・三一 夕刊三面）。
（6）三度の道路拡張工事を経て、現在は親族によって墓地に移転されている。
（7）小原が「墓守」をするのは「特別弔慰料」目当てではないかと噂されることもあったようだ。「特別弔慰料」は戦死した軍人、軍属および準軍属に対し、戦後二〇周年（一九六五年）、三〇周年（一九七五年）、四〇周年（一九八五年）、五〇周年（一九九五年）、六〇周年（二〇〇五年）に国として弔意の意を表するために遺族へ支給された。実際には特別弔慰金は線香代や墓守料にあたるものではなく、戦没者等の祭祀を行っているかは支給順位の決定について関係がない。
（8）一九二七（昭和二）年岩手県和賀郡藤根村の開拓農家に次女として生まれる。一九三六年には父母と藤根村の四人で満州のホロンバイル開拓組合へ移住。ホロンバイルで父と妹を亡くし、敗戦による引き揚げのなかでさらに母と弟を失い、昭と姉だけが和賀町にたどり着く。戦後の和賀町で農業開拓を始め、そこで結婚し生計を立てた。
（9）エンロー（二〇〇〇＝二〇〇六）、山地（二〇〇九）など。
（10）一九九二年、六三歳で「慰安婦」だったと名乗り出た。
（11）複数の差別が互いに絡み合ったり錯綜したりしている状態を表す概念。複数の差別は単に蓄積した状態であるのではなく、それを成り立たせる複数の文脈のなかでねじれたり、葛藤したり、ひとつの差別が他の差別を強化したり、補償したり、という複雑な関係にある（上野 一九九六）。
(12) 菊地（二〇〇五）は、リブと法に関する論考のなかで、女性国際戦犯法廷を、女性の分断を正面から問い直した「リブの提起した良質な部分」を再生しうるかもしれない実践として評価する（菊地 二〇〇五：一七四—一七五）。
(13) 「クローズアップいわて『千三忌』——戦争の記憶に向き合う日」（NHK総合 二〇〇五年一二月四日放送）。
(14) 石川純子は、伊藤まつをへの聞き書きのなかで、戦時中に会長を務めていた愛国婦人会と同じエネルギーをもって、戦後は戦死者の慰霊祭を執り行った伊藤に対し、批判的な目を向けている（石川 一九八八：四七）。「平和を愛する母」として主体化した戦後の母親運動を、国民国家イデオロギーに同調し、母性などの女性イデオロギーや家族イデオロギーを強化するような主張を動員した、戦時下の女性運動と質的に連続するものであるとして批判する視点である。
(15) 二〇〇四年四月、イラク戦争で息子ケイシー・シーハン（享年二四歳）を亡くしたシーハンは、息子の死の「崇高な理由」を問うためにブッシュ大統領（当時）との面会を求めてキャンプと座り込みの抗議行動を続け、「反戦の母」として反イラク戦争運動の象徴的存在となった。
(16) 千三忌にて墓参りする際、参加者らは千三とセキの墓の前で記念撮影する。ここからも、参加者が墓を「モニュメント」として捉えている意識がうかがえる。
(17) 石川は、和賀で革新的な平和運動が興隆した理由も、隠し念仏がもつ平和主義的な倫理観に求めている。和賀に住んだ民俗学者・門屋光昭は、県下の隠し念仏について論じた著書のなかで、岩手郡江刈村（現 葛巻町江刈）にて戦後農地解放や村の改革に注力した村長・中野清見による『かくし念仏の村』（一九七三）を紹介している。中野は、村民の柔和な性格や礼儀正しさ、生き物を殺さない風習がつきつめれば隠し念仏のおかげだったと述べており、門屋自身も葛巻での隠し念仏の調査において同様の感想をもったという（門屋 一九八九：三三二）。従来、日本の一般民衆の多くは自身の戦争体験を根底に、宗教的関心の薄いところで平和観を発展させたとされる（山本 二〇〇六）。隠し念仏と和賀の平和運動の関係については検討の余地があり、女性たちのつながりの内実解明と併せて今後の調査課題としたい。
(18) 阿部姓であったが離婚後、再婚し小崎姓となる。さらに2番目の夫と死別後、再々婚により宮崎へ改姓している。本書においては、インタビュー時（二〇一二年）の姓である小崎を使用する。
(19) 幼かった小崎は満州在住時の住所を記憶していなかったが、中国語に堪能な小崎の夫が、当時の写真を手がかりに小崎ら家族が住んでいた地域を割り出した。二〇一三年夏、小崎は夫とともにその地を訪ねた。この旅を記録したエッセイが『別冊・おなご』三二号に掲載されており、小崎は「長い間孤独だった父の魂は癒され鎮まっただろうか。国境が見える場所に立つ寺で、小ぶりの黒曜石を三個拾って帰り、今はない遠い異国の地、満州で生まれた弟二人の土産にした。／七十代の彼らはその石を桐箱に納めて、『父の遺骨の代わりに魂が宿る場にした』」と話している。「私達はやっと父を抱きしめることができたのだと思う」（小崎（宮崎）二〇一四：二五―二六）と記している。

(20) しかし現在も参加し続ける理由には、個人として付き合えるという小原の人柄と、村の中で自分の意志を貫いて生きてきた「魅力」があると語る。

**児玉**：仲間でこうやってお話ししたり本を読んだりして、ここを読んできてって言われても全部読めなかったりいろいろしたけど、その皆さんのお話を聞いてると、やっぱり自分のためになることもいっぱいあったね。だから、私はなるべく行きたかった、そこには。おなごの集まりには。〔略〕小原麗子さんの魅力は確かにあるよ、うん。あのね、（会員の）Tさんもそうだったんだけど、やっぱりね、反発するようなときもあるの。でもね、やってることがそういうことではないのだから、私はあの方には一目置いてるね。〔略〕

ここ（麗ら舎）のおなごたちが優秀だっていった人たちいるけど、そんなんじゃないって、至らない人だってたくさんいるって。だから醒めた目で見てるとこもある。（父を批判されたときに、）そこで切ってしまってもよかったけど、やっぱり小原麗子さんは、あんまり人を差別しないもんね。私にも児玉さん、って話しかけてくれるの。

＊：差別しないというのは、子どもがいるとかいないとか……

**児玉**：そういうのはもちろんないし、くされ嫁御とかそういうのも関係ないし、おなごとして付き合えるっていうかね、なんていうか、好きだね、私はあの人は。どうのこうのいっても。〔略〕（小原の、家と格闘してきた部分というよりは）やってることだね、詩を書いたり、読書会したり、『通信・おなご』発行したりね、ずっと貫いてる、あいうことはやっぱり共感できるね。私が彫刻をやってきてるのと同じこと。そういうこと、子どもいるいない別にしてね。

＊：自分のやりたいことを貫いてる部分。

**児玉**：うん、私もしてるからね、そういうところのつながりかな。

第五章

# 〈化外〉のフェミニズムを拓く

本章では、第一章から第四章までの考察を踏まえ、〈化外〉性に根ざした岩手土着のフェミニズムの思想と活動の特徴を総括し、日本フェミニズム思想史／運動史のなかに定位することを目指す。

一．では小原麗子と石川純子および麗ら舎読書会の思想と活動を振り返り、論点の整理を行ったうえで、戦後岩手において展開したフェミニズムの成因と背景について検討する。二．では岩手のフェミニズムにおける重要な実践である「書く」という行為に着目し、その実践が果たす役割を検討する。三．では〈おなご〉というフェミニズムの主体について論じる。

## 一．戦後岩手に展開した〈化外〉のフェミニズムとは

### 思想史的定位

改めてフェミニズムとは何かを振り返ると、広義には性による差別と抑圧からの解放を目指す思想と運動と定義されよう。近代的人権理念を根拠として、性関係に働く不正義と権力関係を告発した思想であるフェミニズムはまさに「近代の落とし子」である（金井 二〇〇八：二七五）。フェミニズムが性差別構造・女性抑圧構造に目を向け、その変革を求める社会思想である以上、それはそうした構造がなぜ、どのように生まれてきたのか、何をどう変革すれば良いのかを明らかにするような、理論的実践を不可欠とする（江原 二〇〇九：一二）。

ここで戦後岩手において展開したフェミニズムを改めて〈化外〉のフェミニズムと名づけたい。〈化外〉のフェミニズムは、近代における性差別構造・女性抑圧構造をどのように捉え、どのような変革実践を行ってきたのだ

ろうか。そしてその思想と活動はフェミニズム思想史・運動史においてどのように位置づけられるのだろうか。

結論を先どりすれば、〈化外〉のフェミニズムにおいて提起された問題は、いずれも第二波フェミニズムのなかで理論化され、日本のリブ運動において提出された論点と通底する視座に基づいていると考えられるが、二・で見るように、その成り立ちと展開の様相は異なっている。以下ではまず、小原、石川ら麗ら舎の〈おなご〉たちによる〈化外〉のフェミニズムの論点の整理を行ってみたい。

## 「家」と結婚

小原麗子ら麗ら舎の女性たちは、男女平等が達成されたはずの戦後の農村社会においても、依然として存在する私的領域におけるジェンダーの権力構造を問題化してきた。その背景には、戦後改革により家制度が解体され、民主化が達成されたはずにも関わらず、「家」のなかでの女性の地位は低く、とくに嫁は「角のない牛」としての立場を余儀なくされていた状況がある。

『別冊・おなご』二四号（二〇〇五）には、麗ら舎読書会のメンバーが日本国憲法九条と二四条を岩手の方言に翻訳する「お郷《くに》ことば憲法」という特集がある。一九四六（昭和二一）年に公布された日本国憲法は、基本原則として国民主権、人権の尊重、平和主義を掲げる。九条は戦争放棄を、二四条は家族生活における個人の尊厳・両性の平等を規定した条項である(1)。九条は九名が、二四条は三名が翻訳している。このうち、小原が行った「二十四条」の翻訳には、小原のもつ結婚観が表れている。

> 嫁に行《え》ぐ、嫁にもらうって、家《え》と家《え》で娘のやりとりすたんだもの。
> 本人ではなぐ、親が決めだんだもの。うだがら、親安心させるべど思って、行ったっていう人もえだんだ。

ところが、一緒になる時ハ、おなごも五分、おどごも五分で決めるのだっていうもの。これハ、たいしたごどだ。

財産、相続、住む家《え》、別れ話も、女《おなご》と男《おどご》、五分と五分、平等だっていうごどだもの。

「女三界に家なし」の国で、よぐも決めだもんだ。

北上　小原麗子（小原他　二〇〇五：二四）

この翻訳された条文からは、戦後も農村において支配的であった、家と家との間で労働力として「嫁」がやりとりされ、早く嫁に行くことが「親孝行」だというジェンダー規範に基づく「嫁ぎ」の形態を否定的に捉え、家や親とは離れた次元で、対等な個人としての男女の意思に基づき行われるという結婚観が見て取れる。

続いて「家」と結婚に関する小原の価値観が表現された文章をもう一つ見てみよう。

せめて異性と会うならば、田んぼの畦道を歩いて行き、畦道の真ん中、五分と五分の所で会いたかった。彼は、農家の長男だ。戸口に立ったまま歩こうとしない。わたしが行くのを待っていた。行って「家」の中に入ってくれるだろうと思っている。彼には父や母がおり、弟や妹がいる。田畑もあった。わたしが、彼の家の中に入り、母が教えてくれたように、板の間を磨けば良い嫁だとホメられるだろう。母が注意してくれたような方法で、鍬を持ち田を掘れば、仕事の上手な嫁と株が上るだろう。同級生は十七歳で嫁いだ。そのような娘に育てたことが、親にとっての誇りであり、自慢なのだ。それがなぜ、嫁に行っての苦労話、辛くて泣いたという話ばかりなのだ〔略〕縁談は、田畑の面積、家屋敷の広さ、家族の人数などで持ち込まれるが、本人の顔は、長いのか丸いのかさえ分からない。「ええ兄《あに》さん」だと仲人は言うが、どこがどのようにええ人なのか（小原　一九九五：二一四—二一五）。

小原は結婚において、ジェンダー役割が固定化された男女関係ではなく、相互尊重に基づいた全人的な関係性を希求している。これは戦前の家父長制的「家」の理念を否定する際に大きな役割を果たした、恋愛と結婚を結びつけるロマンティック・ラブ・イデオロギーを踏襲する結婚観であるともいえよう。

しかし、小原は戦前的「嫁入り」だけでなく、戦後的「結婚」もしないことを選択した。それは、「男の横に、出来るならやさしい気持で並んでみたいのに、〔略〕『家』の中で、男と女がならべば、『家』はバランと崩壊することは、明らかなのです。」（小原［一九七三］一九八二：四二）という文章からわかるように、戦後の民主化されたはずの「家」のなかにもジェンダーの権力関係が内在しているために、女である小原が自分の生を生きることは構造的に困難であるという認識をもっているためであった。

また、第三章で見たように、石川は「民主化」された戦後的「家庭」のなかにも、家制度とともに過去のものとなったはずの「家父長制」が維持されており、確固とした性別役割分担とジェンダーの権力関係が存在することを、近代家族を営む日常のなかから提起した。同章で扱った麗ら舎読書会の活動のなかでも、夫との関係性を問うた佐藤恵美や渡邊満子らの事例のように、会員たちは私的領域のジェンダー関係を変革するための実践を行ってきた。

家庭や夫婦関係という私的領域におけるジェンダー間の権力構造に言及する彼女たちの問題意識は、女性に対する性差別や抑圧といった現象を個別的・個人的な事象としてではなく、ある種のまとまりをもつ体系（家父長制）として捉え、家族のなかの性支配に抗議の声をあげた第二波フェミニズムと通底する。

しかしながら、家制度や近代家族を批判する彼女らの視座は異性愛を前提としていることが指摘できる。一九七〇年代のリブもまた異性愛中心主義であるという問題を内包しているが（千田 二〇〇三：

六九)、一九七〇年代後半以降、運動の内部から、リブも含めた異性愛社会を批判する「ひかりぐるま」や「まいにち大工」(いずれも東京)といったレズビアン・リブグループが誕生している。岩手におけるフェミニズムにおいては、レズビアンやセクシャル・マイノリティの姿は見られない。麗ら舎読書会における講読文献などを見る限り、男性との対幻想が前提とされたうえで、彼らとのよりよい関係を望む異性愛主義を前提としているという限界を有している。

### 労働と女性解放

第一章で見たように、戦後の農村における女性運動のなかでは、重労働からの解放こそが女性の解放の主要な目標であると捉えられていた。一九五〇～六〇年代における岩手の青年団運動においても、農作業と家事労働を一手に担う農村女性の過重労働問題は女子青年が解決に取り組むべき第一の課題であった。

一九六〇年代、青年団活動のなかで小原たちはこの問題を指し、「農村の主婦はなんとしても二重の労働が強いられているんだからなハン」(小原［一九六〇b］一九八二:一六五)と表現した。「役人や会社員」の「奥さん」は「〈主婦〉という仕事」だけに専念できるのに、「百姓の女」は、「〈主婦〉という仕事の他に、男と同様に、またはそれ以上の仕事に追われる」(小原［一九五六］一九八二:一一一)状況があり、この背景として農業従事者を低賃金のままにおく経済構造の存在も指摘している。男性は外で就業し、女性は家内で再生産労働にもっぱら従事するという近代家族の性別役割分業観を、戦後の農村においてそのまま当てはめることはできないのである。

ここには、つねに都市に奉仕するものとして位置づけられた二〇世紀の農村において、女性は資本主義生産システムを発展させるための無償の、安価の労働力として、二重にも三重にも位置づけられてきた(中

道 一九九五a：五八二）という、性的分業と搾取という視点を与えた後期マルクス主義フェミニズムを先どりする観点を見いだすことができる。青年団の生活記録運動を通じ、小原ら女子青年たちは、母や父、親戚や近所の住民、友人など、身近な人々の、そして何よりも自分自身の生活を見つめるなかで、農村特有のジェンダー構造とそれに基づく問題を暴《あば》き出していた。

近代の資本主義システムと家父長制のなかで農村女性が負う「過重なる労働」を、小原は女性に対する抑圧として問題視してきた。しかし、小原は農村女性を犠牲者としてのみ捉えず、また、農作業の「近代化」による作業労力軽減が農村女性の「解放」に直結するとも考えていない。

小原はエッセイ「囲炉裏《ひびと》について」（一九七九）のなかで、丸岡秀子『女の一生』（一九五三）の、日本の農業は家に縛られた農家の嫁という「女奴隷」の「過重なる労働」のうえに成り立っているという記述を引き、『奴隷』ということばにはなじめないものの、「母」もその典型として生きてきたと述べた後、農業の機械化によって、農作業中の「おなごだぢ」の「高笑いも、なごみも、赤子の声」も消えてしまったことに「物足りなさ」を覚えると記す。

おなごだぢを、「過重なる労働」から解放すべく購入した田植え機械は、その稼働力において、人の十倍もの力を発揮した。が、「過重なる労働」に付随する、高笑いも、なごみも、赤子の声も、共に消し去った。それは当然のことであったろう。だが、予期しないことだった。はぐらかされたようで、なにか物足りない（小原［一九七九］一九八二：三九三）。

小原は高度経済成長期以前の、農業が機械化される以前の農作業に、土を耕し植物に触れる女性たちの肉体を通じた能動性や、人と人とを結びつけるような労働の豊かさを拾いあげる。それは「女奴隷」という言葉で農村女性を犠牲者化し、主体性を剝奪するような評価からはこぼれ落ちる農作業の、そして「農婦」の有する豊かさであろう。このような労働観は、エコロジーとフェミニズムを結びつけた視点からM・ミースらが提唱するサブシステンスという概念に隣接する。[2] サブシステンス概念には、自然と調和して食べるために活動し、命を産みだし命を維持する協働的な労働、という肯定的なイメージが含まれている（古田 一九九五：三二九）。小原には、「農業機械化促進法」（一九五三年）、「農業基本法」（一九六一年）の施行により急速に進展した農業の機械化、商業化、脱サブシステンス化によって、命を育む労働が低く価値づけられること、そして「過重なる労働」のなかでもつながれてきた人間性や「おなご」たちの文化が消えることへの批判的視座がある。

また、女性と労働をめぐる「何が女性の解放なのか」というフェミニズム思想の根幹を成す価値観において、小原と石川は認識を共有している。第二章二．で述べた通り、石川は「孕《はら》み」を通じて、近代的主体として屹立《きつりつ》し、男性並みになることが女性の解放であり、近代化の進展が女性にとって望ましいという「戦後民主主義的男女平等観」と決別する。そしてエッセイ「『女権』の視点から『女性回復』の視点へ」（一九七二）のなかでは、「条件闘争がみのつて〔略〕保育所ができ〔略〕女性は経済的に独立をかちとることができたと」しても、「女は解放されるどころか、かえって職業（社会労働）と家内労働とにがんじがらめにされる」（石川 一九七二：一八〇—一八二）と指摘する。

同様の視点は、一九八一（昭和五六）年から八五年にかけて個人誌『通信・おなご』に連載された小原のエッセイ「『次長職』売ります」にも見いだすことができる。農協職員の「わたし」と「B氏」という男性の対話形式で書かれたこのエッセイは、小原が次長職への推薦を断ったという実体験をベースにしたものである。このなかで、「わが農協にも、女子職員が六十人もいるので……」という理由で、「わたし」を「次長職」に推薦する職場の体質を軽妙に批判してみせる。「戦後民主主義的男女平等」の観点からすると、女性「次長職」の誕生は喜ばしい進歩であるが、「わたし」は「男性並みであることが、いまよりも女性を解放するとも思わない、男性を解放するとも思っていないんだから、迷惑な話よなハン」とも述べている（小原 一九八四a：一四）。『出世』を睨んで上司に従順な男性を見ると、『出世』からの解放こそが先決なのだと思ってしまう」（小原 一九九五：二二六）のである。

つまり、現状の性別役割分業を保持したままで、さらに女性にのみ「男並み」の労働を目指させることは女性を解放しないという意見であり、さらにいえば、長時間労働や私的生活を犠牲として会社に尽くすことが是とされる「男並み」の労働観そのものへの異議申し立てでもある。江原は、「男たち」をうらやみ「男たちの職業的・社会的成功」をねたむ女たちが、自分たちも同じような職業的・社会的成功を収めることを目指して「男女平等」を要求した、という「リブ運動像の典型」は「まったくの誤りである」と述べ、リブのもつ女性解放観が「男並み」を目指していないことを指摘しているが（江原 一九八五：一五七—一五八）、既存の社会構造において労働を通じ「男並み」の社会的成功を達成することがすなわち「女の解放」に直結しないという小原、石川の労働と女性解放に関する価値観はリブと通底するものであった。

## 農と女性

第二章で見たように、石川は妊娠と出産という身体現象を通じて、女である自分の身体を歴史化し、近代化は女性の「自然と健康」を損ない、女性を無力で不安定な存在にしたという視点をもつ「孕みの思想」を展開し、近代が破壊した「女の原型」を東北の農婦のなかに見いだそうとした。

小原もこの「孕みの思想」に触発され、高度経済成長期において激変する農村・農業を女性性と強く関連づけながら論じている。「村・壊れていく時間《リズム》」（一九七六）のなかでは、石川の「孕みの思想」を引きながら、高度経済成長に伴う急速な効率化・工業化・機械化が「農業（自然）」と「女の持つ体内（自然）のリズム」を「切り刻む」と指摘する（小原［一九七六］一九八二：三六七―三七七）。

「孕みの思想」が考える「垂乳根の里」とは、「自然の持つリズム、生物としてのリズムがおりなす世界」であり、それは「自分がいつ生まれたのか、いくつになったのか、わからないまま死んだ」村の「おばあさん」がもっていた、「子どもを産んだ盛り」を人生の「一つの目盛り」とするような「ゆったりしたサイクル」に重ねられる世界でもあった。

しかしこのような「女の持つ時間《リズム》、『農業の時間《リズム》』」は、高度経済成長のもとで進行した農村・農業の激変によって脅かされる。「もはや『戦後』ではない」と表明した『経済白書』（一九五六）を皮切りに、日本全体が経済最優先の国家計画に組み込まれていくなか、自給自足的経営から商品生産的経営が推進される。それは経営の規模拡大、効率万能、利益の追求という「男の論理」の「装甲車」によって「女の体内（自然）のリズム」が「引き裂かれつぶされていったイメージ」を喚起する。同時に進行した兼業農家化により、農家のなかに出現した「勤め人」の存在が、農作業を行う人間の身体に合わせた「農作業の時間《リズム》」を破壊していく。「勤めのリズム」とは、「一年三六五日、一日が二四時間」と決められたうえで、「一時間何円」と時給に換算されうる「管理されたリズム」であり、「生身のからだから『時間』を剝ぎ取って売る『時間』」でもある。農村を壊すこの「時間《リズム》」に小原は「時間の中に鑵詰にされている」ような窒息感を覚えると記している。

さらに、小原は工業化と機械化が「農業（自然）」と「女の体内（自然）のリズム」を「破壊」する論理は、「娘」の「性」を金銭に換えてきた思考と同根であると論じる。戦前、東北地方を襲った大恐慌下の冷害凶作で、「家がつぶれるから」と「娘」の「性」を売るという「一方の性を売っても生きのびられるという差別に由来」した思考こそがこの「不幸の根源」であったと述べる。つまり「娘の身売り」という、農村の貧困と性差別に起因する慣習が、「生身の人間」という「自然」を「金銭」に換える回路をすでに開拓してしまっていたために、時代が下ればその回路は農村中卒者の都市部への「出稼ぎ」を生みだし、農村を破壊するというのである。

ここでは「自然」に配置された農・女が資本主義的経済の搾取対象となる構図とその問題が捉えられている。近代産業社会が自然／文化、男性／女性を対立させ、前者による後者の搾取と支配を正当化することを批判するエコフェミニズム、とくにソーシャル・エコフェミニズムと共通する理論が東北の農村からも提出されていたのである。

女・自然・農を関連づけ、それらを支配し搾取しようとする産業主義を批判する思考は、稲と稲作をめぐる記述からも見て取れる。現在は「米どころ」としての地位を確立している東北の米づくりの歴史は近代以降のものであり、国策と東京の需要に応えようとし、応えたとたんに需要低下と減反が始まるという経緯をたどってきた（小熊 二〇一一：二一七）。敗戦後、深刻な食糧難に陥るなかで食糧増産、とくに主食である米の生産量を増やすことが求められた。一九六六（昭和四一）年に米の自給を達成、約二〇年間で収穫量は三倍近くまで増えたが、都市住民の食生活が変化したために今度は米が余るようになった。一九七〇年、米の在庫が増加の一途をたどったため、政府は、新規の開田禁止、政府米買入れ限度の設定と自主流通米制度の導入、一定の転作面積の配分を柱とした本格的な米の生産調整である減反政策を開始する。稲の作付け面積を制限して収穫量を抑え、育てた稲を実る前に刈りとる「青刈り」が開始されたのもこの頃である。農政機関および農協が農業者に対して「青刈り」を指導した。

一九七〇年、北上市農協金融課の窓口で、休耕奨励金の申請書類をまとめる仕事を担当していた小原は、「青刈り」を指示された北上の農家の女性たちを訪ねている。訪問した小原に農婦たちは以下のように語った。

あゃ、この稲、なすて刈らせるのや、戦争の時のごど思ったらば、もったいねぇでねぇがド、重湯食べた時のごど思えば、刈って投げるごど、無理でねぇがド、涙こぼすたのス。銭や金でねぇド。ちょうど孕み（稲が）の時だったがらなサ。涙こぼすて刈ったのス（小原［一九九〇］一九九一：一一三）。

ちょうど、腹ッコ（稲の）ふぐれできた時なんだもの……。節《せつ》でない時（稲刈りの時でない）刈るのだがら、田はぬがるす、難儀すて刈ったのス（同前）。

小原は、このような北上の農婦たちの語る言葉を書き留め、「孕む稲を、自らも孕む性のおなごだちに刈らせる時代の不幸を、つくづく思う」（同前）と述懐する。また、同じエッセイのなかで次のように記す。

（一九七〇年）三月十日。隣の席では、大阪で開催される〈日本万国博覧会〉の、記念銀貨の取り替えで、人がざわつく。

〈万博〉のテーマは、〝人類の進歩と調和〟だった。が、減反や休耕が人類の進歩とは思えなかったし、同じ金融課での、隣りの席とわたしの席の仕事に、〈調和〉があるとも思えなかった（小原［一九九〇］一九九一：一〇九—一一〇、補足引用者）。

ここには女、自然、農を犠牲にしながら「進歩」を目指す近代主義への批判的視座が表現されている。稲と女を、妊孕性《にんようせい》において重ね合わせるのは小原特有の感性というよりは、「農婦」たちに共通するものなのかもしれない。稲が孕むという表現は石川純子による伊藤まつの聞き書きにも登場する。

・・毎日田サ行って、稲をさすって・・

あれにも「穂孕み」ッあンだよ。
稲の元が、人、妊娠したようにふくらんでいくの・・
その、ププーて、ふくらんだとこサ入ってる穂が上がって行って、立派な稲穂になンだから・・（石川　一九九一：六四）。

「孕む」という言葉にはもともと「（稲などの）穂が出ようとしてふくらむ。張る。」（『学研全訳古語辞典』）という意味がある。稲妻の語源は、稲の夫（つま）の意である（『大辞泉』）。雷は稲の結実期に多く発生するが、雷が稲穂に落ちることによって稲が「孕む」と考えられてきたのである。「稲が孕む」という言いまわしは、標準語圏で暮らす者の感覚からすると詩的に響くが、「農婦」たちの言語感覚においては、「農（自然）のリズム」と「女の体内（自然）のリズム」に密着した自然体の言葉として使用されていたと推測される。それはまた、石川の模索した「女の内界」を表す「農婦」の言語圏を垣間見せてくれるものでもあるといえよう。

## 性暴力とジェンダー

戦後長らく歴史の闇に埋もれてきた「慰安婦」問題が、韓国の女性運動の盛り上がりと被害者の告発によって国際的な注目を集めるようになったのは一九九〇年代に入ってからである。第四章で見たように、この「慰安婦」問題について、麗ら舎読書会ではかなり早い段階で反応を見せている。小原は一九九三（平成五）年、元「慰安婦」たちの痛みに思いをはせた詩「火焔《かえん》の娘　氷柱《つらら》の娘」を発表、「わが娘　わが妹」を「守る」という大義名分を掲げた戦争において「異国の娘たち　異国の妹たち」への性暴力を正当化させた近代日本の複合差別構造を批判している。

また、石川も一九九二年一一月発行の『別冊・おなご』（一一号）において、「内地では嫁ご慰安婦にされで」

というタイトルで、「慰安婦」と「銃後の村」に関する伊藤まつをの聞き書きを行っている。

朝鮮人に限らず、慰安婦になったの、岩手県にも一杯いだはずだよ。
南都田《なつた》（媼の生まれた村）辺りからでも、遊廓になんぼも行ったンだオ。村が貧しいとき口べらしのために、子供から買って……。
ンだから、オラ小《ちい》セとき。「売ってやるド」ッの、うんと恐《お》ッかねがった（石川 一九九二：五四）。

この聞き書きのなかで、伊藤は「慰安婦」問題と関連づけながら、舅が嫁に対して性行為を強要する「粟まき」問題（第四章二・参照）に関して語っている。

戦地だけでねぇ、ここで、一家の家の中でさえ、同じ問題あって、オラ、苦しんだもの。
こっちでは、嫁ご、慰安婦にされで……。〔略〕
自分の嫁サ手ぇつけたり、隣の親父這って来たり、そいなの横行して、もうどうにもならない状態。
やたらにまた、兵隊に取ってッたンだもの。
女の人も、いみじくも耐えしのんでいこうとしているどこサ、汚れた男たちあったンだオ。〔略〕
オラだ、その始末ひでがった。（ひどかった）
嫁ご、その圧迫に耐え切れね。〔略〕
舅は嫁ごサ、手ぇつけてもなんとも思わねンだからネ。
お姑《かか》さんはお姑《かか》さんで、陰に行って、夜だって一人寝して、泣き寝して……〔略〕
まぁず、笑いごとでね〔引用者注：笑いごとではない〕、嫁ごが慰安婦だよ！（石川 一九九二：五七―五八）。

戦時下、息子が出征した場合、息子が復員するまでその嫁を実家へ帰す家もあったが、多くの場合は家事や農作業のための労働力として嫁を置いておきたがった。そのような家のなかで「粟まき」が横行していた。戦時中、愛国婦人会小山村支部（胆沢郡小山村：現 奥州市）の会長を務めていた伊藤まつをのもとには、そのような家のなかで「粟まき」被害を受ける嫁の涙ながらの相談や、嫁からの便りで「粟まき」の被害を知った戦地の息子から抗議の手紙が寄せられるなどしていた（伊藤 一九七〇）。伊藤は「粟まき」を行っていると疑われる家を訪問し、やめるよう説得を試みるも、「他人《ひと》の家サ、からこしゃくな（おせっかいな）」、「国でも生めよふやせよと言ってるんでねーが（ないか）。これが、嫁の救済事業だ」（石川 一九九二：五九）、「家で貰ったのだから、皆して使うのなんだ！」（石川 一九八九：三二）などと嘯《うそぶ》く舅たちに対して、効果的に対処することができなかった。

「粟まき」によって嫁が妊娠した場合、その子どもは「粟穂」と「坊」をかけ「粟坊《あわぼう》」と呼ばれた。「粟まき」によって妊娠した場合は実家に戻って堕胎することが多かったが、婚家や実家で「粟坊」が養育されたケースもあったという。「粟まき」の被害を逃れるために舅を杭で殴って逃げたという嫁や、夫が復員するまで実家に避難することができた嫁もいた一方で、舅に従うことで生き延びることを選んだ嫁もいたという。舅が家のなかで一番の権力者であり、嫁は姑につくより舅についたほうがいい、姑も舅には意見できない、そうでなければ生きていけない（石川 一九八九：二九―三一）という、家父長制と性差別がもたらした悲劇的状況が戦時下の農村で生まれていた。

一九九〇年代に「慰安婦」が問題化した際に、伊藤はこの戦時下の「粟まき」を思い出したのだという（石川 一九九二：五九）。近代のドメスティック・イデオロギー(3)は、生殖中心の家庭内の女とエロス化された街の女を分断した（竹村［二〇〇〇］）。しかし、戦時下の農村においては、「家庭内／国内の（ドメスティックな）」女である「嫁」が性的搾取の対象となり、「慰安婦」という言葉で形容される状況に置かれていたのであった。戦地においては「慰安婦」制度を、銃後においては「粟まき」を生みだした根底にあるのが、女、ことに嫁は「家畜よりも劣って」いるという、戦前から存在するジェンダー観にほかならない。

こうした視点は、東北農村の「娘の身売り」[4]への問題意識とも結びつくだろう。小原は「村・身の置き場のない娘たち」（一九七五）の一節「『村』が胚胎したもの」なかで、一九三〇年代の恐慌下、田畑と引き替えに売られていった娘の手記を引用しながら、「親孝行」な「美談」としての「娘の身売り」が語られる農村の現状を疑問視し、「娘」の「性」を売って一家は生き延びたということは、「娘」の「性」を買う人間もまた存在することを認めた行為でもあると、「性」を買う側へと視点を反転させる。さらに、村の風紀を乱すという「その酒場の女もまた百姓の娘であったということに、人はあまり注意しない」（［小原［一九七五］一九八二：三六二］）と、性的二重基準の存在を指摘する。

ところで、日本人フェミニストの「慰安婦」問題への態度に対しては、在日朝鮮人フェミニスト金伊佐子からの、男や政府にのみ責任追及し、自らの加害責任を黙殺する「エゴフェミニスト」であるという批判がある（金［一九九二］二〇〇九）。このような批判を真摯《しんし》に受け止めたうえで、岩手のフェミニズムにおける「慰安婦」の捉え方を見ると、〝彼女は母、姉妹、そして私自身であったかもしれない〟という意識に基づいた、当事者性の強い問題として捉えられているように思われる。それは戦前から「女郎の供給地」として「娘の性」を売ってきた東北という位置性に根ざした、〈化外〉からのまなざしである。「慰安婦」問題を、構造的凶作がもたらした「娘の身売り」や戦時下の「嫁」に対する「粟まき」と通底する、近代日本のジェンダー問題であると捉えるのである。

加えて、小原らが問題化するのは戦時中の性暴力にとどまらない。戦後、村の「戦争未亡人」が曝《さら》された性暴力、「性の防波堤」となったＲＡＡ（特殊慰安施設協会）の女たち、そして高度経済成長期に問題となった海外買春ツアーの問題なども同様のまなざしで捉えていく。

第四章で見たように、敗戦後、村の「戦争未亡人」たちは「英霊の妻」として「清く生きよ」と強いられる一方で、「夜這い」という性暴力に曝され、加えて夫を誘惑し他所の家庭を壊すやっかいな存在として危険視され、差別的に扱われた〔菊池・大牟羅 一九六四〕。小原たちはこうした「戦争未亡人」の問題を、性差別、性的二重基準、農村女性の貧困といった要因が複雑に絡み合った複合差別の構造に位置づけて捉えている。

小原のまなざしは「平時」の性規範にもおよぶ。以下で引用するのは、職場の既婚男性と長年にわたり交際したうえに駆け落ちした女性（Ｃ子）に対する「共同（便所）」という中傷を耳にした小原が、地域文芸誌『俗天』に発表した文章である。


汚物処理を連想させるものと性の結合は、同じ次元なのか……？〔略〕Ｃ子に対して、共同なになにという男は、俺だけは別だと言いたいのだろう。〔略〕が、共同なになにと言われるＣ子が相手にしたのは、男なのである。「共同なになに」と言って、女一般をも（いう自分をも）おとしめるような言い方をする男たちは、Ｃ子の相手が同性であることに気づいていない。己れひとりだけが、それを言わしめる土壌から自由でいられるはずもないことに気づいていない。

それにしても、男に対しての共同なになにという言葉は、聞いたことがない。男が多人数の女を相手にしようという時には、一種の優越感、または甲斐性として語られる。〔略〕共同なになには、Ｃ子が女性であるために語られた言辞なのだろう。こうした精神構造に、いささかの疑義もはさまずに、労働組合は、「団結」などと言っては、腕を高々とかざす。わたしは腕を上げて、心の中で赤面する。赤面ではすまされない想いは、いつもいつも胸の内奥に埋めてきた。埋めたものは、発芽せずにはおかぬだろう（小原［一九七四］一九八二：三四四）。

男性の性的放埒《ほうらつ》に寛容で女性にのみ貞節を求める性の二重基準を批判する小原は、女性の性を貶《おとし》め、同時に男性の性も汚物処理の次元に貶める、近代のセクシュアリティの暴力性を指摘する。同様の問題提起はリブのなかでも行われた。例えば田中美津は、リブ運動の代表的エッセイである「便所からの解放」（一九七〇）のなかで、女を「便所」に押し込めるシステムは、男の性を「汚物」に貶め、男自身を自らの性から疎外するとし、女の性を便所から解放することは、すなわち男の性を排泄としての性から解放することであると主張した。

また、小原は『別冊・おなご』一七号（一九九八）のあとがきとして、上野千鶴子『ナショナリズムとジェンダー』（一九九八）を引用しながら「従軍慰安婦問題」に触れた後、大阪に暮らす「達夫青年」が母親とともに盛岡に住むS伯父宅を訪ねた際のエピソードを記している。「達夫青年」らが宿泊した夜、酒が入ったS伯父は大工仲間とフィリピンで買春した経験の「自慢」話をした。「達夫青年」の母もSの妻もそれを笑って聞いていた。翌日、「達夫青年」は荷物をまとめて先に帰郷し、その後、親の電話にも出なかった。その後ようやく連絡が付いたが「達夫青年」は「S伯父とつき合うのはゴメンだ」と両親を「シャットアウト」した。

「S伯父は国際社会を侮辱している」と言ったそうです。笑って聞いていた、母親も伯母も許せなかったとも、言ったそうです。わたしとて、そこに同席していたら、笑って聞くしか出来なかったのかもしれません。〔略〕

（達夫青年の母は）夫も、自分も結婚前に性関係を持つべきではないと思っていたと言います。当のＳ伯父の結婚観も、案外、処女性を重んじているのかも知れません。

達夫青年の怒りは、「恥ずべきは元『慰安婦』ではない」（上野　一九九八）という点に、通じているのです（小原　一九九八：五五―五六、補足引用者）。

ここで示されているのは、ドメスティック・イデオロギーに支えられた性の二重基準、女性蔑視、人種差別、先進国と発展途上国間の経済格差などが複合的に絡み合い、女性の性的搾取・性的権利の侵害が「暴力」と見なされず、何らかの理由をつけて女（の性）を売買することを肯定してきた日本の性風土への批判、そしてそれを笑って受け流したり、表だって諌《いさ》めないことで消極的にでも認めてきた、日本の女のひとりである小原自身の自己批判であろう。

平時と戦時、過去と現在の連続性に目を向け、「普段」から存在する差別的構造を捉える視座から「慰安婦」問題を捉える際に提起されたものは、戦前・戦中・戦後を通じて女性の性的搾取を常態化させる性風土を支えてきた当事者としての、ほかならぬ日本人女性の問題であろう。このように、構造的凶作下における「娘の身売り」や戦時下の「粟まき」という負の歴史をもつ〈化外〉という場所から、近代の性のありようを問うのである。

## 成り立ちの背景とその内発性――「働妻健母」への異議申し立て

以上見てきたように、〈化外〉のフェミニズム思想は、私的領域、再生産領域における性抑圧を論点化し、「女とは何か」を問う思想運動である第二波フェミニズムのなかで提起され、理論化された論点を内包している。

本項では岩手においてこのようなフェミニズムが生まれ、展開した理由を、東北の歴史的・社会的背景から検討してみたい。

従来、このような日本の第二波フェミニズムとして捉えられてきたのが、女性の身体や行動を縛る社会規範や社会意識が女性を抑圧していることを鋭く告発したリブである。「the Personal is Political（個人的なことは政治的なことである）」というテーゼにおいて、日本のリブは第二波フェミニズムとイコールでつなぐことができるとする見方が一般的である（加納 二〇一一）。日本においてリブが生まれた社会的背景のひとつとしては、高度経済成長における企業化社会が生産領域と再生産領域の分離を決定的にし、そのなかで、男は会社で働き、女は専業主婦として家事・育児を行うという性役割に基づいた「社員」・「主婦」システム（鹿野 二〇〇四）が構築されたことが挙げられてきた。一九六一（昭和三六）年には、税金の配偶者控除制度が発足し、〝内助の功〟が制度上で認知された。一九六〇年には高等学校の学習指導要領が改訂され、それに基づいて六三年から女子生徒の家庭科四単位が必修となる。男女の特性に応じた教育の必要との名目による女子生徒への家庭科の強調は、核家族のもとで性別役割分業を推進させようというもくろみを示している（鹿野 二〇〇四）。この「社員」・「主婦」システムにおいて女性が割り当てられた役割は、国民国家建設時に誕生し、近代を通じ作用してきた「良妻賢母」規範[(5)]に基づくものであった。明治から大正にかけて、女性は夫を支える「妻」として、未来の国民を産み育て教育する「母」として、「国民」に統合されていった（古久保 一九九〇）。このような「良妻賢母」という近代のジェンダー規範をベースとし、高度経済成長期に政策化されたすべての女性を「妻」や「母」としてしか生かさない状況は、リブにおいて「主婦的状況」として概念化され、問題化された。

主に都市部において展開したリブは、私的領域における性差別を告発し、「主婦的状況」に代表される近代のジェンダーを批判してきたが、農村の女性たちが経験した「近代」の内実は都市部のそれとは異なっている。農村には農村特有の慣習と結合したジェンダーに基づく独自の問題が存在すると指摘されるが（秋津他 二〇〇七：六）、〈化外〉のフェミニズムが生まれた背景のひとつには、このように都市部とは形態を異にする、農村のジェンダー規範がある。

農村部の女性は、農作業における重要な労働力となることが求められてきた。近代的女性ジェンダー規範である「良妻賢母」が農村女性の現実に適応した形で変容して成立したのが、農村における「良妻賢母」たる「働妻健母」である。この概念は戦前、処女会中央部を創立した内務省地方局嘱託・天野藤男により提唱されたもので、農作業も家事もこなし、健康な身体で子を産み育てるという農村の理想的女性像であった[6]。天野藤男の提起した「働妻健母」は、使われた頻度や範囲こそ限られていた（天野の著書と初期の処女会中央部内）ものの、農村女性に求められた役割の実態をもっとも的確に表現した言葉である（渡邊 一九九七：四一五）。家の内外で夫と同じように生産労働に携わりながら、他方で家事労働と子どもの世話を担うという農村の女性の望ましいあり方は戦後においても存在しつづけた。そこで、ここでは戦後の農村において機能した女性ジェンダー規範についても「働妻健母」という言葉を用いて表現したい。

一九五五年から七〇年代初頭にかけての高度経済成長期は農村の激変期でもあった。東北の農村は建設ラッシュに沸く首都圏の産業発展のための出稼ぎ労働者[7]、または地場の典型的には部品供給工場の低賃金労働者などの供給地域ともなり（篠田 二〇一二）、若者は中学校を卒業すると都会へ出稼ぎに出ることが一般化する。若い働き手が流出する一方で、農家の兼業化が進展、夫や息子が農外就労し、妻祖父母（じいちゃん・ばあちゃん・

母ちゃん）が農業に従事する「三ちゃん農業」が一九六三年の流行語となった。

このような時代の趨勢のなかで登場した『ばんげ』（一九五六―一九六一）および『ささえ』（一九五九―一九六四）誌上では、激変する農村のなかで、女子青年たちが「働妻健母」というジェンダー規範へ抵抗し、「働妻健母」規範に従って生きてきた自分たちの「母」の生きざまを乗り越え、新しい時代を切り開こうとする試行錯誤が見て取れる。「働妻健母」としての農村女性の過重労働を問題化する観点から、教育を受け、育児に主体的な責任をもつ都市中産階級的「良妻賢母」の実現を、農村女性解放のひとつのゴールとする意見も見られるように、多くの場合、「母」「妻」や「主婦」という「指定席」におさまることを自明視してはいる。だが、本章の三．で詳述するように、「指定席」に座る女性のありようをめぐる問題提起を行いながら、「働妻健母」という農村のジェンダー規範への違和感を提出している点は、一九七〇年代以降につながるリブ的意識の萌芽だと捉えられよう。

辻（二〇一〇）は、一九五〇年代に隆盛した女性たちの運動に対する社会教育、女性史・フェミニズムの立場からの先行研究が、どのように女性を捉えているかを整理している。一つ目は、女性たちがさまざまな社会運動の主体となり、女性の地位向上が促され、また女性自身の主体性が形づくられていったという点にその意義を見いだす立場である。二つ目は、一九五〇年代の女性運動は、「母」「妻」「嫁」としての「権利拡張」（上野 二〇〇六）を意図し、性役割の問題化、女性（ジェンダー）の問題化を行わなかった点において、一九七〇年代以降の第二波フェミニズムと断絶していることを強調する立場である。三つ目は、一九五〇年代の女性たちも「妻」「母」「主婦」という役割への疑問や違和を話したり書いたりしていたことから、七〇年代のリブを、それ以前の草の根の女性たちの歩みと重ねる立場（天野 二〇〇五等）である。辻はこうした整理を踏まえ、「生活を記録する会」の実践の検討を通じ、生活記録運動と七〇年代以降の第二波フェミニズム、いわゆるリブは、女であることの生きがたさ、それが由来する社会的要因への視点を内包している点で接続的と見ている。

また、水溜（二〇〇五）は、日本におけるリブの歴史が一九七〇年の国際反戦デーにおける田中美津らのデモ（「旗揚げデモ」）に始まるとされていることに関して、これまで日本フェミニズム史においてリブ前後の断絶が強調されてきたためか、六〇年代までの日本社会にリブの萌芽を跡づける企てはそれほど熱心に行われてこなかったと指摘する。そして、リブが大きな社会構造の転換を背景とする草の根的な運動の集合体であったことを考えると、リブ的な視点は六〇年代以前にも提起されていたことが推測できるとし、しばしばリブは輸入品ではなく内発的な運動であったことが強調されるが、だからこそ、女性をとりまくさまざまな社会関係、運動、言説との複雑な関係性を考慮に入れながら、「旗揚げデモ」以前の動きにさらなる関心を向けていく作業の必要性を提起する。

本書においても、一九五〇～六〇年代にかけての女性たちの運動と、七〇年代以降のフェミニズムとの思想的・方法論的連続性を評価する立場をとりたい。七〇年代、都市部を中心として隆盛したリブが、一応の法的な男女平等達成後も残り、女の自由な生き方を規制する「良妻賢母」という女性規範への対抗として立ち上がったのと同様に、岩手の農村では生活記録運動を通じて「働妻健母」のオルタナティブを模索するなか、リブに先駆けて第二波フェミニズム的動きが立ち上がったのではないか。

岩手において第二波フェミニズムの視点を顕在化させるにいたったもう一つの背景が、戦後民主主義の潮流のなか、当地において隆盛した社会文化運動におけるジェンダー問題の捉えられ方である。小原麗子が青年団運動時代を回想した文章を見てみよう。

いやいや、いまより一世代前、わたしは部落（引用者注：当地の方言で「集落」の意）の青年団のなかにいました。本など読んでいればホメられず、麦の土寄せも田植えもうまくならなければと、思っていました。女性青年のリーダーたるもの農村に嫁ぎ、古きをなおし、新しく生きてゆかねばならぬのだと、彼ら（引用者注：青年団の男性団員）は言うのです。わたしは一軒の「家」の板の間を毎日掃き清め、コマーシャルソングのように、明るくしようとも、彼らのスローガンであり、口にするところの「農村の解放」は、なされないのだと思っていました。〔略〕

かつて共に、村のなかで青年団活動をやった彼らの叱責から、いまだわたしは解かれることがない。家に呑まれて摩滅するだろう怖れのために、わたしはたじろぎ、彼らは引きずり込もうとした。家にこだわればこだわるほど「家族制度？ 磯野誠一が書いていたからナ」と言い、いまさら書くべきことでもなく、家などにこだわるよりは、（わたしがいまだ肝腎のことを自覚していないことを指摘し）、『毛沢東選集』や「魯迅」を読んだ方がいいのだと諭すのであった。

――「家族制度」は誰かが書いているから新しい問題ではない？ それじゃ解明された地点から生きてみることはどうなるのか。

彼らは招いてくれるたび、あの老婆（引用者注：小原に縁談を持ち込んだ仲人）と同じ「家」を背負って現われるのであった（小原［一九七三］一九八二：四二）。

この引用に登場する男子青年が言及している本は、法学者磯野誠一と、妻でのちに第二次主婦論争[8]の口火を切った磯野富士子[9]の共著『家族制度――淳風美俗を中心として』（一九五八）であると推測される。本書は戦前の家族国家観について、「淳風美俗」という「家族制度」を支えた道徳から論じたものである。磯野らは戦前の家父長制的な「家族制度」を批判し、新民法により個人の尊厳と両性の平等が定められ、家族の愛情によって結びつく戦後の「民主的な家庭」を理想とする。「家庭」という私的領域において作用する権力関係は「家族制度」の残滓《ざんし》であり、いかにそれを民主化するかが課題となる。戦後民主化の潮流のなかで一般的だったこのような「家族」観を、戦後民主主義に積極的関心をもち、その理解・普及のための勉強会などを行っていた男子青年たちも共有していたと推測できよう。

のちにマルクス主義フェミニズムの視点から、農村女性の二重に負った労働の無償性、さらには農地の分散による家の衰退を防ぐために妻が相続権を放棄する慣例など、都市の主婦の家事労働の無償性では捉えきれない農村の課題が提示されることとなるが（中道 一九九五b）、戦後改革によって民主化されたはずの「家」のなかで、女性が従属的位置に置かれ続け、「摩滅」してしまうという実質的な差別状況へ「共に、村のなかで青年団活動をやった彼ら」は理解を示そうとはしなかったのである。「農村の解放」を女性解放に優越させる社会主義的女性解放論の限界を小原は見抜いていた。

また、六〇年代以降、小原が関わってきた地域史学運動や詩運動のなかでは、小原を特別視する「雰囲気」があったという。

**小原**：いつの時期からかね、結局、麗子さんは特別なんだ、みたいに、詩とか色んな集まりに出て行くと、そのように思われてたったんでしょうね。結婚もしないし。そして男の人たちの色んな集まりにも出て行くし。特別なんだって言う風に、ある意味でチヤホヤされる所もあるし。で、いつからかね、あ、これではダメだと思ったことあるんだよね。〔略〕

男の人って肝心の所ではね、子どもを産んでっていうのが最大の幸せのような感じのものをもってますっけよ。だけども麗子さんは特別なんだし、それなりにあれだからっていう。

あぁ私はここだけでいてはダメだっていうので多分、シフトしたんじゃないですか。もちろんその人達の集まりにも行きますよ。集まりにももちろん行って、意見も言うし。だけどもどっかで、やっぱり、女の視点ていうのをもつ、そこは絶対。ほら、男の人の視点に合わせていけば、別に詩を書くことも文章書くこともどうっつうことないでしょ。そこで詩のあれを磨けばいいことだもんね。男女に関係なく。だから、フェミニズムがやだっていう人たちは、プロの人たちにもいっぱいいますよね。フェミニズムに拘ってる人たちがおかしいっていうか、偏ってるって見てる人たちいますよね。何にも男と伍して、一人前になって物を書いてるんだから、そこさ（女性であることに）拘らなくてもいんだっていう人いますよね。〔略〕

（でも男の人たちの）なかでだけそういう風にしてても、自分自身の抱えてる問題が解決できないっていうことなのね。

北上においては詩運動が盛んであり、小原麗子も同人や会友という形で参画してきた。一九六〇年代以降これらの文化運動を主導し、〝周辺化され、差別されてきた東北〟という視点から、東北や農村をとりまく問題を見つめようとした地域知識人男性たちは、ジェンダー問題には関心を寄せていなかった。

詩人としての実績を積み、男性たちに評価された小原は、いわば〝名誉男性〟としてこのような男性集団のなかに〝特別席〟を与えられた。しかしそこに安住できたとしても、「おなごだから」という言葉で人生の選択肢と可能性が制限されるという、小原が青年期から問題視してきたジェンダー構造自体は変わらない。

小原とともに活動してきた石川についても、同様のことがあてはまる。第二章で見たように、石川は一九六〇年代初頭に東北大学在学中、労働者階級が解放されれば女性解放が達成される、という社会主義婦人解放論を唱える男子学生との関係に悩んでいる。その苦悩がのちの「孕みの思想」というフェミニズム思想を展開する背景となった。

小原と石川の位置は、一九七〇年代、新左翼運動における女性に対する差別・抑圧を問題にしたリブ（とくに大学生中心のキャンパス・リブ）の位置とパラレルである。各々が参画していた文化・社会運動のなかに存在する性差別的意識への対抗として、岩手においてフェミニズムが生まれたという側面があるのではないか。

この問題は、一九七一年、「女であることの生きがたさ」をめぐる問題意識を共有した小原と石川が出会い、女同士で語り合える場をつくったこと、それを「おりづるらん読書会」へ発展させ、一九八四年に「おなご舎」・麗ら舎を設立した理由でもある。第三章で見たように、麗ら舎読書会は地域に根差したジェンダー問題を語る場であり、地域へ展開、女性のエンパワーメントが達成されてきた。麗ら舎読書会に在籍するメンバーは、全員が自覚的フェミニストというわけではない。しかし、岩手という地域のなかで、女性の地位向上や、性差別の撤廃、私的領域での性役割の不平等さや固定性の変革を目指すなど、実質的にはフェミニズムを実践しているのである。

## 二．〈おなご〉が書くことの意味

### 〈化外〉のフェミニズム実践としての書くという行為

小原、石川、そして麗ら舎読書会会員らは、生活記録、詩、エッセイ、聞き書きなどを積極的に書いてきた。

〈化外〉のフェミニズムにとって書くことは重要な方法論となっている。

農村において書くということの歴史を簡単に振り返ってみると、戦前期においては、農村青年のなかには自主的な文芸サークルを作って文芸誌を発刊したり、青年団の機関誌に作文や短歌、俳句、詩などを書いたりするものが登場した。大正期における書く行為の広がりは、デモクラシーや農村改造の機運と重なり、書く行為が農村の青年たちをさまざまな社会運動の担い手として登場させる契機になることもあった。書く行為は戦後の一九五〇年代の生活記録のなかでも確認できる。一九五〇年代は都市や農村で生活を記録する動きが広がった時代であった。戦前の農村青年の文芸誌と比べた場合、戦後の生活記録の大きな特徴は女性が書き手として登場したことであった（大門 二〇〇六）。

第一章で見たように、一九五〇年代から六〇年代初頭の岩手においても、農村の女子青年が積極的に生活記録を書いていた。生活を書くことによって、やがてきたるフェミニズムの潮流に先んじる形で、小原たちは個人的な問題を「農村女性であるわたしたち」のジェンダー問題として共有し、課題化していった。農村の女子青年が「書く」ということは、「角の無い牛」として自己主張せず黙々と労働するステレオタイプな「農村女性」像を、自らの手で書き換えてもいくという、よりダイナミックな意味をもつものでもあった。

一方、生活記録運動に携わった斎藤彰吾などの男性の書き手を中心として、一九六〇年代後半から一九七〇年代以降、北上を中心とした詩運動が隆盛する。一九六一（昭和三六）年には詩誌『ゲェ・ダ・ゴ』創刊、一九六五年には北上詩の会『ベン・ベ・ロコ』が創刊され、小原麗子は同人として参加する。当地の詩運動は、芸術性のみを求める「文学」運動ではなく、生活記録の詩風を重視し、方言を多用した詩と生活記録を融合した新しい詩作品群が生まれ、小原もこの潮流のなかで詩人として活動する。

しかしながら、女性が書き手として登場するという時代を経ても、農村において女性が書き続けることは困難であった。例えば、かつて成田青年会『ばんげ』にて小原麗子らと活動をともにした後、隣村の農家に嫁いだ小原ツカ子は、『北上青年運動史』（一九六五）の原稿を執筆するために取材に訪れた千田茂光に対し、日々の生活のなかで書き続けることの困難について、以下のように語っている。

ンだンス。以前の仲間は、今どうしてるんだべって、時々ふっと思うんス。子供は二人いるし、毎日々々が子供のことと仕事（農業）で夢中で暮らしてるエンス、あ、こんたなことを『ばんげ』の仲間だったときだレバ、書いだったのにって思ったりするごどあるンス。今はもうハア、ペンなんてなかなか持つごどもねえしせめて、『ばんげ』で一緒だった人達と会って話してみたいなあって思うンスドモ……麗子さんや幸三さんや達彦さんやヒデ子さん……『ばんげ』は今はス？　出てねえのスカ？　そうスカ――」（千田　一九六五：四二）。

「青年会を超えて書き続けること」を目指し、詩やエッセイを書いてきたかつての女子青年たちも、その多くが結婚によって執筆から遠ざかっており、小原のように書き続ける女性は珍しかった。さらに、「詩を作るより田を作れ」という「働妻健母」規範の作用する農村において、女性が独身でいること、そして創作活動を続けていることそれ自体が非難の対象であった。

**小原**：子どもも産まないで一人暮らしして、何だか知らないけどもいろいろあれ（詩作）しているっていうのでね、すっごくそのほら、いろいろな見方されるの当たり前なんだもん。（受付を担当していた農協の）窓口に（組合員の男性が）来て、「オメェなんだかやってるつども、子どもも産まねで何になんだか！」って言われたこともありますよ。みんなのいるとこで。ほんっとにあたし悔しくてね、家に帰ってね、泣きましたよ。そして（その男性に反論の）手紙を出そうと思った。あまりにも悔しくて。

一九五〇年代から六〇年代にかけて、女子青年たちは青年会に出かけること、生活を「書く」という行為自体が、自己主張を抑圧される農村女性にとって農村のジェンダー意識への挑戦という側面をもっていた。しかし、そうした行為は「娘」時代という、「嫁」「母」という「指定席」に座る前の、限られた比較的自由な時期にのみ許されていた行為でもあった。青年団のなかでは、結婚後の家庭生活においても問題意識をもって書き続けることが重要な課題とされていたが、小原ツカ子の事例のように、「嫁」や「母」としての日常生活のなかでの実践はやはり困難であった。

小原麗子のように「嫁」や「母」になることを拒否して独身を貫いて書き続けることは、ジェンダー規範へのいっそう厳しい挑戦であった。書くことがフェミニズム的な抵抗実践になりうるような農村の風土のなかで、書くことを選び続けた理由について尋ねたところ、小原は二六歳の頃から愛読していた『思想の科学』のなかで出会った鶴見俊輔の影響を挙げ、以下のように語った。

**小原**：（鶴見俊輔が）文章を書くって言うのはね、自分の考えを作ることなんですって。あぁ、そうか。結局あたしそれやってきたんじゃないの？　訳わかねのに。自分の考えを作るんですってよ。単なる、思いついた時に一人で書いてるからね、誰にも見せないから一人っこだべ、と思ったんだけど、言葉って言うのは社会につながってるし、思いつきしたときには、社会が自分のなかに入ってきてるんですって。〔略〕自分で自分の考えを作るんだったらね、これ単なる知識とかなんかじゃなくって。

同様の趣旨はエッセイ「自分で自分の生を編む」（二〇〇一）のなかでも繰り返されている。このなかで小原は鶴見俊輔『文章心得帖』（一九八〇）を引用し、言葉をもつということは「社会がわれわれのなかに入りこんできた」ことによる「内面化された会話」であり、「『文章が自分の考え方をつくる。』『自分の考えを可能にする』ならば、趣味を超えています」と述べる（小原 二〇〇一：七一―七二）。小原にとって、文章を書くことは単なる自己表現に留まらず、自分の考えをつくるものであり、「自己救済」でもあったという。

**小原**：私「自己救済」って言ってらの。「書くことは自己救済」って、それはずっと前から言ってるけど、みんなには分からないですっけ。拝むとかなんかは（分かるけど）。自分を救済してるんだなぁなんて、私ね、一銭にもならないことをね、やってんだもの。

小原は〝結婚し、子どもを産み育てること〟が女性の唯一の「幸せ」であり〝義務〟でもあるとする価値観のなか、そうしない自分は「役に立ってない」のだと「自嘲」し、「七転八倒」しながらも、書かなければ「潰され」てしまうという思いがあったと語る。小原の感じる苦しみは、農村のジェンダー構造によってもたらされるものが大きく、それは「当たり前」のこととして存在しているために「説明」が難しく、周囲にはなかなか理解されないものであった。そのような環境のなかで、自分の時間をもって、自分の抱える問題を社会的な文脈に位置づけ直し、通信などで「心境」を言語化し周囲に伝えることは、「自己救済」としての意味づけもなされている。こうしたスタンスは、第三章で詳述した麗ら舎読書会の活動内容に加えて、後述する詩の講座にも活かされている。

## 詩作による農村のジェンダーの変革

麗ら舎において書くことを通じて女性たちが自己変革し、エンパワーメントを実現してきたことは第三章ですでに述べたとおりである。ここからは、小原のフェミニズム実践のもうひとつの事例として、小原が主催する詩の講座について見てみたい。一九八五（昭和六〇）年、小原は北上市農協が主催する「くらしの講座」のひとつとして、農家の女性を対象とした詩の講座の講師を依頼された。受講生は北上市近隣在住の、当時五〇代から六〇代の「農家のおばあさん」たちであった。受講生のひとりであった久保田おさち（一九三二年生）は、農家の嫁として母や友人が苦労するのを間近で見ていたために「もともと結婚する気なんてな」く、岩手県立黒沢尻高等女学校卒業後は「代用教員でもしながら好きな詩を書いていきたい」と思っていた。しかし、「女は、結婚して子供を育てることが一番幸せなことなんだよ。詩を書きたかったら、農業をしながら書けばいい」と周囲から望まれ、一九五三年二一歳で隣町の農家に嫁ぐ。だが農業が機械化される以前の時代、朝は三時に起きて田畑へ出て働き、日が落ちてからも家事や内職のために深夜まで働き続ける農家の嫁に、詩を書いたり本を読んだりする時間はなかった（久保田 一九八四：四〇―四二）。

講座の受講生たちはみな、久保田のように農業と家事、育児の三重労働に追われてきた女性たちであった。一九八五年当時五〇代から六〇代であった受講生は、一九二〇年代半ばから一九三〇年代半ば生まれの世代である。農村社会学者の秋津は、おおよそ一九二六年生まれから一九四五年生まれで、一九六〇年代に農家の若「嫁」であった世代を「六〇年代嫁世代」と呼ぶ（秋津 二〇一二）。

第二次世界大戦後の農村の女性たちの社会的地位を「六〇年代嫁世代」というコーホート（同じ時期に出生した人の集団）に注目しながら振り返った秋津の論考によれば、「六〇年代嫁世代」は農業労働をまとまった量として担う最後の「嫁」世代である。山梨県と岩手県で行われた二つの生活時間調査を検討した結果、戦前を生きた一世代前と比べれば、「六〇年代嫁世代」の労働環境は改善されていた。しかし「嫁」として自家農業労働の中心部分を担い、場合によっては、出稼ぎなどの兼業に出かけた夫の代わりに、自家農業を背負う立場にもなった。しかも農作業だけではなく家事も担うことによって、総労働時間は家族のなかでもっとも長かった。一九七〇年代になると、農業機械化の進展や男性の在宅兼業化などによって、次の「嫁」世代はしだいに農業から離れ、「六〇年代嫁世代」は「姑」世代となっても、家事を含めた労働時間がもっとも長い家族員となっている（秋津 二〇一二）。

小原麗子の詩の講座受講生は、ちょうどこの「六〇年代嫁世代」に該当している。詩の会を始めた当初、小原は「六〇年代嫁世代」である彼女らに、詩を作ることは難しいのではないかと懸念していたという。

**小原**：「詩を作るより田を作れ」でね、「詩も作り田も作り」はね、男の人にはできるけども、農家の女の人たちにはできないんだろうって私も思ってたんですよ。男の人はできるかなぁ、女の人が台所だの洗濯してるときに新聞見てるからね、うん、できるかもしれないなぁと、思ったんですけどね。
そしてこの講座をもち始めてね。したっけ〔そうしたら〕、「詩は経験である」。あら、女の人の方が書く材料に恵まれてるなぁって思ったんですよ。子育てでしょ、漬け物、あんらゆる農作業でしょ。それから嫁づとめとかいっ……ぱいあるの、それが詩になるんだったらね、いいなあっと思ったんですよね。そして〔農家の女の人たちは〕書き始めるんですっけ、毎週。

小原はドイツの詩人リルケの「詩は経験である」という言葉に出合ったことで、農家の女性特有の「経験」が詩になるのなら、「女の人の方が書く材料に恵まれてる」と捉え直す。この捉え直しの背景には、生活記録運動を通じて培った、生活のなかから書いていくという経験であろう。そして「農家の女の人たち」が営んできた生活経験そのものを題材とし、彼女らが生活語とする方言を用いて表現する詩づくりを指導する。

「六〇年代嫁世代」は、一九九〇年代の農村女性起業の担い手となったエネルギッシュな世代でもある。農村女性の生き方が変容する狭間で板ばさみの状況が、彼女たちのエネルギーを外部に向かわせて、生活改善グループ活動などで培った同じ境遇の仲間たちとのつながりと、技術蓄積をもとに九〇年代の農村女性起業の隆盛を帰結したのであった（秋津 二〇一二）。農家の娘として、そして農協の職員として、農村の女性をとりまく状況を村のなかから見つめてきた小原は、詩の講座受講生の「六〇年代嫁世代」たちがこのような詩集を出すことができたことを、農村と農業をとりまく状況の変遷に位置づけて次のように分析する。

**小原**：時間は生み出されたのよね。（農業に）機械が入って、台所も（改善され）、寿命も延びたでしょ。結局時間、そういう物が、まっさか男の人は一冊の本を書くとか、残すってできるけど、女の人はいちっ……ばんできないとこで、農家の女の人はもっ……ともできないところでしょ。家事育児、そして農作業だもん。その人達ができるようになったっていうことは、農機が入ってきて台所も改善されてか、衣服も、それから寿命も延びた。時間が生み出されたのよね。そゆうのがやっぱりあって、本をあれ（出版）するっていうことになったんだね。ある意味で画期的なことかも知れませんね。

高度経済成長期を経て、一九七〇年代後半から一九八〇年代にかけて、岩手でも急速に農業の機械化が進み、農村でも家電製品が導入されて家事の環境が改善された。農村型自給自足生活を解体し消費者を大量に生み出す消費社会の到来により、農村においても既製品を購入することが一般的になった。女性の重要な仕事のひとつであり、農作業を終えた夜に行うため過重労働の一因となっていた「繕いもの」からも女性たちは解放された。そして経済発展に伴う衛生状態や栄養状態の改善、医療制度の充実によって平均寿命も延び、「時間が生み出された」ことが、詩を書く「農家のおばあさん」たちが誕生する背景にあると見るのである。これに加え、前述したように農業をとりまく環境が激変する時代に生きた「六〇年代嫁世代」が直面した「板挟み」の状況がある。受講生のひとりである玉山ユキ（一九三二年生）が抱いたような「ただの草取り婆さんや、飯炊き婆さんで、終わってしまいたくない」（玉山 二〇〇三：二四二）という思いもこうした困難から生まれたとも推測できる。

小原は書くということによって自分自身の「心境を伝えたい」という思いをもっていたが、それを書き残しておくという意識は薄かったという。散文集『稲の屍』あとがきにも、所収の散文は「その時どきの私信のように、その時どきで役目を果たした」と考え、「実際、いつだって、いまくらしている周囲の二、三人だけでもいい、自分の気持を分かってもらいたいと思って」書いていたため、「本人は、まとめてみるなど、一度も考えなかった」という（小原［一九七九］一九八二：三九八）。だが、農家の女性たちの詩の講座を続けるうちに、「書いたものしか残らない」という事実を重く受け止めるようになったのであった。

**小原**：（詩の会のおばあさんたちは）「なぁにオレのものなんぞ」ばっかり思ってるからね。そういうもんじゃないんですもんね。後から見るとそういうもんでないですっけ。さっきもいったように、その日は一つの出来事にしか過ぎないからね。どうっつことないんですよ。してまた明日に、またいろいろあるなかの一つの事だから、まぁ。だけども残ったのが、結局これだって纏めてもらったからいいのであってね。何とも思ってないですよ、その時は。

小原は詩「『ドンドハレェー』について」で、次のように書いている。

きょうの上にきょうを重ね／今の上に　今を重ね／今があって　今が消え／今も一生もありません。∥子どもの自分は／どこへ行ったのか／今の今　今の／自分はどこへ行ったのか（小原 一九八七：一〇四）。

「オレの一生って夢だったんだべか、たーんだ夢のようだった」と語る「農家のおばあさん」たちは、子や孫への「形見」として「着物」の代わりに本を残す。「くらしの講座」修了後、小原は受講生を中心として「春・

一番の会」を立ち上げた。前述の玉山ユキもこのメンバーである。講座で作られた詩は、小原の北上読書連絡会時代からの友人である斎藤彰吾のアイディアにより、「春・一番の会叢書」として本にまとめられることになる。詩集の表紙には小原のストールや受講生の手による裂き織りや単衣《ひとえ》を使っている。詩集の制作は文章の校正から紙選び、装丁まで小原が行う。小原の「くらしの講座」からは、これまでに三田喜代『おばあさんとアルストロメリアの花』、川村綾子『駒下駄の音』、玉山ユキ『この手　この指』（写真5―1）、柏葉美保子『人間もよう』、都鳥《とどり》アエ子『言伝て』、高橋キミ『曾祖母からのメッセージ』、昆野カネオ『労苦と笑いと』などの詩集が刊行された。

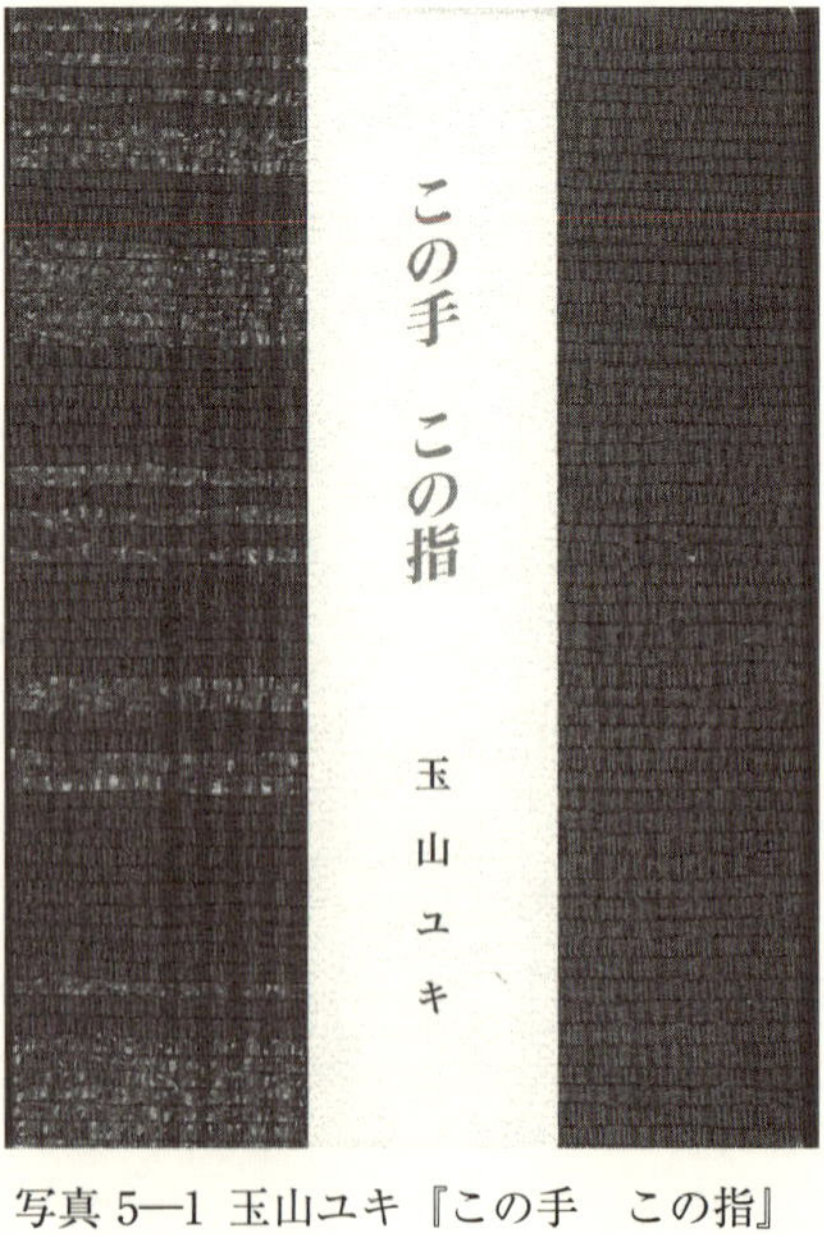

写真 5―1　玉山ユキ『この手　この指』

「孫読んでけるんだべか（読んでくれるんだろうか）」という受講生のおばあさんたちに対し、孫だけではなく、「ぜんっぜん見知らない人でも読んでくれるもんですよ」と小原は語る。「農家のおばあさん」たちによって書きとめられた日常の風景は、農村の貴重な生活史である。疎外され、言葉を奪われてきた「農家のおばあさん」たちが、自らの「経験」を「飾らない言葉で」詩にすることは女性史を残す作業そのものでもある。

一九八五（昭和六〇）年、久保田は詩集『野良着のままで』（一九八四）で農民文学賞を受賞する。その授賞式へともに参列した小原は、久保田と「男でなくて良がったなぁ」と語り合ったのだという。これまで見てきたように、彼女らは農村の貧困や進学の困難、「働妻健母」規範といったさまざまな要因に阻まれる東北の農家に生まれた女性であるがゆえに、男性と同様の「スタートライン」に立つことができなかった。しかし、久保田の詩が評価されたのは「スタートライン」に立つことができず、歩まざるを得なかった「農婦」としての経験を価値づけ直し、東北の生きた言葉、生活語としての方言で詩に詠んだからにほかならない。

第二章で述べたように、「方言」並びに「標準語」「国語」は、明治期、近代国民国家形成のために作られた概念である。「標準」として採用されたのは、東京の教養ある中流社会の男性の言葉であった（中村 二〇〇七a）。そしてほかの地方の方言に比較して、東北方言は劣位に置かれ、周縁化されてきたが、同じ東北の方言を話す男性との関係性のなかでも女性はいっそう声を奪われ、重層的に沈黙させられてきた。沈黙させられてきた〈化外〉の〈おなご〉たちはいかにして語れるのかという問題への答えが、彼女らが生活語とする方言を用いて、従来語る価値がないと思わされてきた彼女らの経験に語るべき価値を付与することであった。

**小原**：まずとにかく農家の娘として生まれた私がね、農家の娘に決められたコースっていうものに抗ってですか、自分自身、生きたいと思ってきたのがこういう形になったっていうことなんでしょう。そして、この（私の）姉の世代の人たちと、今ある意味で、ささやかだけど、実は結んだかもしれませんね。

小原のフェミニズムは、知や経験の価値を反転させ、等閑視されてきた「農婦」たちの歴史を、「農婦」自らが物語る場を拓いたと評価できよう。それは、自己表現することなく沈黙し、自死した姉の生き方を超える方法の一つである。

ところで、「春・一番の会」会員のある女性は、「女の人が出て歩くっていうと喜ばない」夫に、「単なる趣味講座」に行っているといわれることに「腹が立つ」と小原に語ったという。

**小原**：夫にね、単なる趣味だと思われてて、腹が立つって言うんだっけ。単なる趣味講座に行ってるべ、みたいなね。なかなか女の人が出て歩くって言うと喜ばない家っていっぱいあるでしょ、夫がね。単なる趣味じゃないっていうことを、（私に）いつか書いてもらいたいっていうんだよね。

小原はエッセイ「自分で自分の生を編む」（二〇〇一）のなかで、詩の集まりの帰りは「なにか心が解放されたように、足どりが軽くなる」と語る八重樫コメ（一九二九年生）、「詩を書くようになってから、道もしゃんとした気持ちで歩けるようになった」と語る都鳥アエ子（一九二四年生）を取り上げる。八重樫には難聴をもつ子どもがいる。〝障害児〟を産んだ母親として、八重樫は差別と好奇の目にさらされてきた。八重樫は小原の講座で、〝難聴がある子どもをもつこと〟の経験を詩に詠んだ。その詩には「一時的な噂話を黙らせる力」があり、「自分の負に（不幸に）誠実に向き合い、克服しようという精神」があると小原は評価する。また、夫をシベリア抑留で亡くし、「戦争未亡人」として地域の「人目」にさらされてきた都鳥アエ子は、「胸が張り裂けるほど一ぱいになると、《ママ》『ちょっと用事があるから』と墓地に走る」。誰も居ない墓地の亡夫の墓の前で「思いのたけ」を語る。こうした「本心」を詩として表現したことで、都鳥は「自信」をもったのではないかと小原は語る（小原 二〇〇一）。ここから、文章や詩を書くことは「単なる趣味」ではなく、自分のライフヒストリーを振り返り、経験を意味づけし直して「自分の考えを作る」という創造的な営為であるというスタンスが読み取れる。

第三章では、麗ら舎読書会における交流を通じたエンパワーメントの様相を見たが、詩の講座においても受講生同士の交流によってエンパワーメントが実現する事例が見受けられる。例えば、玉山ユキは、息子の離婚が集落の噂となり、落ち込んでいたとき、姪が勧めてくれたことをきっかけとして詩の講座に参加した。そこで三田喜代（一九三三年生）に出会う。三田の息子はドイツに在住しており、離婚歴のあるドイツ人女性と結婚した。

彼女には前夫との間に娘がおり、娘は母親の再婚後も、実の父親との交流を続けながら、新しい父親との生活を送っている。その話を聞き、多様な家族のあり方を知ったことで玉山は「救われた」という。その後、玉山は、息子の離婚という経験を一冊の本にまとめた。

このような女性同士の交流による成長は、第三章で検討した麗ら舎読書会の機能とも重なる。詩の講座では受講生同士の交流によって新しい価値観に出合い、それをまた文章化することで「脱皮」する、つまり「精神構造」を変えていけるのである。小原はそうした女性たちの「精神構造」の変革に「一番興味がある」と語る。

**小原**：その人の暮らしのね、精神構造変えてくその、一番興味があるのね。全然日本人はそういうもの受け付けなかったんだけれども、あぁそっかぁとか。団塊の世代の人たちになれば、もっともっと違った物の見方をしてるしなぁっと思って。ましてやウーマンリブが出てきたでしょ。あれはもう、ほんっと刺激的でした。

書くことを通じた「精神構造」の変革は、農村の女性であることに起因する辛い経験を詩にすることで、経験を客観的に見つめ、意味づけ直す行為であり、「自己救済」的な行為でもある。小原は青年時代生活記録運動に携わり、そこで思想的にも影響を受けた。天野正子は主婦を対象とした生活記録サークル「生活をつづる会」を取り上げた論考のなかで、「書く」ことが近代的な「自己」を育て上げると述べる。生活を「書く」という営みは「考える」という作業を伴うが、その作業が主婦を「わたしは、こう思う」と「わたし」を省略しないでいえる「もう一人」の自分に育てあげ、周囲と区別された「自己」が意識されてくるのである〔天野 二〇〇五：七七〕。小原の詩の講座は、自分の生活を自らの言葉で表現する詩作を通じて社会認識を深め、主体の形成をはかるという点において、生活記録運動の流れに位置づけることができよう。

また、詩が「ぜーんぜん何も思いつかない」が、「ここさ来でから〔ここに来たいから〕」と当日の朝に書き上げた詩をもち、講座に参加する受講生もいる。農家の女性は職住が非分離のなか、家と農作業場に位置づけられてきた。第一章、第三章でも述べたように、女性が一人で出かけることを喜ばない農村において、家を抜けて女性たちだけで集まりをもつということ自体がジェンダー規範からの「解放」であり、この規範からの逸脱行為が農村におけるジェンダーを再編していく可能性をもつ。

〈化外〉のフェミニズムは、比較的行動が自由な都市部の女性になるのでもなく、〝名誉男性〟となるのでもなく、「野良着」を着たまま、「田を作り詩も作るおばあさん」を生みだした。「農婦」が詩を書くことは、既存の農村女性像・ジェンダー観の変革である。書くという行為そのものが、農村部のジェンダーステレオタイプを乗り越え、自らを変革していくフェミニズム実践としてあるのである。

## 三.〈おなご〉たちのフェミニズム

### フェミニズムにおける女性主体——婦人・母親・女

婦人・母・女性・女——。女性運動において、どのような言葉を自称として選択するかは、その運動がもつジェンダー観を象徴する重要な政治的問題となってきた。言語資源という概念を提唱する中村桃子は、人は「ことば」を使う行為を通して、さまざまなアイデンティティをつくりあげているとみなす。話し手は、単に自分に与えられたアイデンティティと結びついた言葉づかいを使っているると考えるのではなく、言語資源を使って創造的に人物造形を行っていると考えるのである（中村 二〇〇七b：一四―一五）。

この言語資源の考え方を踏まえると、アイデンティティは固定的なものではなく、言語行為を通じて構築されるものとなり、自らをなんと呼称するかという言葉の選択そのものが女性としての何らかのアイデンティティを立ち上げようとする創造的な行為となる。〈化外〉のフェミニズムにおいては、どのような言葉が自称として選択され、その結果どのような女性主体が構築されてきたといえるだろうか。

ここではまず、日本の女性運動の主体に着目して振り返ってみたい。一九七〇年代までの女性運動の担い手は、労組婦人部や社会主義運動のなかの女性たちか、さもなければ主婦連や母親大会の女たち、つまり「男に認められたい女たち」か「男にその存在を許された女たち」、「主婦」「妻」「母」などの「女役割」を担う女性たちだった（上野 二〇〇九：三）と整理されてきた。

このような整理においては、一九七〇年代のリブとリブ以前の女性運動の質的断絶が強調される。リブ以前の女性運動の主流が、「母」や「妻」といった社会的に認められた役割に依拠したものであったのに対し、リブは女という一人称を用いて「女であるわたし」が近代のジェンダー役割に細分化されず、総体として生きられることを目指す運動であるといわれている。リブは、言語を含む文化全体が性差別的社会構造を再生産しているという認識をもち、否定的な「女」の意味を変革しようと「女解放」を名のった。リブが生まれた頃、女性は自らを「女」と呼ぶことに抵抗や嫌悪を感じていた。「女」という表現は下品で性的とされていたため、公的な呼称としては、戦後、経済成長とともに専業主婦が一般化するなかで、『婦人画報』や『婦人公論』の読者層が示すように、中流階層の主婦をイメージさせる言葉（広井 一九九九）であった「婦人」が慣例化していた。一九七〇年に発足した「侵略＝差別と闘うアジア婦人会議」の「七〇大会基調報告」では、その名称を決定するまでの経緯に触れ、「婦人」という言葉を使用することについて「〃婦人〃という言葉にも抵抗がありました。三十歳以上は〃婦人〃でもよいが、それ以下は〃女性〃であるという意見、それでは〃女〃にしよう、それはあまりわざとらしいなどいろいろでしたが、結局耳なれた用語を使うことになりました」と述べている（溝口他 一九九二：四四）。しかし、「婦人」とは女全体を包括的に表現する言葉ではなく、性的な対象物として扱ってはいけない女（他人の妻になった女等）という、女のある特定の状態を表すに過ぎない言葉である（江原 二〇〇一：一七二）。

このような「婦人」による運動は、戦後一応市民権を獲得した（藤枝 一九九〇：一）が、その言葉ゆえに「婦人解放」は、「妻」「母」という社会的に認められ、性別役割分業と婚姻制度を前提とした範囲に限定されてしまった。それに対して、リブは自らを「婦人」でも「母親」でもなく、「女」と呼んだ。それは従来の婦人運動との断絶を表現するためであり、女の解放を階級闘争や社会革命に隷属させてきた運動の視点を根底的に転換させることを目指すものであった（天野 二〇〇五：二三六）。

## 「女子青年」という主体

ここからは、これまで本書において検討してきた〈化外〉のフェミニズムにおいては、どのような主体が構築されてきたのかについて考えてみたい。

まず第一章で扱った戦後の青年団運動について見てみよう。『ばんげ』や『ささえ』において見られるのは、「女」、「女性」、「（村の）娘」、そして「女子青年」という言葉である。組織化された青年団運動の一部であるということをまったく意識せずに始まった『ばんげ』の場合、「（村の）娘」「女」「女性」という言葉が「女子青年」という言葉とともに使われるのに対して、岩手県下の青年団運動の女子グループとして出発した『ささえ』

においては、創刊当初より「女子青年」という言葉が頻繁に用いられている。

岩手の青年団運動においては、こういった自称をめぐる言葉の選択に関する議論は行われてはいないようであるが、ここでは運動において使用された「女子青年」という言葉について着目し、その表現がもった意味を検討してみたい。

まず、近代において成立した「青年」という概念を、青年団運動とジェンダーの視点から振り返ってみたい。戦前において農村の若い女性が編成された処女会、女子青年団は、彼女らが目指す姿として「働妻健母」を掲げた。若い女性たちは、若者としてのカテゴリーよりも、「母」になる準備をする「婦人」としてのカテゴリーのなかで、その教養の獲得と生活に直結した技術の習得を求められた。農村女性にとっての「青年期」とは、自己確立に向けた格闘の時期ではなく、良き妻、健康で賢き母となる準備にいそしむための時間であった。戦後、新憲法が制定され、法的な男女平等が一応の達成を見てはじめて、女性にも自我の確立に向けて葛藤する季節としての「青年期」が誕生する。それは女性にとって手探りで新しい生き方を創り上げていくことが求められる初めての体験だった（矢口 二〇〇〇）。

岩手の青年団運動において、女子団員たちはまず、「（村の）娘」として「母」たちの生き方を問い直した。戦後のサークル運動における「娘」という立ち位置をめぐっては、女の「指定席」である「母」「主婦」に納まる前の女性（「娘」）が抱く母への反発には、「女」というカテゴリー自体を対象化する視点が内包されると指摘される（辻 二〇一〇）。

成田青年会においても、彼女らの母親世代が属する婦人会とたびたび話し合いの場をもっている。『ささえ』第三号（一九六〇）の誌上では「母への手紙」特集が組まれ、青年運動に参加する「〝しゃべる女〟」であると

「もらいてがない」という「世間の評判」を内面化し、それを規範として強いてくる母親や周囲の年長の女性に対して異議を申し立てる。青年団運動を通じ、農村の「娘」たちは、女である自らを従属的位置に縛り付け、家父長制的家族関係を再生産する「母」たちを批判的に乗り越えようとし、「働妻健母」という規範にあらがいながら、新しい自己の生き方を模索する「女子青年」として主体化していった。

第一章で見たように、「女子青年」たちは、近い将来「母」「妻」「主婦」として生きることを自明視し、青年団活動はその目標に資するものでなければならないとの認識をもつ者が多い。過重労働にあえぐ「働妻健母」ではなく、家事と育児をもっぱら担当し子どもの教育に責任をもつ「良妻賢母」となることを農村女性の解放と見なす解放観は、「母」や「妻」として生きることを命じる女性ジェンダー規範の埒《らち》内にあるゆえに、フェミニズム的ではないという見方がある。しかし、一九五〇年代末から六〇年代の農村の現状を踏まえた場合、そのように一刀両断することは彼女たちの行為主体性を見誤ることにならないだろうか。女子青年たちは誌上において「農村の場合には母親といっても、ただ単なる労働力でしかない立場に立たされている場合が多」く（藤原 一九六〇）、「憲法にうたわれている男女同権等とは、遠い未来の国の物語りの様にしか私達の目には映らない」（照井 一九五九）という現状のなか、「主婦として、更に教育者としての母親の立場があることを考えてもらいたい」（藤原 同前）と主張する。「良妻賢母」という語は農村女性の新しい生き方を模索するうえで、戦略的に、主体的に選択されたものだった。「おなごだから」といって教育も受けられず、子を産む労働力として婚家に尽くす、「角の無い牛と云う有難く無い別名を頂戴している嫁」（照井 同前）として生きることを余儀なくされてきた、「母達の世代」とは違う、「新しい生き方」を希求する主体が立ち現れてきた証左である。

小原麗子のように、ジェンダー関係やジェンダー規範そのものに異議を申し立てる視座をもつものも、青年団運動と生活記録運動のなかに生まれている。農作業に加えて女性が担う家事労働が「仕事の中に入っていない」とされ、正当に評価されない現状を鋭く指摘した伊藤静江「主婦と洗濯」（『ばんげ』八号）、「女らしかれと何十度言われた今年であつたろう。〔略〕女に見えないんなら人間に見て呉れ！　と叫んでみる。〔略〕反抗の毎日であるから〝女らしく〟する余裕等全く無いんです。」と女性ジェンダーの押しつけに異議を申し立てた黒沢寿ゞ子「らしくあれの一年」（『ささえ』七号）、「世間に好かれる『らしい』女になる事は猫をかぶり、らしく振舞えば世間からは好評されます。ねじ（世間）ひとつで動かされるロボット（女）にすぎないのです。」と女性らしさの演技性を主張した小野寺教子「現状に於ける嫁の座」（『ささえ』七号）、また、「〝しゃべる女〟は嫁にもらいてがない」ということ、青年会の会議において「女子の発言のない事」を問題だとすることの「矛盾」と「関連性」を指摘して、「女子青年」である自らも内面化しているジェンダー観への自省を促す伊藤エミ「雑感」（『ばんげ一号』）、娘を早く結婚させる（「かたづける」）ことを目指す親に対して、「お父さん、お母さん、娘達の本当の幸せを願うならば、さっさとかたづけてさえしまえばそれでよいといった考えを捨てしまって下さい。」と呼びかけ、「田がなくちゃ飯がくえん」農村の現状を認めながらも、「相手の人物などはどうでもよく、家柄などすぐ気にしなければならない現実にたまらない淋しさを感ずるのです。」として、新しい男女関係の切り結び方へ踏み込んだ小原澄子「さっさとかたづけるだけが娘達の幸せではなかったように思う」（『ばんげ』十号）などである。ここには、性別役割分担の撤廃、性・生殖に関わる社会意識の変革など、社会的・実質的平等の確立や、性役割や女性性のあり方、女性規範をめぐって、のちのリブを先取りするような論点がすでに提出されている。

青年団運動、生活記録運動のなかで、「女子青年」という語が選択された意味は、男子を指す無徴の「青年」

という言葉を「女子」という形容詞で有徴化[10]した、というだけではなかった。既婚女性を表す「農村婦人」や「若妻」ではなく、かといって大学に通うエリートとしての「女子学生」でもない、岩手の農村を生きる、独身の若い女性の戦後的主体として、「女子青年」があったといえよう。多くの場合、「嫁」「母」としての女性の生き方そのものを相対化する地点には立っていないという限界があるかもしれないが、戦後民主主義の潮流における、女性の「青年」期をとりまく状況の変化を背景として、青年団活動と生活記録運動を通じ、女性としての自己確立に向けて格闘し思索したのが「女子青年」という主体であった。

## 〈おなご〉という主体

次に、本書で取り上げた生活記録や詩、聞き書きのなかで用いられ、小原、石川、麗ら舎読書会の女性たちのライフストーリーのなかにもたびたび登場してきた「おなご」という言葉に着目したい。「おなご」という言葉は、岩手の方言で「女」という意味であり、「女」と同様、やはりぞんざいで生々しく、差別的語感ももつ。

小原麗子は一九六七（昭和四二）年より個人誌『通信・おなご』、一九八五年からは『別冊・おなご』を発行している。小原に「おなご」という言葉を誌名に冠した意味について尋ねたのが以下の会話である。

＊：この「おなご」っていうタイトルはどうやって考えられたんですか?

**小原**：今は定着してスムーズに言いやすいけども、本当はね、みんなも嫌だったんだと思う。軽蔑してるような、ほら、「おなご」「おなごわらし」。方言のなかでも、嫌な言葉の一つだったと思いますよ。でも、「おなご」にこだわってるのだからね、やむを得ないですね、これ。それだけのことですね、こだわってるのがそこだから。

＊：例えば「女性」とかではなくて、方言の「おなご」っていうのはどういう意味があるんですか？

**小原**：「女」だとなんだか、あの、色んな小説に出てくる、ポルノ小説から何からみんな「女」とかってなってるし、「女性」っていうのはまだやっぱり、気取った言い方のように、身につかないんですよね。「結婚」が身につかないように。今だとある程度みんな「結婚」とかって言葉。「嫁に行く」とか「嫁にもらう」の方が、私たちにはピッタリの言葉なんですよね。「結婚」っていうのは、ちょうど学術用語みたいなね。学術用語っていうのが定着する間は、すんごく私たちって弾いてますよね、世のなかでも。「後期高齢者」なんとかも今に身につくんでしょうけども、今もう嫌で。あ、もちろん変えたようですっけどもね。ああゆうなもので、「女性」っていうのはね、ここの地域では、何て言うの、私自身もまだ馴染んでなかった。「女」の方がまだしも馴染んでるかな。「おなご」。うん。あんまり突き詰めて考えないで私がほら、拘ってるところのもので、うん。

ま、「おなご」っていうの嫌だったんですっけ、みんなも。ほら、「何たら、このおなごわらし〈何だ、この女ガキ〉」とかって、否定的な言葉なのね。でも「女」「女性」……「女性」でも、ちょっとあれだね。でもこう、何て言うの、ずっと、こう定着してくるとね、何かひとつの、普通の私の通信の名前になってね。最初はちょっと嫌だったんじゃない、みんなは。なんで「おなご」なんだべって。否定的に捉えられてるのに。男、おなご。そしてここさ来て方言が見直されるような時期になってますもんね。

＊：そこで、標準語ではなく、「おなご」という方言を使うところが、やっぱり小原さんの、この土地へのこだわりがあるのかなって思ったんですけどね。

**小原**：うん、あんまり土地とかなんかにはこだわったのでなくて、あたしにとってはやっぱり、浮いた言葉でなかったんじゃない。浮いてなかったのね。「女性」とかね、「女」。「女性」よりは「女」って言う方が浮いてないけれども、「おなご」だとなお。「ご」付けることによってか。「おなご」、「ご」だおね（笑い）。あぁやっぱりか、みたいなこと、誰かには、男の人に言われたような気もする。やっぱりか、みたいな。うん、「おなご」にこだわって。

小原は「女」や「女性」という言葉を選ばなかった理由について、「女」という言葉が「ポルノ小説」などで使われるような性的なニュアンスを内包すること、また「女性」という言葉が「学術用語」のように「浮いた」ものであったことをあげる。そして小原にとって「浮いた言葉」ではなく、「こだわっているところのもの」である「おなご」をタイトルにしたのだという。「こだわっているところのもの」とは東北の農村に生きる女性であるゆえに直面してきた種々の問題にほかならないだろう。その問題は〝東北の農村〟という地域性だけに起因するのでも、〝女〟というジェンダーだけに由来するのでもない。

ここで、リブにおける「女」という呼称をめぐる議論を参照しながら、岩手のフェミニズムにおいて「おなご」という言葉がもつ意味を検討してみたい。リブの文章では、「女」に「わたし」というルビが振られているものが多く見られる。以下ではこの「女」を「わたし」と読ませるリブ独特の言葉を〈女＝わたし〉と呼ぶ。リブ以降の世代には、〈女＝わたし〉という言葉のもつ本質主義的語感のため、この言葉に違和感や嫌悪感を覚える女性が少なくないようだ。例えば、七〇年代に子ども時代を過ごした、当時二〇代の女性たちのフェミニズム・グループ「CHOISIR《ショワジール》」メンバーによる座談会では、田中美津『いのちの女たちへ』（一九七二）において多用される〈女＝わたし〉という言葉に対し、掛札悠子が強い抵抗感・拒否感を示している。

私、田中美津の『いのちの女たちへ』は読破できなかった。〔略〕女性運動というのは「女」っていうカテゴリーの自己消滅を計るための差別の告発なわけでしょ。それが、あたかも新たな階層を生み出すような方へいっちゃう。〔略〕田中美津さんが犯している唯一の間違いというのは、私と女をイコールにして語っちゃったところにあったんじゃないかと思う（CHOISIR　一九九二）。

この掛札の発言に象徴されるように、〈女＝わたし〉という言葉への不快感は、複合的である「わたし」という存在を、「女」というジェンダーにのみ還元させるような、本質主義的な語感からくるものが大きいだろう。「女」を「わたし」の本質としたことにより、女を語ることが「わたし」を語ることに取って代わられ、同時に「わたし」が「すべての女」を代表してしまうことへの拒否感と危機感につながるのである。

リブにおける〈女＝わたし〉概念を扱った菊地（二〇〇四）は、リブにとっての「自分」は、社会的な権力関係の網目のなかに発見される存在であって、他者との関係性を変革していくための基点として認識されているとする。しかしながら、〈女＝わたし〉を、「女が一緒であるという幻想」であり、「女」という立場の共有性を求められ、権力関係が隠蔽《いんぺい》されるものとして否定的に評価している。一九八〇年代以降、「女が一緒であるという幻想」に依拠し、「女」の内容を不問とした本質主義的フェミニズムに対し、フェミニズム内部から疑問が投げかけられ、「女」の身体、経験、意識、利害などの諸概念までもが改めて問い直されてきた。ポストモダン、ポスト構造主義を経た今日のフェミニズムにおいては、アイデンティティは複合的であり、〈わたし〉という主体は「女」というジェンダーにのみアイデンティティをもつわけではないという捉え方は自明のこととなっており、リブを含む第二波のフェミニズムは「女」というカテゴリーを当然のものと見なす本質主義、アイデンティティ・ポリティクスであったという限界が指摘されている。女性の多様性・異なる立場性を重視することなしに安易に「私たち女性」とひとくくりに前提することは不可能であり、しかも女性への抑圧にほかならない（牟

田 二〇〇六a)。

一方、千田(二〇〇五)は、〈女=わたし〉概念を検討し、リブの現在的意義を、さまざまな属性で分断され対立させせられてきた「女」の全体性を回復するための運動であったことに求める。ここでの「女」とは、集団としての、カテゴリーとしての「女」であり、同時に個々人に投げかけられる(アイデンティティとしての)「女」でもある。「女」であることと「わたし」であることは切り離せず、かといって「わたし」の存在は「女であること」に還元され尽くされるわけでもない。リブは、この社会のなかで「女」として処遇されることを中心に見据え、「女」であることを肯定的に意味づけ直し、「女であるわたし」を従来とは異なった形で生き直そうとした。「新しいわたし」を作り直していく作業を通じ、引き裂かれた「女」の全体性を回復していく方法論がリブ思想の真骨頂であると千田は述べる。

ジェンダー化と主体化の関係を見てみれば、身体が人間の身体として資格づけられるのは、その身体が文化的に理解可能な「女」「男」というカテゴリーに一致したときである。ゆえに、「ひと」は〈つねにすでに〉ジェンダーであり、「ひと」の身体は〈つねにすでに〉性別化されている。つまり、ジェンダー化される以前の中立的、抽象的な「ひと」は存在せず、ジェンダー化されることではじめて「主体化=隷属化」できるのだということができる(バトラー 一九九〇=一九九九、竹村 一九九九)。このジェンダー化の装置のひとつに言語がある。話し手を「女」と「男」に明確に区別する言語資源をもっている日本語は、「人間は女か男のどちらかである」という社会的信念を日常的な会話において再生産し、異性愛規範を支える言語的装置として機能している(中村 二〇〇七b:九六)。

リブが「婦人」や「女性」といった社会的に適切とされる言葉ではなく、差別的響きのある「女」という言葉を選択したこと自体が、日本語の言語的装置を用いて「女」というジェンダーを新たに意味づけし直すという行為であった。〈女＝わたし〉とは、単一的で首尾一貫した個人ではなく、内部に外部に無数の矛盾と引き裂かれを抱え込んだ存在である。〈女〉の身体を生きる「わたし」にとって、「女」であることと「わたし」であることは不可分である。規範的なジェンダーからのズレを含む「ここにいるわたし」を「女」と呼ぶことは、さまざまな属性に分断される女性性を内包する「わたし」全体を回復し、行為遂行的に総体としての〈女＝わたし〉をつかもうとする日常的実践だった。(11)

一方で、「女」という日本語は、日本内部の地域性・場所性の複数性からは切り離された標準語である。対して方言の「おなご」という言葉には東北に付加された〝後進性〟や〝前近代性〟というイメージ、あるいはその裏返しとして、東北を縄文に連なるロマン化された前近代のユートピアとして描くイメージを内包する。「女」という「標準語」ではなく、「方言」の「おなご」という言葉を選択することによって、小原らが生まれ、成長し、生活してきた地域とのつながりが強く連想される。小原をはじめ、麗ら舎読書会の女性たちは、農村を捨て、比較的行動の自由が得られる都市部へ移り住むのではなく、地域のただなかでフェミニズム的活動実践を行ってきた。その理由について小原は次のように語る。

＊：フェミニズム的な考え方をもっていると、東京とか都市部に出るパターンが多いんじゃないかと思うんですけど、都会に出ることは考えなかったんですか。

**小原**：やっぱりさっきいったみたいに、男の人たちにチヤホヤされて、でも私の抱えてる問題はここでは解決しないっていうことと、やっぱり地域のなかでやらなきゃ物事変わっていかないっていう何かもあって。あの生活記録運動、身の回りにこそ問題があるんだっていう発想、それが身についてるのかもしれませんね。
私が抱えてる問題、まぁ、農村の女性の問題だからね。それがここの北上とか成田とか、岩手県じゃなくって、日本全体が抱えてる農村の問題で、そして私が女性とかなんかで嫌な思いをしたことは、結局その韓国の女性とか、世界中の女性が抱えてるあれに、普遍化してくっていうことなんでしょうね。〔略〕普遍化できなきゃまぁそれまでのことかな、みたいなことなんですね。

小原が「おなご」という方言を個人誌や文集のタイトルに選んだ理由には、都会に出ることで、「女」である「わたし」の行動を縛る地縁や血縁から自由になったとしても、小原がもっとも解決したい岩手の農村女性である「私」が抱える問題が根本的に解決されるわけではないという考えがあった。岩手のフェミニズムにおいて、使用可能な言語資源のなかから、最適な語として選ばれたのが「おなご」であった。〈女〉ではなく〈おなご〉として主体化する〈化外〉のフェミニズムは、都市部のフェミニズムが着目しなかった問題、農村特有のジェンダー構造を背景とした女性の「部分化」を問題化することになる。既存の女性学やフェミニズムのなかで用いられてきた「女」や「女性」という「標準語」では、〈化外〉のフェミニズムが取り組む東北、農村という場所に関連したジェンダー問題と女性内部の多様性が不可視化されてしまう。さらに、「おなご」という方言の選択は、東北という場所から、「わたし」の抱える問題を、「日本」や「世界中」の農村・女性が抱える問題へと「普遍化」していこうという立ち位置の表明でもある。

ここで、第一章から四章にかけての検討を通じて析出された〈おなご〉という主体像を今一度振り返ってみたい。第一章では、農村に生きる「女子青年」という〈おなご〉たちは、戦後民主主義の潮流において、女性の「青年」期をとりまく状況の変化を背景として、青年団活動と生活記録運動を通じ、新しい生き方を模索する主体であった。第二章で扱った石川純子の「孕みの思想」においては、東北農村の〈おなご〉（農婦）は近代から疎外されたがゆえに、近代が捨て去った知恵と豊さを育む存在として提示された。第三章で取り上げた麗ら舎の〈おなご〉たちは、力の発揮を阻害する環境のなかに生きながら、〈おなご〉同士が集い、互いをエンパワーし、ジェンダーを含む社会関係の変革を目指す存在であった。第四章を通じて見えた〈おなご〉は、権力の網の目のなかで家や国へ抵抗する行為主体性を有した存在であり、そうした〈おなご〉の戦争経験と記憶を継承しようとする実践を通じて、戦争を支えた近代のジェンダー構造を〈化外〉の地から越えようとする主体でもある。

つまり、〈おなご〉とは、女性としてジェンダー化され、かつ岩手という場所に位置づけられたフェミニズムの主体であり、〈おなご〉たちのフェミニズムは当地の歴史・経済・文化的背景に内発し、近代化の矛盾をはらんだ地域の課題に真向かいながら展開してきた。これは〈化外〉性を転換し、力の源泉とするような、〈おなご〉による、〈化外〉のフェミニズムということができよう。

〈化外〉のフェミニズムは、〈化外〉の「女」、つまり〈おなご〉であることを引き受け、〈おなご〉のまま、場所性とジェンダーの二重の抑圧からの解放を目指す。その際に、自らを抑圧するジェンダーと場所性そのものを文化資源として活用する(12)。

外部から抑圧的に規定されてきた〈おなご〉というカテゴリーを引き受け、〈おなご〉として主体化しながら、同時に〈おなご〉の内実をずらし、知を変革していく。「田も作り詩も作る」〈おなご〉たちは、行為主体として、再帰的に抑圧の源であったジェンダー、〈化外〉という場所性をも変革していくのである。

## 注

（1）条文は以下のとおりである。
①婚姻は、両性の合意のみに基いて成立し、夫婦が同等の権利を有することを基本として、相互の協力により、維持されなければならない。
②配偶者の選択、財産権、相続、住居の選定、離婚並びに婚姻及び家族に関するその他の事項に関しては、法律は、個人の尊厳と両性の本質的平等に立脚して、制定されなければならない。
（2）ミースらによれば、人間と自然との搾取的で破壊的な関係が産業主義の本質的な性格である。女性の領有も女性が自然と定義されることによって起こり、合理化されるのである。女性と自然の領有を廃止して作り直される、新しい人間と自然の関係の基礎となる概念がサブシステンス生産である（ミース 一九八八＝一九九五、古田 一九九五）。
（3）ドメスティック・イデオロギーとは、人を男か女に分別し、男には公的領域、女には私的領域を割り当て、さらに女を、家庭のなかのまともな女と家庭の外で働くいかがわしい女、また、敬意を払うべき国内の女と敬意を払わなくてもよい国外の女とに分断する性規範である。竹村はドメスティックという語に「家庭」と「国内」の二つの意味を込めて用いている（竹村 二〇〇〇：一二）。
（4）内務省社会局社会部『芸娼妓酌婦女給の本籍地並稼業地別人員調』（一九三五）によれば、一九三五年における東京の娼妓（公娼）総数七三〇〇人のうち、東北各県の出身者は三七四八人と五一・三％を占める（一戸他 二〇〇八）。近代日本の殖産興業政策がもたらした産業構造の地理的偏りから、東北地方は産業基盤が脆弱である状況下、凶作の発生により、「身売り」という社会問題が発生した。東北地方で顕在化した日本経済の近代化の矛盾は、女性の性を売ることと直結していた（伊藤 二〇〇四）。ただし、「身売り」とは身代金を取って約束の年季の間、勤め奉公をすることを指し、「娘の身売り」という言葉は女中・子守・女工として出稼ぎするための女性の離村という意味でも用いられていた。にも関わらず、その多くが「醜業婦」であるかのような報道がなされ、「身売り」が横行する理由が東北の〝後進性〟にあるとされていた点には注意が必要であろう。ただし、女中等として出稼ぎにでたが、当人や親の意に反して「醜業婦」にされた娘も多く存在した（山下 二〇〇一）。
（5）ここでいう規範とは、特定の社会的集団のなかで、その成員が自己あるいは他者の行為に関し、ある一定状況のもとで何をなすことを期待されているか、あるいは逆に何をなすことを禁じられているかということについて共有している理想型あるいは行為基準を指す。規範は思想を現実化する装置として機能する。政策化され、社会通念となった規範が現実にどう働いたか、受け手たちは、それをどう内面化していったか、また規範からの脱出をどう図り、規範自体を実質的にも理論的にもどのように解体したかという視座（舘 一九九二）に立つ。

（6）「働妻健母」規範は、植民地朝鮮の女性に対しても作用した（朴 二〇一四等）。

（7）岩手県内陸部の農家出身である筆者の祖父母もこの「出稼ぎ」を経験している。祖父は出稼ぎ大工として、祖母は旅館の住み込み手伝いとして、いずれも中学を卒業後、東京で働いた経験をもつ。

（8）戦後における主婦をめぐる論争であり、主婦の職場進出をめぐる第一次主婦論争（一九五五―一九五九）、主婦の行う家事労働の経済的評価をめぐる第二次主婦論争（一九六〇―一九六一）、主婦の立場の正統性をめぐる第三次主婦論争（一九七二）がよく知られている（妙木 二〇一二）。

（9）磯野富士子は「婦人解放論の混迷」『朝日ジャーナル』（一九六〇・四・一〇）において、家事労働の無償性を問題化した。

（10）対立する二つの項がある場合、両者はいくつかの特徴を有したうえで、なんらかの特徴によって区別される。「有徴（marked）」「無徴（unmarked）」とは、このような対立が、一方の項にはある特徴が存在し、他方の項にはそれが欠如するという形で成り立っている場合を指すが、一般に、より一般的、中心的、標準的なものが無徴となり、より特殊的、周縁的、例外的なものが有徴となる（中村 二〇〇七a：一〇九）。

（11）当時の女性たちの動きに対するウーマン・リブという呼称は、朝日新聞都内版「ウーマン・リブ〝男性天国〟に上陸」（一九七〇・一〇・四）で蜷川真夫記者によって付けられた（斉藤 一九九八）。初期のリブの文章には、「リヴ」という表記がかなり見られる。これは「リブ lib」の誤記というよりはむしろ、リブと呼ばれる動きが、女の「生 live」と密接に関わるものであることを直感したゆえだと考える。和製英語としてのウーマン・リブは、「自らの性＝生＝リブを問う」（『女・エロス』創刊の辞）や「東外大 LIB&V」（グループ名）という用法に見られるような、日本語的な言葉遊びを通じて、〈女＝わたし〉の「性」と「生」をリンクさせた、日常的実践としてのリブ運動の特質を表現する言葉になっていった。

（12）『資料日本ウーマン・リブ史』においても、グループ名などに方言を使用したものは、「めらはんど」（津軽弁で「女の子たち」の意。『美々の手紙』（青森県弘前市）が主催した土曜定例の女同士の語らいの会。）にしか見られないようだ。数も少なく確かなことはいえないが、東北地方の方言が言語資源として認識されている点で示唆的である。

終章

# 本書のまとめと今後の展望

## 中央／辺境の二項対立を越えて

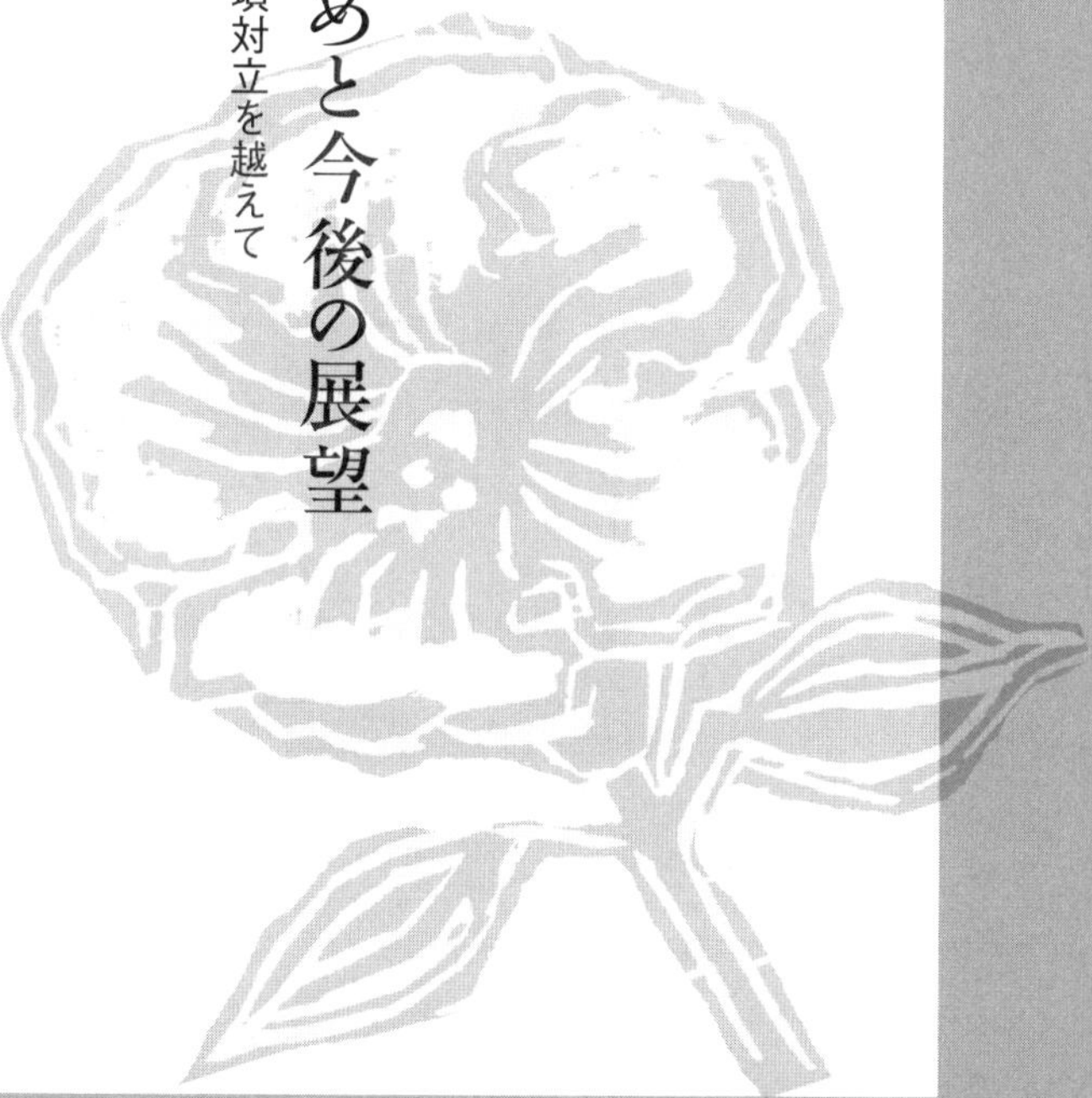

## 一．本書のまとめ

本書では、岩手におけるフェミニズムの思想と活動の内実を明らかにするとともに、それらを日本女性運動史・フェミニズム思想史のなかに定位することを目指して、岩手のフェミニズム――〈化外〉のフェミニズムの特徴を検討してきた。本章では序章から第五章までの議論を今一度振り返ったうえで、本書の結論をまとめたい。

序章では、「東北」という地域の歴史的位置づけと日本におけるフェミニズムの潮流を振り返ったうえで、本書の鍵となる〈化外〉と〈おなご〉という視座について検討し、〈化外〉のフェミニズムの可能性を提示した。

第一章では、戦後岩手において展開したフェミニズムの思想と活動を明らかにするための端緒として、麗ら舎読書会の設立者である小原麗子を取り上げ、一九五〇年代から一九六〇年代にかけて小原が参画した、女性たちの青年団活動および生活記録運動について考察した。自らの女としての新しい生き方を模索した小原ら「女子青年」たちは、青年団運動と生活記録運動を通じて、「妻」「母」「主婦」という役割への疑問や違和を話し合い、書いていった。これらのプロセスを通じて、「女子青年」たちは個人的な問題を「農村女性であるわたしたち」の問題として共有し、性差別を意識する視点を形成していった。青年団運動と生活記録運動が岩手におけるフェミニズムに果たした役割は大きく、文集作成、学習会といった生活記録運動のスタイルは、七〇年代以降麗ら舎読書会にいたるまで、主要な方法論となっていることを確認した。

第二章では、小原とともに麗ら舎読書会を支える中軸となってきた石川純子に着目し、エッセイとライフストーリー・インタビューから、妊娠・出産という女性特有の身体経験の内実を語る言葉を模索し、従来とは異なる女性のありようを立ち上げようとする「孕《はら》みの思想」について検討した。「孕みの思想」は、「孕む」身体とその経験を思想の基点として、近代がもつ女性性を疎外する構造を看破《かんぱ》し、母性幻想と戦後民主主義的男女平等論へ異議を申し立てる近代批判の思想である。また、心身二元論を前提とする近代的主体とは異なる新しい主体「孕んだ個我」を打ち立て、歴史・社会・文化を再検討する挑戦でもあった。さらに「孕みの思想」は、近代において「辺境」として位置づけられ、疎外されつづけた「化外」の「農婦」は、近代が引き裂く前の「女の原型」であると捉える視座から、「農婦」が保持する方言のなかに、女の身体性を言語化する可能性を見いだす「聞き書き」という実践へも展開していったと考察した。

第一章および第二章では、岩手におけるフェミニズムの中心的人物である小原麗子と石川純子の思想的来歴とその内実について検討した。第三章では、独自のフェミニズム思想を形成してきた小原と石川が岩手の地において出会って以降の交流と、麗ら舎読書会の結成にいたるまでのプロセスを追ったうえで、麗ら舎に集う女性たちのライフストーリーを考察し、麗ら舎および麗ら舎読書会という場が現在まで当地において果たしている役割を女性のエンパワーメントの観点から論じた。岩手の女性たちに内在している力の発現を阻害する要因のひとつに、農村部に強固な「家」意識に基づくジェンダー規範がある。小原の「自活」への希求を背景に、〈おなご〉たちの集う場として創設された麗ら舎は、自然化されているがゆえに疑問視することすら難しいジェンダー構造を反映した個人的な悩みを話し合える、農村において希有《けう》な場として必要とされてきた。麗ら舎に集う女性たちは、女性同士の語り合いを通じて、自らの行動や選択を規制するジェンダー規範を強く内面化していることに気づき、書籍や互いの体験談から学び合い、文集に書く。読書会での活動を通じさまざまな知識を得て経験を積むなかで、女性会員たちは自信や自尊心といったエンパワーメントの「核」を育んでいった。

麗ら舎は「嫁」や「母」という「部分」としての女ではなく、「総体としての女」として〈おなご〉同士が出会う場であり、岩手においては麗ら舎に集うという行為そのものが、外出の自由の獲得、そして女性同士で連帯する力を得るエンパワーメントであった。そして問題意識を共有する仲間たちとの連帯による勇気づけにより、変革に向けて実践し、家庭内の、さらには地域のなかのジェンダーを含めた社会関係を変化させてきた。麗ら舎読書会において、女性たちのエンパワーメントを引き起こしている「集い・話し・書く」というプロセスは、生活記録運動と詩運動という戦後の岩手における文化運動の土壌を背景としており、麗ら舎の〈おなご〉たちの活動は、岩手の地から、日本の近代を問い直す射程をもつものである。

第四章では、麗ら舎読書会の〈おなご〉たちが、戦争、国家、ジェンダーという問題系をどのように捉え、批評してきたのかを、麗ら舎読書会の主たる活動のひとつである千三忌を事例として検討した。小原と石川は、平時と戦時、過去と現在の連続性に目を向け、「普段」から存在する差別的構造を捉え、〈おなご〉が「自己表現」することが「自由」につながるとの考えのもと、反戦・平和へのたゆまぬ言挙げを続けてきた。千三忌は、「平和を愛する母」として主体化する母性主義的な女性運動の文脈に位置づくものではなく、和賀における文化運動、平和運動を批判的に継承しながら、戦時と戦後を生きた〈おなご〉である「この地に根を下ろすばあさまたち」（麗ら舎読書会編 二〇〇三：一三）の経験をフェミニズムの視点から再解釈し、戦争を支えた近代のジェンダー構造を〈化外〉の地から越えようとする営為である。

小原らは、〈化外〉とされた東北の地において、戦争の無力な「犠牲者」であり、かつ従順に体制を支えたと捉えられてきた農村女性のなかに、権力の網の目のなかで家や国へ抵抗する行為主体性を見いだす。そして、一人の農婦が建てた路傍の墓は、〈おなご〉たちの戦争経験と記憶を継承しようとする実践を象徴する「記念碑」

としての役割を果たしている。さらに、墓参り・語り合い・『別冊・おなご』の執筆という、千三忌をめぐる一連の行為を通じて、参加者たちはそれぞれの「戦争経験」を形づくっている。

第五章では、第四章までの議論を踏まえ、〈化外〉性に根ざした岩手の〈おなご〉たちによるフェミニズムの思想と活動の特徴を総括し、それを〈化外〉のフェミニズムと名づけた。それは、一九六〇年代に当地の歴史的土壌を背景に内発し、地域の課題に真向かいながら展開してきたものであった。

第五章にて見たように、〈化外〉のフェミニズムは、社会的・文化的・意識的変革の重要性を重視し、私領域における性差別の問題を提起するという、第二波フェミニズムと同様の特徴を有している。ここで、日本におけるフェミニズム運動の地理的構造に着目してみたい。第二波フェミニズムとして位置づけられるリブは東京などの大都市で起こった運動とされてきた。第一章でも述べたとおり、リブに共感し、運動を起こした個人やグループは全国に存在したが、第三章二で見たようにその地域差は大きく、都市部で活動が盛んであったことは間違いない。藤枝澪子は東京地方にとどまったリブの「局地性」について、「地縁、血縁、世間体」などの「慣習」にその原因を求めている。藤枝は、東京などの大都市でリブ運動が盛り上がったのは、当時日本の女性の多数を縛っていたこれら「慣習」のしがらみから相対的に自由な女性が、「よそ者の集合体としての巨大都市東京」には一定数、つまり運動を構成しうるほど集団として存在できたからではないかと推測する。大都市においては、地縁、血縁などの束縛からかなり解放され、女性も自分の責任において自分の生活スタイルを選択できる個人として存在できたが、それを支えたのが都市の働き口の多さであり、政治、経済、情報、文化、またもろもろの社会運動の中心地としての東京の場所性であったと藤枝は述べる（藤枝 一九九〇）。

岩手において展開したフェミニズムの思想が、従来もっぱら東京地方にとどまり、その波が全国に波及することはなかった（藤枝　一九九〇）運動とされてきたリブと通底する視座を有していることは、〝岩手にもまたリブ〈第二波フェミニズム〉が上陸した／輸入されていた〟といったような、中央／周辺の二項対立的史観を踏襲《とうしゅう》する形で〈化外〉のフェミニズムを提示することではない。〈化外〉のフェミニズムの系譜は、岩手の地域性を背景として隆盛した青年団活動と生活記録運動、詩運動、平和運動などの社会文化運動に遡《さかのぼ》る。生活のなかから問題を析出して話し合い、書いていくという生活記録の方法論を通じて、農村の家父長制を背景とした「働妻健母」規範への疑問を醸成し、個人的なことは政治的なことという第二波フェミニズムと接続的な視座を拓いていったのであった。〈化外〉のフェミニズムは、一九八〇年代以降も〈化外〉性に根ざした課題設定と方法論をもって、女性たちをエンパワーする場を構築し、内在するジェンダー問題を地域の女性たちが取り上げ、さまざまな角度から解決を試みている。

都市部とは真逆の場所性をもつ「地方」である岩手において、〈化外〉性を背景として「内発」した〈おなご〉たちのフェミニズムは、都会に出ることで「地縁、血縁、世間体」から自由になるのではなく、地域にとどまるなかで、〈おなご〉の解放を目指してきた。〈化外〉のフェミニズムは、「中心地」として見なされる東京の運動やアカデミズムのなかで提起された理論や問題を「輸入」したものではなく、当地の女性たちが直面した、地方特有の「近代」、農村の生活のなかから析出された問題に真向かい、〈化外〉性に根ざした課題設定と方法論をもったフェミニズムである。近代化の矛盾が析出する岩手の現実に根差し、「東北」を「国内植民地」として構築し、周縁化したポリティックスへの抵抗の場＝〈化外〉におけるフェミニズムは、場所性とジェンダーに依拠した〈おなご〉たちが〈化外〉の地から、自前の声で、日本の近代を問い直していく思想的営為なのである。

しかしながら、同時に、〈化外〉のフェミニズムの成立と展開過程は、決して地域のなかに閉じているものではなく、また〈中央〉と対立分断するような立ち位置を築くものではないことも強調しておく必要がある。例えば、小原麗子は北上市立図書館内にある北上読書連絡会広報紙の編集に携わっていた頃、当館の司書であった斎藤彰吾から森崎和江の本を紹介された。斎藤を通じて森崎を知った小原は、石川純子へも紹介したところ、石川は森崎の熱心な読者だったことがわかったという。このことがきっかけとなり、『闘いとエロス』の講読がはじまり、麗ら舎読書会の前身となる「おりづるらん読書会」の結成へとつながった。また、小原たちは森崎とサークル村を通じて『無名通信』を知り、河野信子や石牟礼道子らと九州のフェミニストたちとの交流ももつようになった。

同時期、小原はリブに共感し、『女から女たちへ』（ウルフの会）[1]などのリブのミニコミ誌も読んでいた。直接運動へ参加することはなかったが、第一回リブ合宿（長野県）の案内状が届いたり、リブ運動に携わっていた女性たちが小原のもとを訪ねてきたりしたこともあったという。石川も都内在住のリブ女性と交流があり、彼女の仲介で『女・エロス』にエッセイが掲載されている。このように、一九七〇年代の第二波フェミニズム期には、各地域間の人的・思想的交流が存在し、それは女から女たちへ直接つながろうという思想による手作りのメディア・ミニコミ誌によって媒介されていた。そして今日でも『通信・おなご』や『別冊・おなご』によって緩やかなつながりが継続している。現在の麗ら舎読書会のメンバーも、各々の社会・文化的活動を通じて、岩手内外、さらには国外の女性たちとの交流をもち、そのつながりを麗ら舎へももたらしている。フェミニズム的意識を共有する女たちの緩やかなインタラクションのなかで、土着性を捨てず、同時に土着性を越えるように〈化外〉のフェミニズムは発展し、存在しているのである[2]。

戦後のフェミニズムという「鐘」の音は〈化外〉の地にも確かに届いていた。〈おなご〉たちはその音に呼応するだけではなく、自前の「ばんげ」を打ち鳴らしてもいた。

序章で述べた通り、「化外」という概念はもともと、一九七〇年代の地域運動のなかで当地の男性知識人たちにより〈中央〉への対抗文化として提唱されたものであった。私はこの〈化外〉概念を〈おなご〉のフェミニズムの立脚点として単純にあてはめ、女阪・東北主義運動として彼女らの運動を提示するわけではない。〈おなご〉たちは、〈化外〉概念を提唱した地域知識人男性への違和と〈中央〉のフェミニズムの「鐘」の音からの刺激の複層性のなかで、自前のフェミニズムを展開してきたのである。

さらに、〈化外〉のフェミニズムの担い手である小原や石川、麗ら舎読書会の〈おなご〉たちを、「化外」や「農婦」を代表／表象する存在として規定したいわけではないことをもう一度強調しておきたい。

歴史的に見ると東北とは、そのイメージとは裏腹に、大和朝廷からの侵略を受けた古代から現代の出稼ぎにいたるまで人的流動性が高く、閉鎖的・固定的な領域ではない。さらに、文化的側面から見ると、東北は「南／北の種族＝文化があい交わる境の市場」（赤坂 二〇〇九：二九〇）でもあり、この意味で、〈化外〉とは、歴史的・文化的に異種混交性をもつ境界空間でもあった。そうした〈化外〉に生きる〈おなご〉たちは、いわば地域女性知識人とも呼ぶべき立ち位置にあり、〈中央〉の文化や知の紹介者、仲介役としての役割を果たしている。こうした〈おなご〉たちのありように、〈中央〉と〈化外〉の二項対立的捉え方を変容する可能性を見ることができよう。

## 二．今後の展望

一九七八〔昭和五三〕年、小原麗子は岩手県北部の一戸町で農村女性らの聞き取りを続け、文集『むぎ』を発行する一条ふみに寄せたエッセイ「うわさ話をよみがえらせる——一条ふみの思想・東北」において、以下のように記している。

「東北はくらい」というイメージがある。それがマイナスに作用していると、しばしば語られて久しい。〔略〕ところが、「くらい場所」からは、「あかるい場所」が、よく視えるのである。いまは、「あかるい」ことが、そくプラスとして作用する時代ではない。「あかるさ、希望、近代化、文明」などがもたらした、ひずみが露呈しつつある時代でもある。とするならば、「くらさ」こそ、格好の場所だといわなければならない。「くらさ」こそ得がたい場所であると。このひそみにならっていうなら、歯ぎしりして悔しがること、耐えしのぶことの連続であったとする「北辺のおなごたち」の位置から視えてくるものこそ、手がかりがあるのではないだろうか〔小原［一九七八b］一九八二：二五五―二五六〕。

ここで、金井〔二〇〇八〕の、従来のフェミニズムや女性学は、都市部の「専業主婦的状況を生きる女の生きがたさ」から始まったものであり、残存する「前近代性」と急速な「近代化」の矛盾に直面する旧農村部を背景とした地方都市に生きる女性たちが抱える問題には対応しきれないという指摘を今一度確認しておきたい。金井は、新潟県の地方都市における女性学の教育実践を通じて、「地方発」というべき女性学への視点を提示する。「単一国家幻想」の強い国民性、「他者」の見えにくい社会で、「日本」のメインストリームの女性学を「異化する」契機として、都市型女性学に対する「地方発」女性学という課題の立て方が一つの有効な視点になりうるのではないかと金井は問う。

本書を通じて見てきたように、フェミニズムとは「近代批判」として立ち現れた思潮であり、都市部とは異なる「近代化」過程を経た岩手においては、その問題設定も批判方法も異なっていた。〈おなご〉たちが「くらい場所」から見てきたものとは、近代化・産業化・都市化のもたらす矛盾であり、〈化外〉のフェミニズムを誕生させた土壌には、高度経済成長のなかで激変する農業と農村があった。

岩手の地域に立脚し、地域のなかで女性のエンパワーメントを達成してきた〈化外〉のフェミニズムの実践は、今日のほかの農村部、地方都市における女性の「生きがたさ」にアプローチするうえでも示唆に富み、方法論的展開の可能性をもっているのではないだろうか。

東日本大震災後の復興過程にあたって、都市部とは異なる、農漁村特有のジェンダー関係に起因する問題が噴出しているという現状がある。それらに対応するためにも、地域性に立脚したフェミニズムを踏まえた学問領域、金井の表現を借りれば「地方の現状から／に向けた」、「地方」の女性学が求められよう。それは主流の都市部女性学の地方版ではなく、「くらい場所」から近代を相対化する視座であり、〈化外〉を新しいスタンドポイントとして思考する〈化外〉の〈おなご〉たちの女性学である。

さらに、岩手のフェミニズムを〈化外〉のフェミニズムとして定位することは、ひるがえって、日本において「フェミニズム」と無徴化されてきた思想運動を、地域性の側面から捉えかえす新たな視座を提示することにもなる。

『新編　日本のフェミニズム一　リブとフェミニズム』（二〇〇九）には、フェミニズムのなかにあっても自明とされた異性愛や国籍、民族、健常者のコードに対して異議申し立てをし、マイノリティの権利を主張したフェミニズムの文章がおさめられた章「さまざまなフェミニズム」がある。旧版での同章のタイトルは「マイノリティ・フェミニズム」であった。編者のひとりである上野千鶴子によれば、「マイノリティ」という権力関係の用語はマジョリティによって与えられたカテゴリーであり、少なくとも当事者が自ら名乗る用語ではないという思いから、新版の編集にあたって「さまざまなフェミニズム」というタイトルに変更したのだという（上野 二〇〇九：一一二）。

上野をはじめ、日本を代表する女性学者が編纂する「日本のフェミニズム」シリーズは、在日コリアン女性やレズビアン、障害のある女性が提起したフェミニズムを「さまざまなフェミニズム」と称して包含《ほうがん》することで、日本において展開された「フェミニズム」の多様性・複数性を象徴的に提示した。その一方で、国籍やエスニシティ、性的指向、健常性において相対的に権力をもつ側に立つ女性によるフェミニズムを、一枚岩的な「フェミニズム」として再構築し、その単一性を補強してはいないだろうか。

本書を通じて見たように、近代日本の女性ジェンダー規範やジェンダー役割は単一ではなく、都市と農村において明確に異なってきた。岩手という、「非マイノリティ・非マジョリティ」（河西 二〇〇〇）の立ち位置にある〈おなご〉たちによる〈化外〉のフェミニズムは、「くらい場所」から「日本のフェミニズム」を相対化し、日本国内に存在する複数の近代へ対抗する、〝複数のフェミニズム（feminisms）〟という史観を提示する。「本土」内の地域差や、「中央」と見なされる東京内部の差異など、地域格差の問題がクローズアップされる昨今において、地域への鋭敏性は、社会分析における重要な視点となるだろう。

## 注

（1）アメリカのリブの報告書『女から女たちへ』（合同出版、一九七一）の翻訳をきっかけに結成。機関誌『女から女たちへ』（1〜3号）を発行していた。

（2）二〇一四年、上野千鶴子が理事長を務めるウィメンズアクションネットワーク（WAN）がウェブサイト上に構築した「ミニコミ図書館」へ、麗ら舎読書会の『通信・おなご』および『別冊・おなご』が収録されることとなった。二〇一四年五月、盛岡市で開催されたWANシンポジウムの会場にて、小原麗子は上野と初対面し、「上野千鶴子がいてくれたからやってこられた」と涙ぐんだ。

**小原**：（フェミニストとしての生き方が理解されない中で、）だからせめてどっかにそういう（フェミニズム的な）グループがいるっていうのがね、せめてもの慰めみたいになるんじゃないですかね。こういう人たちが居るんだなぁとかね、上野千鶴子もいってるなぁとかね。

小原は上野に代表される、いわゆる「中央」の女性学・フェミニズムの知見に、精神的に支えられてきたという。上述の「ミニコミ図書館」には、フェミニズム運動のなかで発行された全国各地のミニコミ誌、約六〇タイトル四〇〇〇冊（二〇一六年九月時点）が収録されている。散逸性の高いミニコミ誌をデジタルアーカイブ化することにより、保存性とアクセス性が高まった。今後、それぞれの地域のなかで積み重ねられた女性たちの活動が可視化されていくだろう。社会運動とアカデミズムの「中心」としての東京と地方の二項対立を越えるような、フェミニズム的な連帯の新しい可能性がある。

# おわりに
## ——めぐりあいのふしぎ

二〇〇三（平成一五）年、私は岩手の内陸部にある町から関東地方の大学へ進学した。県内の女子生徒の大学進学率は二一・六％（『学校基本調査 平成一五年度』より）。娘を大学にやってもどうせ結婚したら終わり、金をドブに捨てるようなもんだ、と親にわざわざいってくる人もあった。

私の家族に大学を出た者はいなかった。家に学術書など一冊もない。世代は違うが、私には「農婦の世界」とは違う「新しい知的な世界」を求めて大学へ進学したという石川純子さんの語り（第二章参照）は、心から共感できるものであった。

進学先で、東北をあからさまに蔑視する他地方出身の学生たちの言動に憤りを感じる一方、女子でも大学進学があたりまえである都市部出身者との会話で、生まれ育った東北の、〝後進性〟、〝保守性〟を痛感する。そして郷里を大切に思う一方で、つとめて標準語を話そうと努力もする。出身地を話すと、全然訛りがないねと〝ほめられる〟のであった。堂々と〝訛って〟話すことができる西のほうの出身者を羨ましく、苦々しく思っていた。これらの体験は大人たちから聞かされてきた東北差別を追確認するような体験であった。

このように一度岩手の「外」へ出て、大学図書館のなかで手に取った一冊のミニコミ誌を通じて再び出会い直した、岩手の〈おなご〉たち。彼女らの存在はまさに私自身が内面化していた東北・岩手の女性像を書き換えるものであった。

彼女たちとのこの偶然の出会いがなくしては、本書の執筆はありえなかった。まずは本書における語り手の一人である小原麗子さん。序章でも述べたとおり、二〇〇七年夏、突然話を聞かせてほしいと電話してきた見知らぬ学生の私に対して、インタビューを快諾くださった小原さんの協力がなければ、私の研究ははじまらなかった。後日、快く麗ら舎読書会へ招いてくださり、石川純子さんへもつないでいただいた。

また、突然の参加にもかかわらず、毎回温かく迎えてくださった麗ら舎読書会のメンバーのみなさま。社会人経験を経て入学した博士課程では、麗ら舎読書会のメンバーの方々にもライフストーリーインタビューを行った。毎回数時間にもわたって、私のインタビューにも真摯《しんし》に答えてくださったみなさまにもお礼申し上げる。「麗ら舎のおなご」をテーマに、本書の表紙・カバーの版画を描きおろしてくださった会員の児玉智江さんには、改めて感謝申し上げたい。

研究を進めるにあたっては、多くの方々からのご指導を賜った。まずは修士課程時代からの指導教官として足かけ八年にわたって辛抱強くご指導くださり、叱咤《しった》激励してくださった舘かおるお茶の水女子大学教授に深く感謝申し上げる。舘先生が誰より先に〈おなご〉研究の価値を肯定してくださったことが、研究を行ううえで何よりの自信と心の支えとなってきた。そして舘教授の退官後に主指導を引き受け、博士論文をまとめるにあたり、ご指導くださった棚橋訓同大学教授にも厚くお礼申し上げる。そして博士論文の審査員として多くのご助言を賜った足立眞理子同大学教授、小玉亮子同大学教授、坂本佳鶴恵同大学教授、申琪榮《シンキヨン》同大学准教授（いずれも肩書は当時）にも感謝の意を表する。舘ゼミ・棚橋ゼミ生のみなさまにも有意義な意見を頂戴してきた。本書を執筆することができたのは、みなさまとの数々の貴重な出会いがあったからである。

石川さんとの思い出を記しておきたい。初めて小原さんへ電話した際、石川さんの近況についてお尋ねしたところ、同年（二〇〇七年）二月に彼女が大病で倒れたこと、現在も自宅療養中であり、面会は難しいだろうということを伺った。聞き書き本の出版や講演会など、精力的に活躍されている様子を新聞記事などで拝見していただけに、ショックは大きかった。ただ、お手紙を読むことは負担にならないのでは、ということだったので、石川さんに研究の趣旨と、ずうずうしくも、もし可能であれば、ぜひお目にかかりたいという旨のお手紙を差し上げた。

石川さんと初めてお会いしたのは、同年八月二二日、麗ら舎で行われた麗ら舎読書会に参加した際であった。石川さんが来られるとはまったく知らなかったし、お会いすることはとても無理だとばかり思っていたため驚いた。大病されていると事前に聞いていなければそれとわからないほど顔色もすぐれ、話しぶりもしっかりとされていた。大変な猫好きであるとのことで、いただいた名刺には愛猫「めごちゃん」の写真が入っていた。ちょうど、私も弱っていた野良の三毛猫を飼い始めたことで、大の猫好きになっていたことも相まって、このときの印象が強く残っている。以前差し上げた手紙を読んでくださっており、インタビューの機会を設けていただくことができた。実はこのとき、石川さんは末期ガンの余命宣告を受けていた。ガンが見つかったとき、すでに手の施しようがない状態であったという。だがご家族が懸命に探し当てた名医の執刀による大手術が奇跡的に成功し、一命を取り留めたのだった。私が純子さんと出会ったのは、その奇跡的に生まれた時間においてであった。

麗ら舎読書会での出会いから五日後の昼下がり、インタビューのために実家のある花巻市から車を走らせ、石川さんの住まいがある胆沢へ向かった。晩夏の花が道ぎわに鮮やかな国道四号線を南下し、稲穂が膨らみ始めた田んぼのなかの農道を通って、石川さんとめごちゃんへの手土産を持参して。石川さんは早くも咲き乱れるコスモスに囲まれた庭で、私の到着を待っていた。玄関には陶芸をたしなむご夫君作の、猫をかたどった焼き物が小綺麗に飾られていた。静かで優しい雰囲気の一軒家。このときから高群逸枝の「森の家」を意識したというこの「めご舎」にインタビューに伺うことになる。

毎回インタビューが終わった後は、ご夫君が丁寧に淹《い》れてくれるコーヒーをいただきながら、日々の出来事についておしゃべりした。修士課程一年の終わり、三月下旬に伺った際には、私のために当地の民芸品である花巻人形のひな人形を飾っておいてくれたこともあった。ちょうど就職活動の時期、研究の時間もなかなか確保できず疲弊していた頃、その心遣いに癒される思いであった。実に自然に思いやりを発揮されるのは天性の人柄であり、才能であったろう。

二〇〇八年の秋、石川さんの病状が悪化し、地元の病院へ入院したとの一報が届いた。急きょお見舞いへ伺ったものの、彼女の体力の衰えは目に見え、これが最後の面会となることを覚悟した。後日、思いがけず石川さんから退院したとの連絡をいただき、自宅へインタビューに招いてくれた。このような状況にもかかわらず、お言葉に甘えて、数時間もお話をうかがってしまった。その日の夜、石川さんから一通のメールが届いた。

一番一番待っていた恵さんに話することができて幸福な半日でした。こうして寝てばかりあると心は内にばかり向いていきますから、あふれでるんですね。それを話したいと思っても相手がいない。人は日常の次元でつきあってきてるんですね。「いのち」の次元の話は難しい。だから恵さんとの出会いは奇跡のようなものです。というか私の生涯の恩師、森信三師の語録に「人は一生において会うべき人には必ずあえる。しかも一瞬早すぎず一瞬遅すぎない時に」まったくこのとおりでめぐりあいのふしぎに手をあわせています。

今日はありがとうございました。

「純子さんが亡くなりました」と小原さんから連絡を受けたのは、この三日後のことであった。最後のインタビューを終えた帰り際、ご夫君に支えられながら、コスモスの咲き乱れる庭のなかで手を振り、私を見送ってくれた彼女の姿が今でも浮かぶ。私自身も「めぐりあいのふしぎ」を痛感してやまない。荒けずりな論考であるが、〈おなご〉の内実を探ろうとした彼女の遺志を継ぐ意味をこめ、本書を捧げたいと思う。

本書のもととなる研究をはじめてから、早いもので今年でちょうど一〇年が経つ。修士課程を修了後、民間企業へ就職、その後仕事をしながら博士課程へ入学した。妊娠中に博士論文を執筆していたが、切迫早産での入院や妊娠高血圧を経験し、ひとつの命を育むことの困難さや身一つでないことのままならなさを痛感した。博士論文の提出にこぎ着けた翌月には緊急帝王切開での出産となり、その後育児生活へ突入。さらに夫の仕事の関係で南米チリへ引っ越すなど、さまざまなできごとがあった。たびたび研究を中断しながらも、自身の研究を一冊の本としてまとめることができたのは、さまざまな困難のなかでも書き続けることをやめなかった麗ら舎の〈おなご〉たちという先達の姿に励まされてきたからである。

学生時代から私の研究を応援し続けてくれた夫、お腹のなかにいたときから伴走してくれた息子、協力してくれた日本の家族にもありがとう。

最後に、本書の執筆がはじまると同時に、著者がチリへ引っ越すという事情を含めて、出版を引き受けてくださったドメス出版佐久間俊一氏ならびに編集を担当し、校正の労をお取りくださった矢野操氏へ心からの謝意を表する。

なお、本書の執筆にあたっては二〇一五年度澁澤民族学振興基金大学院生等に対する研究活動助成を、出版にあたっては、二〇一七年度竹村和子フェミニズム基金の助成を得た。

サンティアゴにてアンデスを望みながら

柳原　恵

二〇一七年一〇月

# 初出一覧

はじめに　書き下ろし
序　章　東北・〈おなご〉たちのフェミニズムを求めて　書き下ろし
第一章　小原麗子の思想と活動の展開――青年団運動と生活記録運動を中心に
柳原恵「岩手におけるウーマンリブと生活記録運動（一）――一九五〇～六〇年代における小原麗子の自己表現活動を軸として」お茶の水女子大学大学院人間文化創成科学研究科『人間文化創成科学論叢』第一四号　二〇一二年三月
柳原恵「岩手におけるウーマンリブの思想と活動――麗ら舎の〈おなご〉たちのライフストーリーから」ジェンダー史学会『ジェンダー史学』第八号　二〇一二年一〇月
第二章「女の原型」を夢見て――石川純子「孕《はら》みの思想」を軸として
柳原恵「岩手におけるウーマンリブの思想と活動――麗ら舎の〈おなご〉たちのライフストーリーから」ジェンダー史学会『ジェンダー史学』第八号　二〇一二年一〇月（一部）
第三章　麗ら舎の〈おなご〉たち――エンパワーメントの視点から
柳原恵「〈おなご〉たちのウーマンリブ――麗ら舎読書会（岩手県北上市）の実践から」東海ジェンダー研究所『ジェンダー研究』第一六号　二〇一四年二月
第四章　千三忌から見る〈おなご〉たちと戦争
柳原恵「岩手における戦争と女性――麗ら舎読書会「千三忌」を中心に」日本オーラル・ヒストリー学会『日本オーラル・ヒストリー研究』第一〇号　二〇一四年九月
第五章〈化外〉のフェミニズムを拓く　書き下ろし
終　章　本書のまとめと今後の展望――中央／辺境の二項対立を越えて　書き下ろし
おわりに　書き下ろし

# 主な引用・参考文献


赤坂憲雄『東北学／忘れられた東北』講談社 二〇〇九
赤坂憲雄・小熊英二・山内明美『「東北」再生』イースト・プレス 二〇一一
赤澤史朗「『農民兵士論争』再論」二〇〇〇『立命館法學』(三)
亜紀書房編集部「解放のための討論会〝性差別への告発〟への呼びかけ」一九七〇（所収：溝口明代・佐伯洋子・三木草子編『資料日本ウーマン・リブ史Ⅰ』松香堂書店 一九九二）
亜紀書房編集部『性差別への告発――ウーマンリブは主張する』亜紀書房 一九七一
秋津元輝・藤井和佐・澁谷美紀・大石和男・柏尾珠紀『農村ジェンダー――女性と地域への新しいまなざし』昭和堂 二〇〇七
秋津元輝「戦後日本農業の変転とジェンダー――「六〇年代嫁世代」の経験を中心にして」二〇一二『ジェンダー史学』八
あごら編集部『あごら』(一二)、一九七五
安部憲子「『新しい妻のあり方』に一言」一九六一『ささえ』(五)
天野正子『「つきあい」の戦後史――サークル・ネットワークの拓く地平』吉川弘文館 二〇〇五
荒川章二『豊かさへの渇望（全集 日本の歴史一六）』小学館 二〇〇九
有坂陽子「世界内存在と女性の身体をめぐって――現象学とフェミニズム」長滝祥司編『現象学と二十一世紀の知』ナカニシヤ出版 二〇〇四
安藤精一・谷川健一『民間宗教』三一書房 一九七二
飯豊町公民館編『北上市立飯豊興郷青年学級』飯豊公民館 一九五四
石川純子『個人誌no.1けものたちはふるさとをめざす――孕み・出産の記録』自費出版 一九七一
石川純子『個人誌no.2垂乳根の里便り』自費出版 一九七五
石川純子『両の乳房を目にして――高群逸枝ノート』青磁社 一九七九
石川純子『垂乳根の里だより』岩手出版 一九八二

石川純子「垂乳根の里便り 一七」一九八四『通信・おなご』(二四)
石川純子「セキさんあなたに真向かうために」一九八五『別冊・おなご』(一)
石川純子「垂乳根の里便り まつを媼・聞書」一九八七『別冊・おなご』(三)
石川純子「まつを媼聞書――『奉安殿』の慰霊祭」一九八八『別冊・おなご』(六)
石川純子「垂乳根の里便り まつを媼聞書『粟まき』の話」一九八九『別冊・おなご』(七)
石川純子「垂乳根の里便り『宇宙が如何な気持ちになってござるか』まつを媼聞書」一九九一『別冊・おなご』(九)
石川純子「内地では嫁ご慰安婦にされで まつを媼・聞書」一九九二『別冊・おなご』(一一)
石川純子『まつを媼――百歳を生きる力』草思社 二〇〇一
石川純子『さつよ媼《おばば》――おらの一生、貧乏と辛抱』草思社 二〇〇六
一条ふみ・黒田大介編『生き残り運動』自費出版 二〇〇九
一戸富士雄・榎森進『これならわかる東北の歴史Q&A』大月書店 二〇〇八
伊藤大介「身売り」東北都市学会編『東北都市事典』仙台共同印刷 二〇〇四
伊藤まつを『石ころのはるかな道――みちのくに生きる』講談社 一九七〇
井上哲男「戦後十年の母子福祉」全国社会福祉協議会編『社会事業』三九(三) 一九五六
井上輝子「ウーマン・リブの思想」田中寿美子編『女性解放の思想と行動 戦後編』時事通信社 一九七五
今西一「国内植民地論・序論」二〇〇九『商學討究』六〇(一)
色川大吉・逸見英夫・佐藤憲一『東北』筑摩書房 一九七八
岩手県企画調整部青少年婦人課編『岩手の婦人――激動の五十年』岩手県企画調整部青少年婦人課 一九八一
岩手県農地改革史編纂委員会『岩手県農地改革史』不二出版 一九九〇
岩手県詩人クラブ編『岩手の詩』岩手県詩人クラブ事務局 二〇〇五
岩手県社会教育課編『岩手の社会教育 青年教育婦人教育――青年教育婦人教育の現状と問題点』岩手県教育委員会 一九五六
岩手県青年団体協議会編『青年団二〇周年記念誌』岩手県青年団体協議会 一九七二

岩手県総務部統計課『農業基本調査結果報告書』岩手県総務部統計課　一九五六
岩手県立博物館『岩手民間信仰事典』岩手県文化振興事業団　一九九一
上野千鶴子『近代家族の成立と終焉』岩波書店　一九九四
上野千鶴子「複合差別論」井上俊・鄭暎惠編『差別と共生の社会学』岩波書店　一九九六
上野千鶴子『ナショナリズムとジェンダー』岩波書店　一九九八
上野千鶴子「戦後女性運動の地政学――平和と女性の間」西川祐子編『戦後という地政学』東京大学出版会　二〇〇六
上野千鶴子『「女縁」を生きた女たち』岩波書店　二〇〇八
上野千鶴子「日本のリブ――その思想と背景」天野正子他編『リブとフェミニズム（新編 日本のフェミニズム一）』岩波書店　二〇〇九
麗ら舎読書会編『駄句はじける』麗ら舎読書会　二〇〇三
江原由美子『女性解放という思想』勁草書房　一九八五
江原由美子「フェミニズムの七〇年代と八〇年代」江原編『フェミニズム論争――七〇年代から九〇年代へ』勁草書房　一九九〇
江原由美子『ジェンダー秩序』勁草書房　二〇〇一
江原由美子「フェミニズム」井上輝子他編『岩波女性学事典』岩波書店　二〇〇二a
江原由美子「日本のウーマン・リブ」前掲『岩波女性学事典』岩波書店　二〇〇二b
江原由美子「知識批判から女性の視点による近代観の創造へ」天野正子他編『フェミニズム理論（新編 日本のフェミニズム二）』岩波書店　二〇〇九
及川和男『荒野を拓く教師たち――非行ゼロ・退学ゼロにいどむ水沢一高』あゆみ出版　一九八〇
大門正克「地域・家族の生活リズムと教育の普及――日本近現代の側から」二〇〇六『村落社会研究』（四二）
大門正克「解説」小原麗子著・大門正克編『自分の生を編む――小原麗子　詩と生活記録アンソロジー』日本経済評論社　二〇一二
大越愛子『フェミニズム入門』筑摩書房　一九九六

大澤京子「岩手県における『育児』の近代化 二」一九八五『岩手大学教育学部研究年報』四五（一）
太田まさこ「問題解決型エンパワーメント・アプローチの効果と課題」二〇一一『アジア女性研究』（二〇）
大牟羅良『ものいわぬ農民』岩波書店 一九五八
岡田知弘『日本資本主義と農村開発』法律文化社 一九八九
岡野八代「フェミニズム理論による政治思想批判――『ケアの倫理』再考」（博士論文、早稲田大学）二〇一〇
荻野美穂『ジェンダー化される身体』勁草書房 二〇〇二
小熊英二「近代日本を超える構想力」赤坂憲雄・小熊英二・山内明美『「東北」再生』イーストプレス 二〇一一
小崎（宮崎）順子「七〇年後の鎮魂の旅」二〇一四『別冊・おなご』（三二）
小田嶋恭二「高橋峯次郎と七千通の軍事郵便」二〇〇三『国立歴史民俗博物館研究報告』一〇一
小原澄子「農村における女性」発行年不明『ばんげ』（一〇）（所収：成田青年会・滝沢義雄編『ばんげ（総集編）』一九五八）
小原千恵子「ある日の生活日記その一」一九六〇『ささえ』（三）
小原徳志編『石ころに語る母たち――農村婦人の戦争体験』未來社 一九六四
小原麗子「誰かと誰か――ということ」一九五六『ばんげ』（二）（所収：小原麗子著『稲の屍――小原麗子散文集』境涯準備社 一九八二）
小原麗子「母と反物」一九五八『ばんげ』（一一）（所収：前掲『ばんげ（総集編）』一九五八）
小原麗子「つぶやきから」一九六〇a『ばんげ』（一七）（所収：「（考）労働・家・家庭・家族・嫁」前掲『稲の屍』）
小原麗子「女子活動不振のことども」一九六〇b『ささえ』（二）（所収：前掲『稲の屍』）
小原麗子「姉のこと」一九六〇c『ささえ』（三）（所収：前掲『稲の屍』）
小原麗子「あとがき」一九六〇d『ささえ』（三）
小原麗子「娘の一日の生活時間」一九六一a『ささえ』（五）（所収：前掲『稲の屍』）
小原麗子「あとがき」一九六一b『ささえ』（五）
小原麗子「成田を中心とする北上地区（沢内を含む）の生活記録」岩手県教育委員会社会教育課・高橋啓吾編『青年若妻生活

記録運動史』岩手県教育委員会社会教育課　一九六二ａ
小原麗子「あとがき」一九六二ｂ『ささえ』（七）
小原麗子「ゆるして下さい　がつちやあー」一九六三『ささえ』（八）
小原麗子「『家』＝むらの中の声」一九七三『思想の科学』三月号（所収：前掲『稲の屍』）
小原麗子「毒針の言語は体内をめぐる」一九七四『俗天』（一）（所収：前掲『稲の屍』）
小原麗子「村・身の置き場のない娘たち」一九七五『俗天』（四）（所収：前掲『稲の屍』）
小原麗子「村・壊れていく時間《リズム》」一九七六『境涯（第二次）』（二）（所収：前掲『稲の屍』）
小原麗子「『姉』の墓に向かう」一九七七ａ『無名通信』（四二）（所収：前掲『稲の屍』）
小原麗子「女中奉公ということについて」一九七七ｂ『通信・おなご』（七）（所収：前掲『稲の屍』）
小原麗子『小原麗子詩集』青磁社　一九七八ａ
小原麗子「うわさ話をよみがえらせる――一条ふみの思想・東北」一九七八ｂ『河北新報』一九七八・四・一六（所収：前掲『稲の屍』）
小原麗子「囲炉裏《ひびと》について――あとがきによせて」一九七九　前掲『稲の屍』
小原麗子「『次長職』売ります（六）」一九八四ａ『通信・おなご』（二四）
小原麗子「闘い取らねばならず！――たかが読書といっても」「時の動き」『全国農業新聞』一九八四ｂ（所収：前掲『自分の生を編む』二〇一二）
小原麗子「『ベゴニアのひと鉢』をよんで、たのしむ会」一九八五（所収：『駄句はじける』）
小原麗子「蘇るばあさまたちの心――セキさんの『意志の墓』によせて」一九八六『民話と文学』（一七）
小原麗子『消し忘れた母の声――マオどりこ伝説』岩手出版　一九八七
小原麗子「孕む稲を刈る時代の不幸」一九九〇『農民文学』（二一五）（再録：『別冊・おなご』（九）一九九一）
小原麗子「あとがき――紛争アレルギー」一九九三『別冊・おなご』（一二）
小原麗子『花の方へ――詩集』さがらブックス　一九九四

小原麗子「姉は国と夫に詫びて死んだ」松下竜一編『さまざまな戦後　第一集』日本経済評論社　一九九五
小原麗子「あとがき――二人の女性」一九九六『別冊・おなご』(一五)
小原麗子「あとがき――一人の青年」一九九八『別冊・おなご』(一七)
小原麗子「自分で自分の生を編む」石川武男編『農に聞け！二十一世紀』家の光協会　二〇〇一
小原麗子「あとがき」二〇〇六『別冊・おなご』(二五)
小原麗子他「お郷ことば憲法」二〇〇五『別冊・おなご』(二四)
折井美耶子「女性史とオーラルヒストリー」二〇〇三『史資料ハブ地域文化研究』(二)
『女・エロス』編集委員会「終刊にあたって」一九八二『女・エロス』(一七)
筧寿雄・田守育啓編『オノマトピア――擬音・擬態語の楽園』勁草書房　一九九三
勝方＝稲福恵子『おきなわ女性学事始』新宿書房　二〇〇六
門屋光昭『和賀の年中行事』和賀町教育委員会　一九八六
門屋光昭『隠し念仏』東京堂出版　一九八九
金井淑子『異なっていられる社会を――女性学／ジェンダー研究の視座』明石書店　二〇〇八
加納実紀代「〈近代〉をひらく」天野正子他編『女性史・ジェンダー史（新編　日本のフェミニズム一〇）』岩波書店　二〇〇九
加納実紀代「侵略＝差別と闘うアジア婦人会議と第二波フェミニズム」二〇一一『女性学研究』(一八)
鹿野政直「戦争未亡人」朝日ジャーナル編集部編『女の戦後史Ｉ――昭和二〇年代』朝日新聞社　一九八四
鹿野政直『現代日本女性史――フェミニズムを軸として』有斐閣　二〇〇四
川口恵美子『戦争未亡人――被害と加害のはざまで』ドメス出版　二〇〇三
河西英通「〈東北〉史の意味と射程」二〇〇〇『歴史学研究』(七四二)
河西英通『続・東北――異境と原境のあいだ』中央公論新社　二〇〇七
河西英通『「東北」を読む』無明舎出版　二〇一一
川村愛子「和賀地方一帯の生活記録活動」前掲『青年若妻生活記録運動史』一九六二

川村邦光「靖国と女――従軍看護婦と〝九段の母〟をめぐって」川村邦光編『戦死者のゆくえ』青弓社 二〇〇三
川村邦光『幻視する近代空間――迷信・病気・座敷牢、あるいは歴史の記憶』青弓社 二〇〇六
季刊『化外』編集同人「宣言」一九七三『化外』（一）
菊池敬一・大牟羅良『あの人は帰ってこなかった』岩波書店 一九六四
菊地夏野「フェミニズムとアカデミズムの不幸な結婚」二〇〇四『女性学』（一二）
菊地夏野「リブの可能性と限界――主婦と娼婦の分断」大越愛子・井桁碧編『戦後思想のポリティクス』青弓社 二〇〇五
金伊佐子「在日女性と解放運動」一九九二『フェミローグ』三 玄文社（再録：天野正子他編『リブとフェミニズム（新版 日本のフェミニズム一）』岩波書店 二〇〇九）
木村涼子「女性の人権と教育――女性問題学習における主体形成と自己表現」二〇〇〇『国立婦人教育会館研究紀要』四
金城清子「沖縄の女性には夢物語」一九七一『朝日ジャーナル』一三（一三）
国沢静子「反母性論」一九七五『女・エロス』（五）
久保田おさち『野良着のままで』花巻タイプ印刷社 一九八四
久保田真弓「エンパワーメントに見るジェンダー平等と公正：対話の実現に向けて」二〇〇五『国立女性教育会館研究紀要』（九）
河野信子「運動（四）」一九六九『無名通信』（一一）（溝口明代・佐伯洋子・三木草子編『資料日本ウーマン・リブ史Ⅰ』松香堂書店 一九九二）
河野信子「一条ふみと小原麗子」『日本の女――どのように女たちは生きているのか 戦後編』原生林 一九八〇
児玉由香「スタンドポイント・アプローチについての批判的検討」児玉由佳編『ジェンダー分析における方法論の検討』アジア経済研究所 二〇一三
小林末子「女子青年と青年団活動」一九五九『ささえ』（一）
小林末子「新しい妻のあり方」一九六一『ささえ』（五）
斎藤彰吾「母と村の考察――生活詩における小原麗子の側面」、小原麗子『サワ・ひとりの女に』一九六七（再録：『真なるバルバロイの詩想――北上からの文化史的証言（一九五三―二〇一〇）』コールサック社 二〇一一）

斉藤正美「クリティカル・ディスコース・アナリシス――ニュースの知／権力を読み解く方法論――新聞の『ウーマン・リブ運動』（一九七〇）を事例として」一九九八『マス・コミュニケーション研究』（五二）
斉藤正美「『ウーマンリブとメディア』『リブと女性学』の断絶を再考する――一九七〇年秋『朝日新聞』都内版のリブ報道を起点として」二〇〇三『女性学年報』（二四）
斎藤美奈子『冠婚葬祭のひみつ』岩波書店 二〇〇六
坂本佳鶴惠『アイデンティティの権力――差別を語る主体は成立するか』新曜社 二〇〇五
桜井厚『インタビューの社会学――ライフストーリーの聞き方』せりか書房 二〇〇二
桜井厚「ライフヒストリー研究における〈インタビューの経験〉」二〇〇三『史資料ハブ地域文化研究』（二）
佐藤寛「計画的エンパワーメントは可能か」佐藤寛・アジア経済研究所編『援助とエンパワーメント――能力開発と社会環境変化の組み合わせ』日本貿易振興機構アジア経済研究所 二〇〇五
佐藤通雅「石川純子覚書――孕みの思想・再考」千葉満夫編著『さようなら――石川純子追悼』自費出版 二〇〇九
佐野麻由子「社会変動論からのエンパワーメント概念の検討――試論として」二〇〇八『応用社会学研究』五〇
渋谷美紀「『経営への参画』から『社会への参画』へ――家族農業経営における女性の自己決定」前掲『農村ジェンダー』二〇〇七
篠田英朗「日本の近代国家建設と紛争後平和構築――東北に着目して」二〇一二『Ipshu 研究報告シリーズ』（四七）
清水美知子『〈女中〉イメージの家庭文化史』世界思想社 二〇〇四
CHOISIR「座談会 今いちど『私』からの出発を――二〇代がリブをどう見るか」一九九二『インパクション』（七三）
白井千晶「自宅出産から施設出産への趨勢的変化――戦後日本の場合」一九九九『社会学年誌』（四〇）
侵略＝差別と闘うアジア婦人会議「どのように斗うことが必要とされているか」一九六九（所収：溝口明代・佐伯洋子・三木草子編『資料日本ウーマン・リブ史Ⅰ』松香堂書店 一九九二）
関沢まゆみ「農民兵士の生と死――北上市の二人の手紙より」二〇〇三『国立歴史民俗博物館研究報告』（一〇一）
千田有紀「帝国主義とジェンダー」加納実紀代編『リブという〈革命〉』インパクト出版会 二〇〇三

千田有紀「引き裂かれた「女」の全体性を求めて」二〇〇五『女性学』一二

高橋啓吾「北方教育運動」岩手放送岩手百科事典発行本部編『岩手百科事典』岩手放送 一九八八

高橋哲哉『犠牲のシステム福島・沖縄』集英社 二〇一二

竹村和子「訳者解説――ジェンダー・セックス・セクシュアリティの構築のただなかで」一九九九 ジュディス・バトラー『ジェンダー・トラブル』青土社 一九九九

竹村和子『フェミニズム』岩波書店 二〇〇〇

舘かおる「『良妻賢母という規範』小山静子」一九九二『教育学研究』五九（二）

舘かおる『女性学・ジェンダー研究の創成と展開』世織書房 二〇一四

田中寿美子『女性解放の思想と行動　戦後編』時事通信社 一九七五

田中由美子・大沢真理・伊藤るり『開発とジェンダー――エンパワーメントの国際協力』国際協力出版会 二〇〇二

玉山ユキ『この手　この指』春・一番の会 二〇〇三

田村和子「同級生からの手紙」二〇〇九『別冊・おなご』（一八）

千田茂光「生活記録」北上市青年団体協議会編『北上青年運動史』北上市青年団体協議会 一九六五

千葉満夫編著『さようなら――石川純子追悼』自費出版、二〇〇九

辻智子「農村で女が『生活を書く』ということ――一九四五―一九六〇年代の生活記録運動から」一九九八『国立婦人教育会館研究紀要』（二）

辻智子「生活記録サークルの実証的研究――一九五〇年代女性繊維労働者における書くことの集団的実践と自己形成」（博士論文、お茶の水女子大学）二〇一〇

鶴見和子「生活記録運動のこれまでとこれから」一九六一『日本の記録』一（一九九八『鶴見和子曼荼羅二　人の巻―日本人のライフヒストリー』藤原書店）

照井広子「活動え《ママ》の歩みだし」一九五九『ささえ』（一）

東北大学百年史編集委員会『東北大学百年史――第一〇巻・資料三』東北大学研究教育振興財団 二〇〇九

中道仁美「農業女性の自立と支援システム」農林水産リサーチ『自然の中で主役を演じる農山漁村の女性たち』農林水産時報 一九九五ａ
中道仁美「農村女性研究の展開と課題」一九九五ｂ『年報村落社会研究』（三一）
中道仁美「現代農村問題とジェンダー――近代化と資本主義とイエ」二〇〇二『農林水産政策研究所レビュー』（六）
中村丈夫「国内植民地論」原田誠司・矢下徳治編『沖縄経済の自立にむけて』鹿砦社 一九七九
中村桃子『「女ことば」はつくられる』ひつじ書房 二〇〇七ａ
中村桃子『〝性〟と日本語――ことばがつくる女と男』日本放送出版協会 二〇〇七ｂ
波平恵美子「兵士の『遺体』と兵士の『遺霊』」二〇〇三『国立歴史民俗博物館研究報告』一〇二
成田龍一『「戦争経験」の戦後史――語られた体験／証言／記憶』岩波書店 二〇一〇
西成彦「東北――あとくされの土地として」姜尚中編『ポストコロニアリズム』作品社 二〇〇一
西村光子『女たちの共同体《コレクティブ》――七〇年代ウーマンリブ《リブ》を再読する』社会評論社 二〇〇六
朴美貞『帝国支配と朝鮮表象――朝鮮写真絵葉書と帝展入選作にみる植民地イメージの伝播』人間文化研究機構国際日本文化研究センター 二〇一四
蜂須賀真由美「外部者が定義するエンパワーメントから当事者が定義するエンパワーメントへ――東ティモール・コミュニティ・エンパワーメントプロジェクトを事例として」佐藤寛・アジア経済研究所編『援助とエンパワーメント――能力開発と社会環境変化の組み合わせ』日本貿易振興機構アジア経済研究所 二〇〇五
早川紀代『近代天皇制と国民国家――両性関係を軸として』青木書店 二〇〇五
樋熊亜衣「『リブ神話』を超えて――現代日本女性解放運動史全体像構築の必要性」『ソシオロゴス』（三六）二〇一二
平山輝男編『全国方言辞典（一）』角川書店 一九八三
広井多鶴子「『婦人』と『女性』――ことばの歴史社会学」一九九九『群馬女子短期大学紀要』（二五）
藤枝澪子「日本の女性運動――リブ再考」一九九〇『女性学年報』（一一）
藤沢ミヤ「母親よ、娘を信頼して」一九六〇ａ『ささえ』（三）

藤沢ミヤ「無題」一九六〇b『ささえ』（三）
藤原エツ子「母親は主婦であり教育者である」一九六〇『ささえ』（三）
舟本恵美・斎藤千代・福田光子「あごらとエロス――戦後フェミニズム雑誌の流れをみる」一九九九『あごら』（二五〇）
フルーグフェルダー、グレゴリー『政治と台所――秋田県女子参政権運動史』ドメス出版 一九八六
古久保さくら「昭和初期農村における母役割規範の変容――雑誌『家の光』をとおして」一九九〇『女性学年報』（一一）
古田睦美「訳者解題」ミース、マリア他『世界システムと女性』古田睦美他訳 藤原書店 一九九五
保谷徹『戊辰戦争』吉川弘文館 二〇〇七
真壁仁「序 化外の風土・東北」真壁仁・野添憲治編『民衆史としての東北』日本放送出版協会 一九七六
松本政治『郷土兵団物語』岩手日報社 一九六三
三浦輝子「新しい妻のあり方」一九六一『ささえ』（五）
水田宗子『ことばが紡ぐ羽衣――女たちの旅の物語』思潮社 一九九八
水溜真由美「森崎和江と『サークル村』――一九六〇年前後の九州におけるリブの胎動」二〇〇五『思想』（九八〇）
溝口明代・佐伯洋子・三木草子『資料日本ウーマン・リブ史Ⅰ』松香堂書店 一九九二
溝口明代・佐伯洋子・三木草子『資料日本ウーマン・リブ史Ⅱ』松香堂書店 一九九四
溝口明代・佐伯洋子・三木草子『資料日本ウーマン・リブ史Ⅲ』松香堂書店 一九九五
南川比呂史「『おなご』への系譜――小原麗子ノート」小原麗子『小原麗子詩集』青磁社 一九七八
妙木忍「主婦論争」大澤真幸他編『現代社会学事典』弘文堂 二〇一二
名生忠久・名生陽子・名生智樹、石川純子聞き書き『名生家三代、米作りの技と心』草思社 一九九八
牟田和恵『戦略としての家族――近代日本の国民国家形成と女性』新曜社 一九九六
牟田和恵『ジェンダー家族を超えて――近現代の生/性の政治とフェミニズム』新曜社 二〇〇六a
牟田和恵「フェミニズムの歴史からみる社会運動の可能性――「男女共同参画」をめぐる状況を通しての一考察」二〇〇六b『社会学評論』五七（二）

村上幸子「父親よ、くたばってしまえ」一九六〇『ささえ』(三)
村松安子「エンパワーメント」前掲『岩波女性学事典』岩波書店 二〇〇二
メトロパリチェン「おんなであることから出発したおんなの斗争を!」一九七〇(所収:溝口明代・佐伯洋子・三木草子編『資料日本ウーマン・リブ史I』松香堂書店 一九九二)
メトロパリチェン「妻の座優遇法案粉砕」一九七一『斗!おんな』第八号(所収:溝口明代・佐伯洋子・三木草子編『資料日本ウーマン・リブ史I』松香堂書店 一九九二)
本康宏史「慰霊のモニュメントと『銃後』社会――石川県における忠霊塔建設運動」二〇〇三『国立歴史民俗博物館研究報告』(一〇二)
森崎和江「産むこと」森崎和江編『産』作品社 一九八九
もろさわようこ『女のからだ』平凡社 一九七九
八重樫哲「化外」岩手県詩人クラブ編『岩手の詩』岩手県詩人クラブ事務局 二〇〇五a
八重樫哲「微塵」岩手県詩人クラブ編『岩手の詩』岩手県詩人クラブ事務局 二〇〇五b
屋嘉比収「質疑応答の喚起力――文富軾氏の講演について」『沖縄戦、米軍占領史を学びなおす――記憶をいかに継承するか』世織書房 二〇〇九
矢口悦子「地域青年集団における女性の位置と学習の展開その(一)――青年団の女性活動(女子活動)の歩みを中心に」二〇〇〇『紀要』(三八)
山崎カヲル「国内植民地概念について」一九八二『インパクション』(一七)
山下文男『昭和東北大凶作――娘身売りと欠食児童』無明舎出版 二〇〇一
山代巴「苦難の時期をささえたもの」武谷三男『武谷三男著作集六文化論』勁草書房 一九六九(再録:一九七三『連帯の探求――民話を生む人びと』未來社)
山地久美子「ジェンダーの視点から防災・災害復興を考える:男女共同参画社会の地域防災計画」二〇〇九『災害復興研究』(一)
山本真理『戦後労働組合と女性の平和運動――「平和国家」創生を目指して』青木書店 二〇〇六

横浜女性フォーラム編『女のネットワーキング――女のグループ全国ガイド』学陽書房 一九九一
吉田六太郎「青年団体機関誌活動の推移」前掲『青年若妻生活記録運動史』一九六二
リブ新宿センター資料保存会編『リブ新宿センター資料集成一リブニュースこの道ひとすじ』インパクト出版会 二〇〇八a
リブ新宿センター資料保存会編『リブ新宿センター資料集成二パンフレット編／ビラ編』インパクト出版会 二〇〇八b
渡邊洋子『近代日本女子社会教育成立史――処女会の全国組織化と指導思想』明石書店 一九九七

アンダマール、ソニア他『現代フェミニズム思想辞典』奥田暁子監訳・樫村愛子他訳、明石書店 一九九七＝二〇〇〇
バトラー、ジュディス『ジェンダー・トラブル――フェミニズムとアイデンティティの攪乱』竹村和子訳、青土社一九九〇＝一九九九
エンロー、シンシア『策略――女性を軍事化する国際政治』上野千鶴子監訳・佐藤文香訳、岩波書店 二〇〇〇＝二〇〇六
Hartsock, Nancy C. M., 1983, "The Feminist Standpoint : Developing the Ground for a Specifically Feminist Historical Materialism", in Harding, Sandra and Hintikka, Merrill eds, *Discovering Reality : Feminist Perspectives on Epistemology, Metaphysics, Methodology and Philosophy of Science*, Dordrecht, Holland : Reidel/Kluwer.
Harding, Sandra G., 2004, "Introduction : Standpoint Theory as a Site of Political, Philosophic, and Scientific Debate", in Harding, Sandra G. 2004, *The Feminist Standpoint Theory Reader : Intellectual and Political Controversies*, New York : Routledge.
Kabeer, Naila. 1994, *Reversed Realities : Gender Hierarchies in Development Thought*, London, New York: Verso.
マクドウェル、リンダ「空間・場所・ジェンダー関係 第2部 アイデンティティ、差異、フェミニスト幾何学と地理学」景山穂波訳『空間・社会・地理思想』(三) 一九九三＝一九九八
ミース、マリア他著『世界システムと女性』古田睦美他訳、藤原書店 一九八八＝一九九五
Rowlands, Jo. 1997, *Qestioning Enpowerment : Working with Women in Honduras*, UK and Ireland : Oxfam
スペンダー、デール『ことばは男が支配する』れいのるず＝秋葉かつえ訳、勁草書房 一九八〇＝一九八七

スピヴァク、ガヤトリ・C『サバルタンは語ることができるか』上村忠男訳、みすず書房 一九八八＝一九九八
トリン・T・ミンハ『女性・ネイティヴ・他者――ポストコロニアリズムとフェミニズム』竹村和子訳、岩波書店 一九八九＝一九九五
ウルフ、ヴァージニア『自分だけの部屋（新装版）』川本静子訳、みすず書房 一九二九＝二〇一三
Young, Iris, 1990, "Breasted experience", *Throwing Like a Girl and Other Essays in Feminist Philosophy and Social Theory*, Bloomington, Indianapolis : Indiana University Press).

## Web サイト

赤坂憲雄・後藤正文「対談――東北から〝五〇年後の日本〟を描く」二〇一三『The Future Times』(5) http://www.thefuturetimes.jp/archive/no05/akasaka/index.html（最終確認 2017/8/20）
北上市企画部政策企画課二〇一四『平成二六年度北上市の概要』http://www.city.kitakami.iwate.jp/docs/2014062801046/files/1400816325851.pdf（最終確認 2017/8/20）
斉藤正美「主流フェミニズムの『カリスマ』『カノン』づくり批判」二〇〇七『ジェンダーとメディア・ブログ』http://d.hatena.ne.jp/discour/20070710（最終確認 2017/8/20）
山口智美二〇〇六「女性運動史をめぐる『江原史観』の問題点とその影響」『ふぇみにすとの論争』http://d.hatena.ne.jp/yamtom/20060706/1152164096（最終確認 2017/8/20）

## ［マ行］



## ［ヤ行］



## ［ラ行］



## ［ワ行］

［タ行］



［ナ行］



［ハ行］

［サ行］

# 事項索引

# 人名索引

### [ア行]



### [カ行]



### [サ行]



### [タ行]



### [ハ行]



### [マ行]



### [ヤ行]



### [ワ行]

著者紹介

**柳原　恵**（やなぎわら・めぐみ）

1985年 岩手県稗貫郡石鳥谷町（現 花巻市）に生まれる
2007年 筑波大学第二学群比較文化学類卒業
2009年 お茶の水女子大学大学院人間文化創成科学研究科博士前期課程修了
2015年 同 博士後期課程修了 博士（学術）

民間企業での勤務，日本学術振興会特別研究員DC2，お茶の水女子大学基幹研究院研究員を経て，2018年度より日本学術振興会特別研究員PD，チリ大学ジェンダー研究学際センター博士研究員

〈化外《けがい》〉のフェミニズム
岩手・麗《うら》ら舎《しや》読書会の〈おなご〉たち

2018年3月8日　第1刷発行
定価：本体3600円＋税

著　者　柳原　恵
発行者　佐久間光恵
発行所　株式会社 ドメス出版
東京都文京区白山3-2-4　〒112-0001
振替　00180-2-48766
電話　03-3811-5615
FAX　03-3811-5635
http://www.domesu.co.jp

印刷・製本　株式会社 太平印刷社


ISBN 978-4-8107-0838-7　C0036

三宅　義子　女性学の再創造　三三〇〇円

伊藤　セツ　女性研究者のエンパワーメント　二〇〇〇円

原ひろ子・蓮見音彦
池内　了・柏木惠子　ジェンダー問題と学術研究　二一〇〇円

今井　けい　現代イギリス女性運動史　ジェンダー平等と階級の平等　三〇〇〇円

折井美耶子　近現代の女性史を考える　戦争・家族・売買春　二五〇〇円

折井美耶子・
女性の歴史研究会編著　新婦人協会の研究　三五〇〇円

もろさわようこ　オルタナティブのおんな論　一七〇〇円

堀場　清子　イナグヤ　ナナバチ　沖縄女性史を探る　二八〇〇円

近代女性文化史研究会　戦争と女性雑誌　一九三一―一九四五年　三〇〇〇円

川口恵美子　戦争未亡人　被害と加害のはざまで　二四〇〇円

大金　義昭　風のなかのアリア　戦後農村女性史　三三〇〇円

天野寛子・粕谷美砂子　男女共同参画時代の女性農業者と家族　二四〇〇円

鈴木　尚子編　現代日本女性問題年表　1975―2008　一五〇〇円

＊表示価格はすべて本体価格です